W0213639

Mosaik
bei GOLDMANN

Buch

Dr. med. Hannes Lindemann beschreibt auf außergewöhnlich inspirierende Weise die starke Wechselbeziehung zwischen Selbstheilungskraft und Glauben. Er geht davon aus, dass jeder Mensch einen religiösen Kern in sich trägt, auch wenn er nicht an Gott glaubt. Mit Hilfe von Bewusstseinsschulung, Entspannung, Gebet und Atemtraining kann die elementare Verbindung zwischen Körper und Seele offen gehalten oder im Krankheitsfall aktiviert werden. Der Autor spricht die tiefen Ängste und Nöte von Kranken und Angehörigen an, bietet spirituelle und philosophische Grundlagen, Beispielgeschichten sowie praktische Übungen und mobilisiert auf natürliche Weise die menschlichen und göttlichen Kräfte für ein gesundes Leben.

Autor

Dr. med. Hannes Lindemann wurde vor gut 45 Jahren durch seine Atlantiküberquerungen in einem afrikanischen Einbaum und in einem ganz gewöhnlichen Serienfaltboot weltbekannt. Seine bis heute noch bestehenden Rekorde schaffte er durch eine zielgerichtete, jahrelange Vorbereitung mit Hilfe des Autogenen Trainings sowie durch seinen unerschütterlichen Glauben. Seitdem beschäftigt er sich in Kursen und Seminaren mit Gesundheitsstärkung ganz allgemein, aber auch in extremen Situationen auf See: durch Lebenskraft, Entspannungsmethoden, Psychohygiene und Stressabbau. Das vorliegende Buch gehört inhaltlich in den erweiterten Bereich der Psychohygiene. Er hatte einen Lehrauftrag an einer Universität und ist ein renommierter Buchautor.

HANNES
LINDEMANN

Wer glaubt, lebt besser

Mit Entspannungsübungen, Atemtraining, Gebeten und Meditationen

Mosaik
bei GOLDMANN

Die hier vorgestellten Informationen sind nach bestem Wissen und Gewissen geprüft, dennoch übernehmen Autor und Verlag keinerlei Haftung für Schäden irgendeiner Art, die sich direkt oder indirekt aus dem Gebrauch der hier vorgestellten Anwendungen ergeben. Bitte beachten Sie in jedem Fall die Grenzen der Selbstbehandlung und nehmen Sie bei Krankheitssymptomen professionelle Diagnose und Therapie durch ärztliche oder naturheilkundliche Hilfe in Anspruch.

Umwelthinweis:
Alle bedruckten Materialien dieses Taschenbuches
sind chlorfrei und umweltschonend.

Originalausgabe Juli 2001

Umschlaggestaltung: Design Team München
unter Verwendung folgender Fotos:
Umschlag und Umschlaginnenseiten:
Premium/Images
Redaktion: Christine Stecher
Satz: Barbara Rabus, Sonthofen
Druck: Elsnerdruck, Berlin
Verlagsnummer: 16338
kö · Herstellung: Max Widmaier
Made in Germany
ISBN 3-442-16338-2
www.goldmann-verlag.de

1 3 5 7 9 10 8 6 4 2

Inhalt

Zweite Lektion Gesundheit

Dritte Lektion Liebe

Vierte Lektion Gebete

Fünfte Lektion Glaube

Sechste Lektion Hoffnung

Siebte Lektion Werte und Tugenden

Achte Lektion Alt werden

Anhang

Dank

Danken möchte ich meiner lieben Frau, die mir seit unserer Heirat 1958 den Rücken frei hält und meine Arbeit unterstützt.

Für viele indirekte Anregungen danke ich meinen Freunden in Bonn, Lübeck, Bad Oldesloe, Paris, Paderborn, München, Palma de Mallorca und in der Schweiz.

Zu guter Letzt möchte ich meinen Salzwasserfreunden für ihre Freundschaft danken. Auch durch gute Gedanken wird man gestärkt.

Dr. med. Hannes Lindemann

Einführung

Gesundheit und Religion

Zur Gesundheit gehört Rückverbindung

Mit seinen Informationen und praktischen Lektionen will Ihnen dieses Buch zeigen, wie eng Lebensreligion und Gesundheit im Alltag miteinander verflochten sind. Wir alle sind vernetzt mit der Schöpfung. Vor diesem Hintergrund wird eine tief empfundene persönliche Religiosität als starke spirituelle Rückbindung Ihnen immer Gesundheitsimpulse schenken.

Jedem Menschen ist Religiosität in die Wiege gelegt. Keiner ist gottlos, selbst wenn er nicht an Gott glaubt oder einer Kirche angehört. »Der Mensch trägt die Anlage zur Gottheit unwiderstehlich in seiner Persönlichkeit«, so beschreibt der Dichter und Arzt Friedrich Schiller diese uralte Erkenntnis.

Heute ist unsere Sensibilität für spirituelle Wahrnehmungen jedoch meist wenig ausgeprägt, wenn auch nicht vollkommen geschwunden, denn wir sehen uns in allem oft nur selbst. Wir sind dann »blockiert« (so die Terminologie der Kinesiologie) oder »verstockt« (wie es in der Bibel heißt), weil unser Ego den freien Fluss der Lebenskraft behindert. Wir befinden uns damit auch in einer Phase des schwindenden Interesses an der Institution Kirche. Trotzdem ist unsere Zeit auch von einer wachsenden individuellen Religiosität und Gottsuche geprägt. Früher brauchten die Menschen ihre Kirchengemeinde und die kirchliche Seelsorge für ihr inneres Gleichgewicht. Man blieb seiner Kirche treu, selbst wenn es an echter Seelsorge, die auf persönliche Anliegen und Probleme zugeschnitten war, fehlte. Einen Kirchenaustritt konnte sich in früheren Zeiten niemand leisten; weder die eigene Familie noch das gesellschaftliche Umfeld hätte das toleriert.

Mittlerweile zögert ein Mensch jedoch nicht lange, wenn ihm irgendetwas an Kirche, Konfession oder Seelsorge missfällt. Ohne allzu viele Skrupel treten viele aus der Kirche aus.

Es gibt genug Glaubensgruppen, die auf Enttäuschte warten, und es steht auch ein unverbindlicher Ersatz bereit, denn über das Fernsehen, Radio oder Internet werden heute ebenfalls Rat und Trost vermittelt. Darüber hinaus bieten sozial- und psychotherapeutische Beratungsstellen Hilfe an. Auch kann man in Zeitschriften und Büchern religiöse Antworten auf Lebensfragen und -bedürfnisse finden. In unserer zur Anonymität neigenden Zeit bevorzugen viele diese unpersönliche Form der Lebenshilfe.

Dieses Buch beschäftigt sich auf anschauliche und praktische Weise mit einer spirituellen Gesundheitspflege. Es dient dazu, die Gesundheit zu fördern und den freien Fluss der Lebensenergie zu unterstützen. Darüber hinaus beschäftigt es sich mit der in jedem Menschen angelegten natürlichen Religiosität. Es baut auf der Grundlage auf, dass Religion als Rückverbindung mit Gott stets zu positiven Gesundheitsimpulsen führt. Sich auf die eigene tiefe Religiosität zu besinnen heißt, zu vertrauen, sich geistig und körperlich zu entspannen, sich »tragen« zu lassen.

Einbindung in die kosmische Ordnung

Religiosität ist das vertrauensvolle Wissen um das eigene Eingebundensein in die kosmische Ordnung. Aus der Ordnung zu fallen zieht in der Regel Krankheit nach sich. Entwurzelung führt zur Entfremdung. Bindung und Rückverbindung zum ureigensten Wesen in sich selbst, das immer göttlicher Natur ist, schenken dagegen Halt, Stabilität und stets auch Lebenskraft.

Das in allen Menschen von der Schöpfung angelegte Muster natürlicher Religiosität kann jedoch erst durch Erziehung und

Erfahrung voll zur Wirkung und Entfaltung kommen – durch Lernen, Auskosten, Üben und Trainieren. Demnach ist Religion sowohl aktive als auch passive Rückbindung durch ein in uns angelegtes komplexes Zusammenspiel zwischen Gott und Mensch. Gottes Verheißung für Moses trifft auch auf uns zu: »Wenn du auf die Stimme des Herrn, deines Gottes, hörst und tust, was in seinen Augen gut ist, wenn du seinen Geboten gehorchst und auf alle seine Gesetze achtest, werde ich dir keine der Krankheiten schicken, die ich den Ägyptern geschickt habe. Denn ich bin der Herr, dein Arzt.«

Was wir im Alltag gemeinhin als Religion bezeichnen, dürfte meist mit Konfession zu übersetzen sein. Natürliche innere Religiosität ist demgegenüber tiefes Leben, das uns mit Gott verbindet. Sie bildet das unzerstörbare Fundament menschlichen Daseins. Diese Religiosität bewirkt, dass wir uns in einem ganzheitlichen Sinn wohl fühlen: Menschen, die in ihrer Mitte ruhen, haben einen leichten Zugang zu ihr.

Im Gegensatz zu dieser natürlichen, angeborenen Reaktionsweise wurden die Religionen dieser Welt von Menschen entworfen und ausgestaltet. Sie fragen: »Woher kommen wir? Wohin gehen wir?« Alle Kulturen haben ihre eigene Religion oder bestimmte Glaubensvorstellungen entwickelt. Sie empfehlen verschiedene Wege, um zum Heil zu gelangen.

Zutiefst im Religiösen verhaftet und sich dessen auch bewusst war Deutschlands größter Dichter Goethe, der trotzdem von sich behauptete, er sei ein »dezidierter Nichtchrist«. Intuitiv fühlte er, was Religion bedeutet. Goethe war davon überzeugt, dass es unsere höchste Pflicht sei, das Göttliche in uns zu verwirklichen.

Religion, Glaube und Wohlbefinden

Jede Zelle unseres Körpers ist durchgeistigt. Aus diesem Grund können wir jedes Körpergewebe, jedes Organ durch Beten, Vorsätze, Affirmationen oder Visualisierungen ansprechen und anregen – aber auch durch negative Gedanken und Einstellungen stören. Solange wir eins mit uns und dem Göttlichen sind, haben unsere Worte und Gedanken etwas von dieser höheren positiven Kraft.

Natürliche Religiosität lebt man vor allem im Alltag durch tätige Hingabe. Im Alltags- und Berufsleben, in dem sich der Mensch als Mitschöpfer begreift, kommt die tiefere religiöse Dimension unseres Daseins zum Tragen. »Im Tun«, sagt der Philosoph Pierre Teilhard de Chardin, »schließe ich mich der Schöpferkraft Gottes an; ich falle mit ihr zusammen; ich werde nicht bloß ihr Instrument, sondern ihre lebendige Verlängerung.«

Die Rückverbindung mit dem Göttlichen belebt den ganzen Organismus, denn Religion ist der natürliche Gegner von Egoismus und Ich-Schwäche. Versuchen Sie deshalb, auch auf Ihr Herz zu hören, auf Ihren Körper und Ihr Gefühl. Wenn sich Herz und Verstand in der Liebe treffen, erst dann sind wir frei und ganz.

Zum Gebrauch dieses Buches

Die Erkenntnis, dass Religion auch direkt die Gesundheit fördern kann, darf niemals ein Grund sein, sich von der wissenschaftlichen Medizin abzukehren. Wer das tut, geht bei schweren Erkrankungen ein nicht zu verantwortendes Risiko ein. Wenn Sie selbst zur Zeit gerade in ärztlicher Behandlung sind, sollten Sie deshalb die hier angebotenen Hinweise nur als unterstützende Maßnahmen betrachten, sich aber im Übrigen an die Anweisungen Ihres Arztes oder Ihrer Ärztin halten.

Dieses Buch ist mit seinen acht Lektionen als eine Hilfe zur Selbsthilfe gedacht. Wenn die hier angegebenen Hinweise auch völlig ungefährlich sind, so können sie dennoch jenen Menschen schaden, die medizinische Empfehlungen missachten, die zu fanatisch vorgehen oder die eine religiöse Therapie als allein selig machende Behandlung ansehen.

Der Glaube wird von einigen religiösen Gruppierungen als alternative Therapie betrachtet. Davor möchte ich ausdrücklich warnen. Ein Beispiel, das zu denken gibt, liefert die Christian Science (»Christliche Wissenschaft«), deren Gründerin Mary Baker Eddy (1821–1910) davon ausging, dass Krankheit nur im Geist des Menschen existiere und deswegen auch durch Glauben und Beten verschwinden könne. Das Problem jedoch liegt darin, dass wir alle große Schwierigkeiten haben, hundertprozentig zu glauben oder konzentriert zu beten – das aber sind die Voraussetzungen für eine Heilung, abgesehen von der Gnade. So kommt es auch, dass das Durchschnittsalter der Christian-Science-Mitglieder nach einer 1989 veröffentlichten US-Studie deutlich niedriger liegt als das der übrigen Bevölkerung.

Der gute, bewusste Umgang mit der eigenen natürlichen Religiosität, wie er in diesem Buch beschrieben wird, ist also keine alternative Therapie- oder Glaubensform, sondern sollte als wichtiger stabilisierender Gesundheitsfaktor verstanden werden. Religiosität bietet keinen allgemeinen Schutz vor Krankheit. Das Lernziel besteht darin, mehr Gesundheit zu gewinnen – und nicht unbedingt im Rahmen von Konfession und Kirche frömmer zu werden.

Das Buch ist vom Blickpunkt eines ärztlichen Gesundheitserziehers geschrieben, der vierzig Jahre lang bestrebt war, seine Leser und Zuhörer von den Vorteilen einer gesunden Lebensführung zu überzeugen. Mein Buch richtet sich vorwiegend an Menschen, die aktiv etwas für ihre Gesundheit und ihr Wohlbefinden tun wollen. Das Ziel der Lektionen dieses Buches ist die ganzheitlich orientierte Gesunderhaltung und nicht eine Krankenheilung. Ich spreche damit von *Primärprävention*. Sie kann den gesamten Organismus betreffen, sie kann sich aber auch auf ein einzelnes Organ konzentrieren. Da jedoch in der Regel alles, was die Gesundheit vermehrt, für Kranke hilfreich sein kann, ist das Buch auch bei Gesundheitsstörungen von Nutzen – solange man ärztliche Vorschriften nicht außer Acht lässt.

Im alten Griechenland hieß es: »Erst das Wort *(logos)*, dann die Arznei, dann das Messer«. Im Wesentlichen geht es also in diesem Buch um Worte und Gedanken, einen Bereich, der bis zur Zeit des Hippokrates von Priesterärzten abgedeckt wurde. Priesterärzte haben früher immer auch Erziehung betrieben – zur Reifung der Persönlichkeit. Und Reifung ist sowohl Therapie als auch Gesundheitsvorsorge. Heilkräftige Worte sind ebenso Bestandteil einer natürlichen, grundlegenden Religion.

Was Sie hier lesen, beruht zum großen Teil auf eigenen Erfahrungen und Erlebnissen. Meine religiöse Ausrichtung ist christlich-ökumenisch, aber auch mystisch-kontemplativ. Mystisch heißt: Ich durfte die Einheit von Gott und Mensch in gefährlichen Situationen immer wieder erfahren.

Wie immer im Leben sind persönliche Erfahrungen nicht auf jeden übertragbar: Sie finden hier also keine Patentrezepte. Gesund bleiben ist stets eine individuelle Angelegenheit und mit eigener Aktivität verbunden. Das Buch ist also auch kein Lesebuch, sondern ein Übungs- und Arbeitsbuch, dessen Texte eher zum Nachdenken, Wiederholen, Diskutieren und Meditieren taugen als zum schnellen Durchlesen.

Am Schluss der acht Lektionen dieses Buches finden Sie jeweils zahlreiche Übungen, deren Realisierung denen, die das autogene Training oder das von mir entwickelte Psychohygiene-Training beherrschen, leicht fallen sollte. Sie haben also ein Buch in Händen, das zum Tun auffordert, so wie Religion auch ein Tun ist und Gesundheit durch Tun zustande kommt. Bei dieser Thematik bleiben Wiederholungen nicht aus; die Annäherung an die Themen erfolgt jedoch von unterschiedlichen Ausgangspunkten. Dabei unvermeidliche Wiederholungen wirken als Vertiefungen.

Wir eignen uns meist nicht dafür, dass wir unseren Lebensstil radikal ändern – fangen Sie daher langsam mit dem Einbau neuer Gewohnheiten an, und haben Sie Geduld mit sich selbst, sonst kann es leicht ein Krampf werden.

Selbstverständlich geht es in diesem Buch aber keinesfalls darum, das Christentum oder den Buddhismus auf eine Gesundheitsmethode zu reduzieren. Vielmehr ist es ein Plädoyer, die in jedem Menschen vorhandene Religiosität als ein scheinbar verloren gegangenes Gebiet der westlichen Medizin wieder zu entdecken. Vielleicht können Sie mir am Ende des Buches zustimmen: Die Rückverbindung mit dem Göttlichen ist das essenzielle geistige Lebens- und Gesundheitselixier und bis heute das beste, sicherste und billigste Mittel gegen Stress. Mehr noch: Wahre Religiosität ist der einzig erkennbare Weg zum friedlichen globalen Über- und Zusammenleben. Wenn wir uns wirklich auf unsere angeborene Religiosität einlassen, kann sie therapeutische Kraft entfalten.

Erste Lektion
Leben

Vom Sinn des Lebens

Das Wort Sinn stammt ursprünglich von dem Verb »sinnen«, das reisen, gehen, fahren bedeutete, und es ist noch zu erkennen in dem Wort Gesinde, das ursprünglich Gefolgschaft, Wegbegleitung meinte. Wenn wir überzeugt sind, die richtige Lebensrichtung zu haben, dann können wir auch vom Sinn des Lebens sprechen.

Der christliche Sinn des Lebens zielt über den Tod hinaus. Wer an das Evangelium glaubt, so heißt es, der hat das ewige Leben, der befindet sich auf dem richtigen Weg. »Wer mich findet, findet Leben« (Sprichwörter 8,35); Christus finden heißt, mit ihm eins zu werden. Früher glaubte man, die Verherrlichung Gottes sei der Sinn der Schöpfung. Die ursprüngliche, innere Religion besagt, dass der Mensch mit seinem Tun, mit seinem Leben dem Schöpfer dankt.

Jeder möchte sinnvoll leben. Jedoch der moderne Mensch verliert leicht das Maß. Ein Beispiel: Auf einer Reise zu den amerikanischen Jungferninseln wanderten meine Frau und ich auf einen etwa fünfhundert Meter hohen Berg. Ein atemberaubendes Panorama bot sich uns vom Gipfel auf die Hauptstadt der Insel. Wir sahen den Hafen mit den vielen dort ankernden Yachten und Dampfern, die große Bucht mit den vorgelagerten Inseln und Halbinseln, dazu die farbenprächtigen Krotonpflanzen und Bougainvilleen, die blühenden Hibiskussträucher und Frangipanibäume. Unser Blick fiel dann auf eine Inschrift an der ramponierten Mauer der Wegbefestigung. Dort stand mit Kreide geschrieben: »What a beautiful manmade place« (»Was für ein schöner, von Menschenhand geschaffener Ort«). Aber zur Ehrenrettung der Menschheit hatte jemand darunter gekritzelt: »With the little help of god.« (»Mit ein bisschen Unterstützung von Gott«).

Die frühen Menschen hatten nur ein Ziel: überleben und sich fortpflanzen. Seitdem sie ausreichend zu essen haben, suchen die Satten sich selbst neue Werte zu geben. Doch wenn wir uns der Sinnfrage eindimensional nähern, dann können wir das Geheimnis des Lebens nicht erfassen. Auf die uralte Sinnfrage könnte man sich dann mit der genauso alten Antwort begnügen, dass das Leben Sinn genug sei. Doch ohne Gott gibt es keinen tiefen Sinn im Leben, und ohne Sinn kann man nur schwerlich leben.

»Wenn ich nicht an Gott glaube, ist es sinnlos, am Morgen auch nur die Strümpfe anzuziehen«, meinte der große Staatsmann Bismarck.

Anderen helfen ergibt Sinn. Ebenso Freude zu empfinden, weil man Liebe teilt und damit seine Liebe zu Gott und tiefste Religiosität ausdrückt. Sinnvoll leben heißt auch, mit allen Sinnen gegenwärtig sein. Gott suchen, ihn in sich finden, ist Sinn. Welchen Namen Sie Gott auch geben mögen – die Liebe zu ihm muss sich umsetzen in die gute Tat für den Nächsten. Durch dieses Tun wird ein Hindu ein besserer Hindu, ein Buddhist ein besserer Buddhist, ein Christ ein besserer Christ.

Sinnsuche ist eine religiöse Sehnsucht, deren Wurzel man selbst oft nicht durchschaut.

Reflexionen

»Man kann einen Menschen nichts lehren. Man kann ihm nur helfen, es in sich zu finden.« *(Galileo Galilei)*

»Die ein gutes Leben beginnen wollen, die sollen es machen wie einer, der einen Kreis zieht. Hat er den Mittelpunkt des Kreises richtig angesetzt und steht der fest, so wird die Kreislinie gut. Das soll heißen: der Mensch lerne zuerst, daß sein Herz fest bleibe in Gott, so wird er auch beständig werden in allen seinen Werken.« *(Meister Eckehart)*

»Das eigene Wesen völlig zur Entfaltung zu bringen, das ist unsere Bestimmung.« *(Oscar Wilde)*
»Wer nach dem Sinn des Lebens fragt, der ist ein religiöser Mensch.« Und: »Wer sein Leben für sinnlos hält, ist nicht nur unglücklich, sondern kaum lebensfähig.« *(Albert Einstein)*

Nach Antworten suchen

Alles im Leben steht in einem tiefen Sinnzusammenhang. Der Forscher muss nach dem Warum fragen. Der Glaubende weiß. Er fragt nicht: »Warum lebe ich?« Viele Menschen jedoch zweifeln und suchen lebenslang nach Antworten.

Leben ist gekennzeichnet durch ein fortdauerndes Streben. Wir wollen unserem Leben Halt und Sicherheit geben oder – in unserem Zusammenhang – mehr Gesundheit und Lebenssinn durch die Rückbindung an eine höhere Macht erlangen.

- Aus der Perspektive der Gesundheit geht es darum, unsere Anlagen und Talente zu entfalten: »Erkenne dich selbst« und »Werde, der du bist«. Ich strebe dann nach Selbstfindung, nach einem im ganzheitlichen Sinn gesunden Leben und begreife Leben als ein Werden, als einen Entwicklungsprozess. Das Leben hat mir die Gesundheit als Chance gegeben, wie kann ich sie nutzen?
- Aus der Perspektive des Gläubigen geht es darum, im Leben Gott zu erkennen, ihn zu lieben und ihm zu dienen. Ich bekenne mich zu meiner Verantwortung für mich selbst und andere und sehe mich als Teil einer größeren Ordnung. Ich liebe und fördere das Leben, stille den spirituellen Hunger, fülle die innere Leere. Ein Leben ohne Gott ist wie eine Tunnelfahrt ohne Licht. »Wo gehe ich hin? Immer nach Hause«, beschreibt es Novalis.

- Die allgemeine Perspektive bezieht sich darauf, sich über das Leben zu freuen: »Der Zweck des Lebens ist das Leben selbst«, heißt es bei Goethe. »Alle Lebewesen außer den Menschen wissen, dass der Hauptzweck des Lebens darin besteht, es zu genießen«, formuliert es der Schriftsteller Samuel Butler. Dieses Leben ist meine Chance.

Reflexionen

»Ganze Sachen sind immer einfach, wie die Wahrheit selbst. Nur die halben Sachen sind kompliziert.« *(Heimito von Doderer)*

»Das einzige Mittel, dem Leben einen positiven Wert zu geben, ist, es möglich gehaltvoll zu machen, ihm einen möglichst hohen Zweck zu geben und es damit zu erfüllen. Diesen Zweck hochschätzen und das Leben an sich geringwerten, ist die einzig wahre Philosophie.« *(Immanuel Kant)*

Sinnlosigkeit als Disstress

Infolge mangelnder religiöser Bindungen kommt es bei vielen Menschen zu einer Frustration, zu einer Angst vor der eigenen inneren Leere. Gar nicht selten hört man daher die Klage, das Leben sei ohne Sinn. »Wozu lebe ich überhaupt?« fragen sich sogar junge Menschen, die in relativer Sicherheit und Sorglosigkeit aufwachsen. Vor allem sie leiden unter diesen Sinnlosigkeitsgefühlen. Wenn man um sein Leben kämpfen muss, stellt sich die Sinnfrage dagegen selten, da alle Kraft und Aufmerksamkeit absorbiert sind.

Wenn jedoch das Bewusstsein religiöser, spiritueller Bindungen fehlt, wenn die Verwurzelung mit der Lebensquelle und überlieferte Werte stets infrage gestellt werden, entfremdet sich der Mensch. Ohne Sinn leidet er; sein tiefes Bedürfnis nach Ganzheit kommt zu kurz. Leben ohne Sinn kann lebensgefährdend stressen – Suizid ist immer auch Tod durch das Gefühl der Sinnlosigkeit. Wer »nicht mehr glaubt, dass ein Gott, der das Leben kennt, helfend, tröstend und sinngebend sich seiner erbarmt, ist schwach und fällt seiner Schwäche zum Opfer«, erkannte C. G. Jung.

Der Arzt V. E. Frankl war in der NS-Zeit in einem Konzentrationslager inhaftiert. Er erfuhr, dass das Leben auch noch unter den erbärmlichsten Umständen einen Sinn hat und der Mensch ein tief verwurzeltes Gewissen besitzt, das ihm hilft, den besonderen Sinn seines Lebens zu finden. Frankl ging davon aus, dass unser Leben immer sinnvoll ist, dass jeder einen Willen zum Sinn hat und dass jeder die Freiheit besitzt, Sinn zu finden.

Halten wir fest: Das Gefühl der Sinnlosigkeit, das immer mit Hoffnungslosigkeit und fehlender Ganzheit verbunden ist, kann jegliches Wohlbefinden töten. Im ungünstigen Fall kann eine schwere Krankheit die Folge sein, weil das Immunsystem geschwächt wird. Wir brauchen zum Leben das Gefühl, von Nutzen zu sein, gebraucht oder geliebt zu werden, eingebunden zu sein. Lebensnervensystem und Immunsystem benötigen zum Funktionieren auch Sinn- und Sinnesimpulse, zu denen die eigene innere Religion und spirituelle Rückbindung maßgeblich beitragen.

Liegt im Leiden ein tieferer Sinn?

Die Frage nach dem Sinn von Leiden übersteigt unsere Erkenntnisfähigkeit. Wenn wir jedoch berücksichtigen, dass bei Gott alles Sinn macht, dann fällt es uns manchmal etwas leichter, einen Sinn im Leiden zu entdecken. Aber warum wird zum Beispiel ein junger, hoffnungsvoller Mensch durch einen Unfall zu einem auf Hilfe angewiesenen Behinderten? Gibt es eine Antwort darauf, die ihm und den Angehörigen gerecht wird?

Der Buddhismus lehrt: »Ihr leidet durch euch selbst. Niemand zwingt euch dazu, dass ihr leidet. Auch Befreiung vom Leiden kommt nur aus euch selbst.« Unsere Einsicht in die größeren Zusammenhänge des Lebens und damit in die Existenz von Leid ist jedoch begrenzt.

Als Trost mag das Schicksal von Jesus dienen. Seinen Weg müssen in anderer Form auch wir gehen, in der Hoffnung, dass sich nach dem Tod alles lichtvoll und strahlend aufklärt. Ohne freiwillige Annahme des Leides gibt es keine Befreiung. Wir müssen uns im Weinberg des Lebens immer einbringen, manchmal auch ohne unmittelbaren Lohn.

Oftmals versteckt sich hinter Schmerzen und körperlichem Leiden allerdings eine Depression. Unser Stress, unser Ärger, unser Kummer – das alles kann sich auch als Schmerz lokalisieren oder Schmerz verschlimmern, wenn wir ihn herbeifürchten. Nur zu oft sind wir unser eigener Leidverschlimmerer. Aber so wie kaum ein Unglück nicht auch Glück enthält, so ist auch Leid meist nicht nur Leid.

Unsere Einstellung zum Leiden kann uns befreien oder blockieren. Wer an Gott glaubt, dem wird viel abverlangt. Leid macht uns einsichtig und bereit, Veränderungen zuzulassen. Leid kann uns wieder zur Vernunft bringen. Aber häufiger geschieht es auch, dass Seelennot uns mental blockiert und uns »ausrasten« lässt. Unsere Liebe zum Leben, unsere Reife, könnte uns helfen, Auswege zu finden und Hoffnung zu schöpfen. Es gibt zahllose Menschen, die trotz oder gerade wegen starker Leiden und Behinderungen ihre Aufgaben klaglos erfüllen, sich selbst verwirklichen und sich ihres Lebens freuen. Mit welch großartiger Bravour hat beispielsweise die taubstumme und blinde Helen Keller ihr Leben gemeistert. Diese Vorbilder können uns in seelischen Tiefs trotzige Lebensimpulse geben wie: »Dann schaffe ich es auch!« Leiden, als ein unfreiwilliger Selbstverzicht aufgefasst, kann beflügeln und das Leben bereichern. Leiden ist die schnellste Reise zu sich selbst. Geringes Leid stürzt uns oft in Zorn und Verzweiflung; schweres Leid bringt uns ebenso oft zur Besinnung.

Auf die Frage »Warum muss ich leiden?« finden wir manchmal eine Antwort, wenn wir weiter fragen: »Warum gerade jetzt?« Richten Sie diese Frage abends in der Einschlafphase an Ihr Unbewusstes, und geben Sie sich nicht zu schnell mit oberflächlichen Antworten zufrieden. Das Gleiche gilt für die zweite Frage: »Wozu muss ich leiden?« Die Antwort liegt jeweils nur in uns, nicht beim Arzt oder Seelsorger. Es kann keine absolute Antwort geben. Wer sich nicht fest auf positive Gedanken und Gesundheit einstellen kann, klebt an seiner Krankheit. Was wir säen, ernten wir auch.

Martin Buber erzählt folgende Geschichte: »Rabbi Schmelke und sein Bruder kamen einst zu ihrem Lehrer, dem heiligen Maggid von Mesritsch, und redeten zu ihm: ›Unsere Weisen haben uns ein Wort gesagt, das uns keine Ruhe läßt, weil wir es nicht fassen können. Das ist das Wort, der Mensch solle Gott für das Übel ebenso loben und preisen wie für das Gute und solle es in gleicher Freude empfangen. Ratet uns, Rabbi, wie wir es fassen.‹ Der Maggid antwortete: ›Geht in das Lehrhaus, da werdet ihr einen Mann finden, der eine Pfeife raucht. Das ist der Mann Sußja. Er wird euch die Deutung sagen.‹ Sie gingen ins Lehrhaus und legten Rabbi Sußja ihre Frage vor. Er lachte: ›Da habt ihr euch den Rechten ausgesucht. Ihr müsst euch schon an einen anderen wenden, und nicht an einen wie mich, dem zeitlebens kein Übel widerfuhr.‹ – Sie aber wussten: Es war Rabbi Sußjas Leben vom Tag seiner Geburt bis zu diesem Tag aus Not und Pein ohne andern Einschlag gewoben. Da verstanden sie, was es heißt, Leid in Liebe empfangen.«

Leid ist nicht selten der Startpunkt zu Erkenntnis, Reifung, Reue, Gesundung.

Reflexionen

Auf die Frage, was der beste Trost in Leid und Ungemach sei, antwortete Seneca: »Daß man alles so hinnehme, als ob man es gewünscht und erbeten habe.«

»Leid hat den Sinn, zu entschleiern, was dem egoistischen Wissen und Wollen verborgen bleibt.« *(Maurice Blondel)*

»Das schnellste Roß, das euch zur Vollkommenheit trägt, ist Leiden.« *(Meister Eckehart)*

Zum Leben motivieren

Das Sein, das schöpferische Tun oder das Spielen wird in unserem Alltag oft ausgespart. Von Lebensbegeisterung kann man deshalb bei vielen von uns kaum sprechen. Doch wie können Menschen motiviert werden, denen es an Lebensfreude fehlt?

Sinn kann man nicht transplantieren; Kurskorrekturen reichen nicht aus; Wurzeln wachsen nur sehr langsam. Den meisten fehlt es an Geduld. Es hilft nur eine »Neugeburt« durch bedingungslose Liebe. Denn immer noch gilt: Liebe ist intensives Leben, das Krankheiten vorbeugen und Menschen verändern kann.

»Liebe deinen Nächsten wie dich selbst« ist die Maxime christlichen Lebens. Nur Liebe und Begeisterung können eine tiefgehende Motivationsmangel-Neurose heilen. Mutter Teresa drückt diese innere Neuausrichtung in einem Gedicht aus:

Das Leben

Das Leben ist eine Chance, nutze sie.
Das Leben ist Schönheit, bewundere sie.
Das Leben ist Seligkeit, genieße sie.
Das Leben ist ein Traum, mach daraus Wirklichkeit.
Das Leben ist eine Herausforderung, stelle dich ihr.
Das Leben ist eine Pflicht, erfülle sie.
Das Leben ist ein Spiel, spiele es.
Das Leben ist kostbar, gehe sorgfältig damit um.
Das Leben ist Reichtum, bewahre ihn.
Das Leben ist Liebe, erfreue dich an ihr.
Das Leben ist ein Rätsel, durchdringe es.
Das Leben ist Versprechen, erfülle es.
Das Leben ist Traurigkeit, überwinde sie.
Das Leben ist eine Hymne, singe sie.
Das Leben ist ein Kampf, akzeptiere ihn.
Das Leben ist eine Tragödie, ringe mit ihr.
Das Leben ist ein Abenteuer, wage es.
Das Leben ist Glück, verdiene es.
Das Leben ist das Leben, verteidige es.

Leben ist immer auch göttlich

»Seine Geschöpfe sind wir«, heißt es im Brief an die Epheser, »in Christus Jesus dazu geschaffen, in unserem Leben die guten Werke zu tun, die Gott für uns im voraus bereitet hat.« Der Mensch sucht sich seinen Weg; Gott lenkt die Schritte, wenn wir es zulassen. Nur wenn wir auf unser Herz hören und nicht allein auf den Intellekt, sind wir frei, diesen für uns vorgesehenen Weg intuitiv zu fühlen.

»Ich schaffe es« hieß einer meiner Vorsätze auf einer gefahrvollen Reise im Faltboot über das Meer. Aber kein Mensch schafft etwas allein aus sich selbst heraus. Uns wird immer auf geistigen Wegen geholfen, wenn wir uns bemühen. Gott, das »Lebensprinzip« schlechthin, durchströmt alle Menschen. Wenn wir von seinem Lebensstrom erfüllt sind, leuchtet er aus uns heraus. Wir befinden uns dann in unserer Mitte; Leben ist dann ein Sein. Wir tun, was wir müssen und uns aufgetragen ist, um schließlich zu haben, was in uns angelegt wurde. Wer sich hingebungsvoll bemüht, dem folgt auch das Glück. Was wir dem Leben geben, erhalten wir in dieser oder jener Form wieder zurück.

Unsere Entscheidungen werden auch durch unbewusste Impulse beeinflusst, wobei auf die Intuition oftmals mehr Verlass ist als auf das vernunftgesteuerte Abwägen. Intuitive Fähigkeiten besitzen wir alle, aber ichhafte Menschen erfassen sie oft nicht. Trotz unserer spirituellen Anlagen bleibt uns der Blick in höhere geistige Dimensionen meist versagt. Wir sind begrenzt.

Leben ist jedoch eine geheimnisvolle Wechselbeziehung zwischen Gott und Mensch, eine Koproduktion, die wir meist erst in der Rückschau erfassen können. Leben heißt deshalb, sein Schicksal annehmen.

Reflexionen

Einem armen Chinesen entlief das Pferd. Die Nachbarn drückten ihr Mitgefühl aus. »Woher wisst ihr«, fragte der alte Mann, »dass es ein Unglück ist?« Einige Tage später kam das Pferd zusammen mit einigen Wildpferden zurück. Die Nachbarn gratulierten. »Woher wisst ihr, dass es ein Glück ist?«, fragte der alte Mann. Der Sohn des alten Chinesen versuchte, eines der Wildpferde zu reiten, stürzte und brach sich ein Bein. Die Nachbarn beklagten den Jungen. »Woher wisst ihr, dass es ein Unglück ist?«, fragte der Vater. – Im nächsten Jahr kam es zum Krieg. Alle jungen Männer des Dorfes mussten zu den Waffen. Der Sohn des Alten durfte daheim bleiben. Die Nachbarn kamen und …

Leben als Weg

Leben ist Bewegung, ein beständiges Unterwegssein. Wir beginnen unser Leben als Wanderer, viele enden als Pilger, bis wir mit unserer Ankunft am Ziel in das ewige Glück eintauchen.

Unser Weg führt nach innen zu uns selbst, zum Selbst. Die Stationen sind: Erkenntnis durch Sehnsucht, Einsicht, Erwachen, Wandlung, Weisheit des »Ich bin eins«. Auf dem langen Weg zur Selbstfindung haben wir jedoch eine ständige Begleiterin: die Enttäuschung. Sie verschwindet erst mit unserer Ankunft am Ziel.

Für Laotse war das Tao, der uns zugedachte Weg, das ewige Gesetz des Alls; zugleich verstand er darunter die jedem Wesen gemäße Lebens- und Verhaltensweise. Jeder habe für sich selbst sein Tao zu entdecken, und zwar durch Zügelung des Eigenwillens, durch ein einfaches Leben sowie durch Ehrfurcht vor dem Kosmos. Das Tao regiert sanft. Laotses Lebensmotto lautete: Sei bescheiden, dann wirst du heil bleiben. Zu seinen Tugenden gehörten Gelassenheit, Güte, Selbstlosigkeit und Einfachheit.

»Der sichere Weg, der günstig und fröhlich zu wandeln ist: rechte Erkenntnis, rechte Gesinnung, rechte Rede, rechtes Handeln, rechtes Wandeln, rechtes Mühen, rechte Einsicht, rechte Einigung«, lehrte der Buddha. Für Christen heißt es: »Ich bin der Weg.« Jesus Christus ist der, der voraus geht; er ist das Vorbild.

Wir können nur über die Frage meditieren: »Bin ich auf meinem Weg?« Unser Lebensweg ist meist voller selbst gelegter Fußangeln. Wenn ich jedoch auf meinem richtigen Weg bin, empfange ich Lebensenergie. Abwege kosten mich Kraft. Auf Stress durch die Wahl des falschen Weges reagieren viele mit Flucht vor sich selbst, mit vermehrtem Konsum, mit Krankheiten oder Sucht oder gar mit Suizid.

Bitten wir: *»Herr, lass mich deinen Weg für mich fühlen und ihn sicheren Schrittes gehen, dir zu Ehren.«* Oder: *»Befiehl dem Herrn deine Wege und hoffe auf ihn, er wird's wohl machen.«* Haben wir also Vertrauen. In uns ist die Erkenntnis.

Reflexionen

»Des Menschen Herz plant seinen Weg, doch der Herr lenkt seinen Schritt.« *(Sprichwörter 16,9)*

»Alles wirkliche Leben ist Begegnung.« *(Martin Buber)*

»Das Leben ist ein Geschenk, das wir verdienen, indem wir es hingeben.« *(Tagore)*

»Die Wahrheit ist der Weg zum Himmel.« *(Chinesisches Sprichwort)*

In der Gegenwart leben

Ganz im Augenblick zu leben erfordert ständige Bewusstheit und Entschlossenheit, damit aus der Ich-Gesinnung langsam eine echte Selbst-Besinnung wird. Das Unbewusste kennt nur die Gegenwart, deswegen sagen wir uns in der Entspannung: *»Ich bin ruhig und gelassen. Ich bin präsent«* (oder: *»Ich bin anwesend«*).

Leben heißt, sich ganz auf die Gegenwart zu konzentrieren, meinte der Zen-Mönch Thich Nhat Hanh, als er gefragt wurde, wie er es schaffe, trotz seiner vielen Aufgaben und Pflichten immer so gesammelt zu sein. Er antwortete: »Wenn ich stehe, dann stehe ich. Wenn ich gehe, dann gehe ich. Wenn ich sitze, dann sitze ich. Wenn ich esse, dann esse ich. Wenn ich spreche, dann spreche ich.« Sofort schloss sich die Frage an: »Aber das tun wir doch auch, was machst du darüber hinaus?« Der Mönch wiederholte seine Worte. Wiederum sagten die Leute: »Das tun wir doch auch.« Aber der Mönch erklärte: »Nein. Wenn ihr sitzt, dann steht ihr schon. Wenn ihr steht, dann lauft ihr schon. Wenn ihr lauft, seid ihr schon am Ziel.«

Leben heißt, geistes-gegenwärtig zu sein, denn nur in der Gegenwart ist Gott erfahrbar, im Zustand des ICH BIN, des reinen Seins. Wer ganz in der Gegenwart lebt, wird gelassen und ausgeglichen. Wem Gott in allen Dingen gegenwärtig ist, der hat Frieden und sein Himmelreich schon auf Erden gefunden, das lehren uns die Mystiker aller Religionen.

Konsequent in der Gegenwart leben lässt die Zeit vergessen. Jeder kennt diesen Zustand bei einer anregenden, fesselnden Beschäftigung. Lust und Liebe versetzen uns in eine andere Zeit- und Bewusstseinsdimension. Versuchen wir, es den Kindern nachzumachen: Leben wir mit allen Sinnen in der Gegenwart, denn nur das ist sinnvoll für unser Ziel.

Angst ist der große Zerstörer des faszinierenden In-der-Gegenwart-Lebens. Angst blockiert. Das Gleiche gilt für Eile, Ehrgeiz, Unruhe und andere Egoismen. Angst bringt vielen Menschen immer wiederkehrende Probleme – nicht nur in ihrer Vorstellung. Ein Leben in der Gegenwart befreit von Angst.

Leben heißt aber auch, die Vergangenheit aufarbeiten, damit sie in uns zur Ruhe kommt, damit wir aus dem Vergangenen lernen, die Gegenwartsaufgaben besser zu bewältigen. Nur so werden unsere Fehler zu unseren Erziehern. Also fragen wir stets: »Was will mich diese Situation lehren?«

Reflexionen

»Wem die Vergangenheit das Paradies und wem die Zukunft nur der Himmel ist, wird nie die Ewigkeit der Gegenwart erfahren, wird nie die Gegenwart des Ewigen verspüren.« *(Lama Anagarika Govinda)*

»Wer in jedem Augenblick vollbewusst gegenwärtig ist, ist wahrlich ein heiliger Mensch.« *(Buddha)*

Gesund leben heißt sich Zeit nehmen

Zeitmangel ist ein schwerer Stress. Doch wer in unserer Zeit etwas auf sich hält, der hat keine Zeit. Eilen wir darum am wirklichen Leben vorbei, weil wir glauben, keine Muße mehr haben zu dürfen?

Muße ist aller Gesundheit Anfang. Zeitmangel ist oft aller Gesundheit Ende. Muße ist ein Zustand, in dem wir loslassen, damit die Seele sich entfalte. In der Muße erkennen wir unsere Transzendenz, die Verbundenheit von uns Menschen mit dem göttlichen Geist.

Für Dinge, die uns lieb sind, haben wir Zeit. Leben bedeutet auch, sich Zeit nehmen für Muße. Für manche Menschen ist Leben dagegen atemlose Flucht vor sich selbst; sie laufen vor ihrer Bestimmung davon.

»Wer überall ist, der ist nirgends«, warnt uns der Philosoph Seneca. Einem Freund voller Unrast rät er: »Es gefällt mir nicht, dass du ständig den Ort wechselst und von einem Platz zum andern übergehst. Erstens ist ein so häufiges Herumwandern das Kennzeichen eines unsteten Geistes. In Ruhe Wurzeln schlagen kann nur, wer aufhört, sich ständig umzuschauen und herumzuziehen. Willst du deine Seele in den Griff bekommen, so mach zuerst Schluß mit dieser äußeren Unrast. Deine Einstellung musst du ändern, nicht deinen Aufenthaltsort.«

Der Philosoph und Mathematiker Pythagoras erwartete von seinen Schülern, dass sie sich täglich zweimal drei Fragen stellten: »Was habe ich getan? Wie habe ich es getan? Habe ich alles getan, was ich hätte tun sollen?«

Das ist Erziehung zum Leben in der Gegenwart.

Die alten Griechen belegten alles Wichtige mit dem Namen einer Gottheit, so nannten sie die gottgegebene Zeit Kairos. Wenn wir versäumen, unsere ganz persönliche Glückszeit (*kairós* = die von Gott für uns vorgesehene Zeit) zu nutzen, müssen wir zeitraubende Umwege gehen, bevor sich uns eine andere günstige Gelegenheit bietet.

Wohl jeder von uns hat schon erlebt, wie alles ab einem bestimmten Zeitpunkt reibungslos, »wie am Schnürchen«, ablief. Unser Ziel müsste es sein, aus einem sicheren Gefühl heraus im Kairos zu leben. Das gelingt uns jedoch nicht immer, denn Kairos entwickelt sich aus tiefen Gefühlen von Frieden, Glauben, Verantwortung, Vertrauen und Gelassenheit.

Im Unterschied zu Kairos kann Chronos, die »menschliche« Zeit, mit Hindernissen verlaufen. Chronos war der Gott des chronologischen Zeitablaufs, der Zeitquantität. Der Sage nach verschlang Chronos seine eigenen Kinder. Das soll heißen, wir können uns selbst umbringen (durch Stress), wenn wir ohne Rücksicht auf unseren Organismus die Zeit nur unter quantitativen Aspekten sehen. Chronos speist sich aus der Ichbezogenheit: aus Hast, Angst, Stress, Trennung, Dissoziation, Perfektionsdrang, Blockiertheit. Auch ich muss gestehen: Als ich noch ohne tiefe Rückbindung lebte, lief wenig glatt. Erst als ich die Zeitqualität, Kairos, entdeckte, ergab sich alles »wie von selbst«.

Wer sein Leben bis ins letzte Detail verplant, verliert an Spontaneität und missachtet die kleinen Abenteuer des Alltags, die unser Leben erst würzen und schmackhaft machen. So begrenzen wir uns.

Gott meint es gut mit uns, uns fehlt es jedoch an Einsicht. Dadurch können wir seine Liebe und Güte, die sich im Kairos zeigt, übersehen. Dennoch – das talmudische Paradoxon gilt für jeden: »Gott führt uns (auch) des Weges, den wir wählen.«

Zeit ist ein Heilmittel. Aber für viele ist Zeit ein krank machender Diktator, dem wir uns selbst unterwerfen. Die Zeit ist die größte Macht: Sie beherrscht die meisten Menschen, die nur unter Hochdruck oder Hochspannung leben und arbeiten. Besinnen wir uns wieder auf die rechte Zeit, denn: »Alles hat seine Zeit …«

Begeisterung – Motor des Lebens

Für Christian Morgenstern war Enthusiasmus, das griechische Wort für Begeisterung, »das schönste Wort der Erde«. Wörtlich übersetzt bedeutet es »In Gott sein«. Nur mit dieser Be*geist*erung können wir Großes schaffen. Leben heißt immer auch, Gott Einlass gewähren, um die Begrenzungen des Ego zu überwinden: Erwartungsfreude durchpulst dann den ganzen Organismus, Ängste schwinden.

Welch ein Unterschied zwischen einem Menschen, der vor sich hin vegetiert, und einem, der auf der Woge der Begeisterung durch das Leben gleitet. Hingabe an das Leben und Interesse an der Arbeit verleihen jedem Menschen große Tatkraft;

Glückspilze sind aus diesem Holz geschnitzt. Mangel an Liebe und Leidenschaft dagegen kann jeden bis zur Arbeitsunfähigkeit ausbrennen.

Zahlreiche Menschen wagen es nicht, von einer Sache überzeugt zu sein. »Die Methode ist sicher gut, aber ob sie bei mir auch wirken wird?« – darin besteht ihr destruktiver Zweifel. Sie betreiben Sabotage am eigenen Leben, an der eigenen Gesundheit.

Wer voller Liebe und Glaube ist, wird auch Schwung und Kraft besitzen. Wer sich begeistern kann, wird seine Ziele, die ihm bestimmt sind, erreichen.

Reflexionen

»Nichts ist so leicht, als dass es nicht schwer wird, wenn du es wider Willen tust.« *(Terenz)*

»Es hat noch niemand etwas Ordentliches geleistet, der nicht etwas Außerordentliches leisten wollte.« *(Marie von Ebner-Eschenbach)*

Wie können wir uns motivieren?

Die eigenen Geschicke sind immer auch ein Spiegel von inneren Einstellungen und äußerem Verhalten. Wenn ich in den Spiegel lache, jubelt mir das Leben zu; wenn ich dagegen in den Spiegel jammere, zeigt sich das Leben von seiner trüben Seite. Man sollte demnach meinen, dass wir alle lebensbejahend durch das Leben schweben würden. Indes, der gute Vorsatz verliert sich in der Routine der Gewohnheiten, das Feuer der Begeisterung erstickt im trüben Alltag.

Nur halbherzig lebt auch, wer von Angst- oder Zwangsgedanken geplagt wird. Er muss seine negativen Vorstellungen abbauen, ehe ihn Begeisterung erfüllen kann. Begeisterung ist tiefes Leben, das durch Liebe bestimmt wird. Was auf Erden an Herausragendem geschaffen wurde, ist durch Begeisterung entstanden.

Wie können wir uns selbst motivieren? Sich große Ziele setzen, gute Bücher lesen, die Gesellschaft positiver Menschen suchen, wieder das Staunen lernen, die kleinen Abenteuer des Alltags bewusst auskosten, neugierig in die Welt schauen, jeden Augenblick des Tages aufmerksam genießen, in der Gegenwart leben, jeden Tag etwas dazulernen und nicht zuletzt: immer etwas und jemanden lieben.

Wer motiviert ist, könnte vor Tatendrang platzen. Aber der Tatendrang der Begeisterung lässt uns auch viele Fehler begehen; er darf uns nicht vollkommen beherrschen. Wir sollten uns nicht über Gebühr ereifern. Begeisterung kann uns stark, aber auch anfällig machen. So ist es gut, wenn man zum Beispiel in schwierigen Situationen langsam spricht und ausatmet (siehe dazu die praktische Übung am Schluss des Kapitels).

Eine kraftvolle Motivation kann auch einer Trotzhaltung entspringen: Die Schriftstellerin Françoise Sagan fiel durch das Abitur, weil sie ausgerechnet im Fach Literatur versagte. Doch im selben Jahr schrieb sie den Bestseller *Bonjour Tristesse*. Wer sich im Leben von den Vorurteilen oder Fehleinschätzungen anderer zurückwerfen lässt, vergisst, dass wir alle schon einmal falsch oder einseitig beurteilt wurden. Wer sich dagegen mit der Trotzreaktion »Denen werd' ich's zeigen« zu motivieren vermag, kann große Kräfte freisetzen. Niederlagen deprimieren; sie können jedoch auch motivieren und aktivieren. Wir allein entscheiden darüber.

Unser Wollen ist oftmals von Widerständen und Abwehrmechanismen blockiert. Wir wollen uns beispielsweise ändern, aber immer wieder begehen wir die gleichen Fehler. Es ist wie verhext: Die unwichtigsten Nebensachen sabotieren die dringend notwendigen Hauptsachen.

Fromme Menschen sagen: »Wir können uns nur ändern, wenn Gott uns hilft.« Das mag sein; aber ohne unsere Bemühungen empfangen wir nichts. Meist gilt auch hier: Leben heißt geben, sich bemühen, den guten Willen zeigen. Erst dann empfangen wir.

Musik aus Lebensfreude

Musik ist ursprünglich ein Dank an das Leben, das heißt an den Schöpfer. Als Äußerung des Wohlgefühls gehört Musik zur Lebensfreude wie das Atmen zum Leben. Wir können uns in Stimmung singen und uns mit Musik richtig einstimmen; dadurch gewinnen wir an Gesundheit.

Gesundheit ist Gleichklang – von Körper, Psyche und Kosmos. Anders ausgedrückt: Wenn wir im Einklang mit allem, mit dem Schwingungsmuster des Kosmos, stehen, dann ruhen wir in unserer Mitte.

Beständiger, ununterbrochener Einklang ist und bleibt jedoch ein Ideal, ein Ziel, das wir trotz all unserer Bemühungen nur für Augenblicke erreichen: im Zustand der »Erleuchtung«. Aber in Zustände der Erkenntnis und Eingebung können wir durch tiefes, hingebungsvolles Leben gelangen. Allerdings gibt es dafür keine Patentrezepte; die notwendige Arbeit nimmt uns niemand ab. Wir sind Zuarbeiter der Schöpfung.

Gebete müssten im Grunde genommen wie die Psalmen gesungen werden. Wenn Sie allein sind, singen Sie ruhig Ihre Lebensfreude in die Welt hinaus.

Religiöse Musik verleiht uns positive Impulse. Sie kann geistig anregen, beispielsweise die in jedem Menschen vorhandende Anlage zur Liebe wecken und soziale Kontakte fördern. Sie kann unsere Stimmung aufhellen, sie kann beruhigen oder erfrischen. Sie kann anregen und begeistern, Trost spenden und Trauer verscheuchen. Sie ist Therapie pur, vorausgesetzt, wir öffnen uns.

Musikalischer Wohlklang harmonisiert. Er stimmt die Seele ein und hebt uns empor. Der irdische Stress wird vergessen, sodass anregende Impulse aus tiefen Schichten in unseren Organismus fließen können.

Der sensibelste Sinn ist das Gehör. Schon der Fötus im Mutterleib reagiert auf Musik. Die Musik berührt Tiefenschichten in uns. Selbst Menschen, die sich im Koma befinden, antworten auf Musik.

Reflexionen

»Musik ist höhere Offenbarung als alle Weisheit und Philosophie.« *(Ludwig van Beethoven)*

»Ohne Musik wäre das Leben ein Irrtum.« Und: »Wer das Christentum völlig verlernt hat, der hört es in den Oratorien von Bach wieder.« *(Friedrich Nietzsche)*

»In der rechten Tonlage kann man alles sagen, in der falschen nichts.« *(George Bernhard Shaw)*

»Gott achtet mich, wenn ich arbeite. Aber er liebt mich, wenn ich singe.« *(Jüdisches Sprichwort)*

Gottesvorstellungen

Wohl alle Menschen haben eine Vorstellung von Gott. Goethe sagte: »Hinter jedem Wesen steckt die höhere Idee. Das ist mein Gott, das ist der Gott, den wir alle suchen und zu schauen hoffen. Aber wir können ihn nur ahnen, nicht schauen. Ich frage nicht, ob dieses höchste Wesen Verstand oder Vernunft hat, sondern ich fühle, es ist der Verstand, es ist die Vernunft selbst …« Und: »… der Mensch hat davon so viel, dass er Teile des Höchsten erkennen mag.« Und: »Gott anerkennen, wo und wie er sich offenbart, das ist die eigentliche Seligkeit auf Erden. Wir schauen ihn nur im Glanze, im Beispiele, im Symbol, in … Erscheinungen, wir werden ihn gewahr als unbegreifliches Leben und können dem Wunsche nicht entsagen, es dennoch zu begreifen.«

Wie sollen wir Gott begreifen, der uns im Glück so hautnah und im Unglück so entsetzlich fern erscheint? Wie sollen wir verstehen, dass letztlich diese Gegensätze vereinbar sind?

Gott lässt sich nicht beweisen, man muss ihn – durch Hingabe – erfahren haben, um fest an ihn glauben zu können.

Alle Religionen haben unterschiedliche Gottesvorstellungen. Mit des Menschen Erkenntnis änderte sich auch sein Bild von Gott. Aber Gottes Wesen ist und bleibt die Liebe, die weder richtet noch straft.

Gott näher kommen heißt, ihn lieben zu lernen. Deshalb ist Gott unser wichtigstes Du. Je tiefer unsere Gotteserfahrung, desto tiefer unsere Verbindung zur Welt. Den Weg zum unerschöpflichen Quellgrund allen Lebens müssen wir freihalten, damit sein Versprechen, uns helfen zu wollen, in Erfüllung gehen kann. Gott ist die Lösung der meisten Probleme.

Ein oft gehörter Satz lautet: »Mit Gott komme ich schon aus, aber sein Bodenpersonal bereitet mir Schwierigkeiten.« Welche Illusion! Wer mit Gott gut auskommt, kommt mit den Menschen allemal zurecht. Wer nach Gott fragt, fragt nach sich selbst.

Es gibt auch Theologinnen, die Gott am liebsten Frauenkleider angezogen hätten, als ob Gott nun lange genug in ausgebeulten Hosen gewirkt habe. Gott ist jedoch in allen Frauen; er ist psychologisch hundertprozentig »Frau«. Gott steckt ebenso in allen Männern und denkt auch hundertprozentig wie »Mann«. Gottes Mütterlichkeit ist nicht geringer als seine Väterlichkeit.

Reflexionen

»Sei still und erkenne, dass ich, Gott, bin.« *(Psalmen 46,11)*
»Besser kennt Gott, wer ihn nicht zu kennen bekennt.« *(Augustinus)*
»Gott schläft im Stein, atmet in Pflanzen, träumt in Tieren und erwacht im Menschen.« *(Indisches Sprichwort)*
»Musst du dir Gott erst beweisen, zündet man denn eine Fackel an, um die Sonne zu sehen?« *(Mahatma Gandhi)*
»Gott fordert nichts von dir als nur, in ihm zu ruhn. Tust du dies, so wird er das andere selbst tun.« *(Angelus Silesius)*

Gott erfahren

Gott ist erfahrbar, wenn wir in unserer Mitte ruhen, wenn wir voller Liebe sind, wenn wir lebendige, tiefe Beziehungen spüren, vor allem jedoch, wenn uns in Gefahren zur rechten Zeit »zufällig« geholfen wird. Wir müssen seinen Geist in uns zu Wort kommen lassen, wir müssen frei (von Blockierungen) sein. Aber nicht selten macht uns Gott auch blind und blockiert.

Ein Beispiel: Im Russlandfeldzug 1941 hatte mein Hamburger Infanterie-Regiment eine Brücke zu sichern. Ich lag geschützt in einem Graben. Plötzlich setzte mein Bewusstsein aus, und ich fand mich nach etwa zwei Minuten mitten auf einem freien Feld wieder – entsetzt über meine Schutzlosigkeit. Sofort lief ich zum Graben zurück, aber dort war inzwischen eine Granate eingeschlagen. Welche fürsorgliche Kraft hatte mich aus dieser Gefahrenzone *genötigt*?

Etwa vierzehn Tage später hatten wir Soldaten die Aufgabe, über den Fluss Düna zu setzen. Ein feindliches Streufeuer hielt uns morgens an einem Dorfrand fest. Ich hatte an einer Scheune etwas zu erledigen, ging auf die linke Seite zu, wobei eine innere Stimme mir *wie beiläufig* sagte: »Geh auf die rechte Seite!« Kaum war ich dorthin gelangt, schlug links mit ohrenbetäubendem Knall eine Granate ein. Außer dass mir der Schrecken in alle Glieder fuhr, war mir nichts passiert. Die innere Stimme hatte mir das Leben gerettet. Welcher Humanist denkt da nicht sofort an den »Daimonion« (die innere helfende Stimme) des Sokrates?

Am selben Nachmittag geschah jedoch noch etwas: Plötzlich war ein Knall zu hören, und ich fühlte einen heftigen Schlag gegen meinen linken Oberarm. Diese schwere Schussverletzung, dieser »Heimatschuss«, machte mich zu einem Schwerkriegsbeschädigten mit Rentenanspruch. Das »Schicksal« kannte also bis in alle Einzelheiten mein Geschick.

Der Leser wird nun besser verstehen, warum ich fest davon überzeugt bin, dass unser Leben letztlich immer auch vorbestimmt ist. Aber warum und wozu während des Krieges so viele Menschen in Konzentrationslagern oder in Gefangenschaft umgebracht wurden oder warum und wozu ausgerechnet dieses oder jenes Kind heute sterben muss – darauf kann keiner eine Antwort geben. Geheimnis des Lebens heißt vor allem Geheimnis des Leidens.

Wer schon einmal einen Blick nach »drüben«, in jenseitige Welten werfen konnte, beschreibt Gott als Licht. Manche sprechen auch von Energie.

»Materie an sich gibt es nicht, es gibt nur den belebenden, unsichtbaren Geist als Urgrund der Materie …, den ich mich nicht scheue, Gott zu nennen«, erklärte der Nobelpreisträger für Physik Max Planck in seinen Vorträgen. Natürlich ist dieser Gedanke auch schon lange vor Planck formuliert worden. So legte Thales von Milet dar, dass alle Materie von Göttlichkeit erfüllt sei. Der Philosoph Xenophanes lehrte, Gott sei der Urquell, der Unwandelbare, der in allen Dingen anzutreffen wäre. Alles ist mit allem verbunden – das ist eine Erkenntnis der alten Kulturvölker, die durch die Quantentheorie wissenschaftlich bestätigt wurde.

In der Bibel gibt es zahlreiche Beschreibungen Gottes. Deutlich wird, dass Gott nicht der Erfüllungsgehilfe menschlicher Wunschvorstellungen ist oder der Ausputzer menschlicher Unzulänglichkeiten. Das ist wohl ein Hauptgrund, warum sich Menschen aus Enttäuschung von ihm abgewendet haben. Er ist nicht manipulierbar. Wir können Gott nicht »haben«; niemals ist er unser Besitz. Wir können ihn nicht benutzen; wir können uns nur an ihn verlieren, um dadurch zu uns selbst zu kommen.

Die »Leitung« zu Gott scheint uns manchmal versperrt zu sein, weil wir blockiert sind. Aber wir können dennoch zu jeder Zeit an Lebenskraft gewinnen, wenn wir beten, glauben, vertrauen, hoffen, danken, lieben, lächeln, tief atmen. Ein hoher Pegel an Lebenskraft bringt uns mehr Gesundheit.

Gottes Wirken können wir in der Natur unseres wunderschönen blauen Planeten erkennen: auf dem Meer, in der Wüste, im Gebirge. Vor allem jedoch können wir ihn letztlich in uns selbst finden.

Reflexionen

»Die Toren sagen in ihrem Herzen, es gibt keinen Gott.« *(Psalmen 14,1)*

»Das Universum bringt mich in Verwirrung; ich kann nicht

verstehen, wie ein solches Uhrwerk bestehen kann ohne einen Uhrmacher.« *(Voltaire)*
»Alles Sichtbare ist Ausdruck eines höheren Unsichtbaren.« *(Angelus Silesius)*

Zweifel an der Existenz Gottes

Angesichts der Verbrechen in der NS-Zeit, des Völkermords in Konzentrationslagern wie Auschwitz haben sich Menschen gefragt, ob es überhaupt einen Gott gäbe. Auch bei großem Leid und Kummer im eigenen Leben zweifeln wir zuweilen an der Existenz Gottes. Doch wir sind dabei zu oft fixiert auf Vorstellungen von dem Gott der Liebe, der das wieder heil machen und in Ordnung bringen soll, was wir Menschen angerichtet haben. Dann vergessen wir auch, dass Kriege Menschenwerk sind und dass in jedem Menschen ein Ungeheuer steckt, das sich selbst und andere schädigen kann. Gott greift nicht ein. Auf Erden hat er seine »Allmacht« mit uns geteilt. Er ist hier nur allmächtig, wenn wir alle ihm zuarbeiten und seine Gebote einhalten.

Zweifel an der Existenz Gottes sind nicht von vornherein etwas Negatives. Jeder von uns steckt tief im Innern voller Zweifel, wenn wir sie auch anders benennen mögen: Es ist manchmal ein lähmendes Bedenken, ein Sich-nicht-entscheiden-Können oder ein Mangel an Mut.

Wer an Gott zweifelt – und wer tut es nicht gelegentlich –, der ist im Grunde ein Suchender. Er sucht nach Erkenntnis. Er wird sie weniger durch rationale Argumente gewinnen als durch Eingebungen und Erfahrungen.

Viele der Gottzweifler stellen auch nicht die Existenz einer kosmischen Intelligenz infrage, sondern menschengemachte

Bilder von Gott, die das wirklich Göttliche nicht wiedergeben können.

Wenn es heißt, lähmende oder bohrende Zweifel quälen und stressen uns, dann sind damit jene chronischen Zweifel an unserem Erfolg gemeint. Wenn beispielsweise ein Sportler an seinem Können zweifelt, wird er kaum aus dem Durchschnitt herausragen. Wer an allem und jedem zweifelt, wird auch an Gott zweifeln, an seiner eigenen Gesundheit, an seinem Glück und Lebensweg. Sein Immunsystem wird dadurch beeinträchtigt. Das Leben aber begünstigt die Mutigen und Entschlossenen.

Gott existiert als eine »zentrale Ordnung« (Werner Heisenberg). Seine »Transzendenz« spiegelt sich in seiner Schöpfung. Sein Licht kann uns meditativ erhellen; sein Geist kann uns vielfältig beleben. Seine Liebe ist das Urgesetz des Kosmos, die Mitte aller Dinge, deswegen sagen wir uns immer wieder in der Entspannung: *»Ich ruhe in meiner Mitte. Ich bin eins mit dem Zentrum. Ich bin eins mit allem Leben.«*

Durch intensives, konzentriertes Beten kann man inneren Frieden finden.

Wir können nur an Gott glauben, wir können nicht »wissen«. Ist das ein Kunstgriff? So befassen wir uns immer wieder von neuem mit ihm; wir ringen um unseren Glauben an ihn.

Reflexionen

»Unsere Zweifel sind Verräter. Durch die Furcht … lassen sie uns oft das Gute verlieren, das wir erringen möchten.« *(William Shakespeare)*

»Nah ist und schwer zu fassen der Gott. Wo aber Gefahr ist, wächst das Rettende auch.« *(Friedrich Hölderlin)*

»Wenn das Wort Gott für euch nicht viel Bedeutung besitzt, so übersetzt es und sprecht von der Tiefe in eurem Leben, vom Ursprung eures Seins, von dem, was euch unbedingt angeht, von dem, was ihr ohne Vorbehalt ernst nehmt. Wenn ihr erkannt habt, dass Gott Tiefe bedeutet, so wißt ihr viel von ihm. Wer um die Tiefe weiß, der weiß um Gott.« *(Paul Tillich)*

»Wenn ich die ganze Wahrheit gestehen soll: Gott ist unbegreiflich und kann nicht erkannt werden.« *(Origenes)*

Gott ist stets mit dabei

In unserer Gesellschaft neigen wir heute dazu, das Alltagsleben vom Religiösen zu trennen. Ist das aber wirklich möglich? Weht nicht Gottes Geist überall? Zeigt er uns nicht in jedem Augenblick, dass er das Leben durchdringt?

Das Göttliche wirkt in jedem von uns. Gott hat sich in der Natur, also auch in uns verewigt. Das mögen einige Menschen leugnen, aber wie könnten wir uns nach Gott sehnen, wenn er nicht schon vorher in uns wäre?

Wer wirklich menschenfreundlich (aber nicht unbedingt religiös) erzogen wurde, in dem melden sich Gefühle und Bedürfnisse seines höheren Selbst, seiner göttlichen Anlage: das Bedürfnis zu verehren, über sich selbst hinauszuwachsen, zu glauben, zu hoffen, zu lieben, sich zu freuen, zu staunen, zu huldigen, anzubeten, zu helfen, zu dienen, zu schenken und zu opfern. Die Befriedigung dieser Bedürfnisse wird von der Schöpfung belohnt – durch Lebenskraft und daher mit mehr oder minder deutlichen Gesundheitsimpulsen, was zu mehr Ausgeglichenheit im Organismus führt.

Ein Prinzip des Lebens wird wieder deutlich: Ohne die Hilfe der Eltern, der Familie, von Freunden und ohne unsere eigene Mithilfe bleiben wir blockiert, und Gott hat es schwer, uns dann in diesem ungeformten Zustand zu helfen.

Dennoch sind alle Menschen in vielfältigster, individueller Weise Gottsucher: Das Göttliche in uns sucht seinen Ursprung. Gleiches zieht Gleiches an. Das Fatale ist nur, dass wir die Freiheit haben, das Falsche zu wählen. Aber unendlich geduldig hofft Gott auf uns, erwartet uns, liebt uns.

Unser Bedürfnis nach Wahrheit rührt von Gott. Unser Streben nach Humanität findet seinen Quellgrund in ihm. Wenn unser Schiff auf falschem Kurs ist, dann will er es zurück auf den richtigen Weg bringen.

Gott bedient sich meist der Menschen unserer Umgebung, um uns zu helfen. Heißt es nicht, er habe keine anderen Hände als unsere? Unsere Schwierigkeit ist nur, solche Geschehnisse zu durchschauen. Je abenteuerlicher unser Leben ist und je öfter es uns gelingt, das eigene Leben auch einmal mit Abstand zu betrachten, desto leichter erkennen wir seine Unterstützung im Alltag.

Ein Beispiel: Meine Frau und ich waren 1959 nach der dritten Atlantiküberquerung auf dem Weg von der Dominikanischen Republik nach Miami. Im Norden Kubas übernahm meine Frau die Ruderwache und rief mir wenige Minuten später zu: »Ach, gib mir doch noch schnell eine Flasche Saft.« Ich brachte sie ihr ins Cockpit, schaute mich um und sah vor dem Bug dicht unter der Wasseroberfläche ein vorgelagertes Felsenriff. Sofort riss ich die Pinne herum: An Backbord konnten wir die Umrisse einer Felsspitze erkennen. Gott sei es gedankt, dass ich so schnell aus der Koje kam, sonst hätte es einen unschönen Zusammenstoß gegeben.

»Gerufen und ungerufen wird Gott mit uns sein« *(»Vocatus atque non vocatus Deus aderit«)* – diesen weisen Spruch hatte C. G. Jung über der Eingangstür zu seinem Landhaus in Küßnacht anbringen lassen.

Gottes Offenbarungen

Wenn Gottes Wirken in unserem Leben erkennbar wird, sprechen viele von Zufall statt von Offenbarung. Als Friedrich der Große an seinen philosophischen Lehrer Voltaire schrieb: »Je mehr man altert, desto mehr überzeugt man sich, daß Seine heilige Majestät der Zufall gut drei Viertel der Geschäfte dieses miserablen Universums besorgt«, erhielt er jedoch von dem Wahrheitssucher Voltaire die Antwort: »Zufall ist ein Wort ohne Sinn; nichts kann ohne Ursache geschehen.«

»Zufall« ist ein Verlegenheitswort, wenn wir für die tiefen Zusammenhänge des Lebens blind sind.

Gott versucht, laufend mit uns zu kommunizieren: über Gefühle oder unseren Geist, über andere Menschen, über Zeichen, Ereignisse und sogar über instinktgesteuerte Tiere. Leider hören wir manchmal sehr schwer. Seine Stimme in uns geht unter, weil wir nur unsere Ego-Stimme hören. Er möchte aber, dass wir uns aus der Tiefe leiten lassen.

Göttliche Offenbarungen können in Form von Schutz und Hilfe eintreten (Schutzengel, Retter in der Not) und von spontanen Eingebungen (Gedankenblitz, rettende Idee, unbestimmtes Verlangen). Meist kann man sie erst im Rückblick würdigen. Irrtum und Illusion begleiten uns lebenslang.

Gottes Wirken geschieht meist unspektakulär und so unauffällig, dass wir seine Hilfen und Antworten erst später erkennen, wenn überhaupt. Gott – so heißt es – offenbart sich nur denen, die mit dem Herzen sehen. Wenn wir unser Ich zurücknehmen, dann ist Gott unser ganz reales Du.

Wer den Schöpfer liebt, dem offenbart er sich auch, heißt es. Deswegen meinte Blaise Pascal: »Das Herz hat seine Vernunft, die die Vernunft nicht kennt … Es ist das Herz, das Gott empfindet und nicht die Vernunft.«

Religion

Wenn das Wort Religion fällt, geraten heute nicht wenige in Verlegenheit. Es ist auch nicht verwunderlich, dass manch einer abwehrend oder wütend reagiert, statt erst einmal zuzuhören, was alles unter Religion zu verstehen ist. Religion geht jeden Menschen etwas an, weil sie der positive Teil unseres Lebens ist, ohne den wir nicht ganz und heil wären. Religion ist das spezifisch Menschliche: Verbindung mit der Tiefe und mit dem Heiligen, Verwurzelung. Wer sich mit dem Stromkreis des Lebens verbindet, indem er die Gemeinschaft mit Gott pflegt, empfängt Heilimpulse. Gottes Wort und unsere Antwort bilden zusammen eine untrennbare lebendige Einheit.

Unser aller Leben ist ein fortwährender Dialog mit dem Göttlichen, der uns bewusst sein kann, der aber meist unbewusst verläuft. Theologen denken oft nur an den bewussten Dialog mit dem Schöpfer. Der unbewusste Dialog, die natürliche Religiosität eines jeden Menschen, bleibt meist unerkannt. Viele wissen nicht, dass beispielsweise ihre Freude über das Geschenk des Lebens ein religiöser Akt ist, der mit Gesundheitsimpulsen belohnt wird. Ähnlich ist es mit dem Vertrauen auf das gute Lebensschicksal: Es stimuliert nachweisbar ebenfalls das Immunsystem.

Die ursprüngliche innere Religiosität ist selten bewusst in eine Theorie gekleidet, sondern äußert sich in Gefühlen wie Dankbarkeit, Freude, Ehrfurcht. Tief empfundenes, verantwortungsvolles Leben entspricht innerer Religiosität. Religiosität ist ein unerlässlicher Bestandteil unserer Ganzheit.

Unser Organismus wird durch religiöse Worte und Empfindungen aktiviert, und zwar im Sinne einer harmonischen Regulation. Organe und Muskeln können durch Beten nachweisbar positiv beeinflusst werden.

Die tiefe, ursprüngliche Rückverbindung ist eine universale, konfessionsunabhängige angeborene Reaktion; sie ist tiefes Leben.

Religion in einem ursprünglichen Sinn verstehe ich als Aufladung mit Lebenskraft. Es liegt an uns, von diesem Geschenk angemessen Gebrauch zu machen – zum Nutzen aller.

Konfessionen werden hingegen von Menschen gemacht und bedeuten immer auch Spaltung, Uneinigkeit, Trennung, Menschenmaß, Bekenntnis, Glaubenslehre, Wissen, Kopfarbeit. Konfession muss nicht unbedingt, kann aber ebenfalls Gesundheitsimpulse geben. Dass wir jedoch wie in allen anderen Lebensbereichen auch hier übertreiben können, hat der schottische Jurist Thomas Erskine so formuliert: »Wer die Religion zu seinem Gott macht, hat nicht Gott in seiner Religion.« Wer in sich selbst ruht, wer ganz ist, der ist mehr oder minder gefeit gegen Übertreibungen und Missverständnisse.

Der römische Dichter Cicero übersetzt das Wort *religio* (von *relegere*) mit »Verehrung der Götter«, während der Schriftsteller Lactanz es als »Wiederverbindung mit Gott« deutet. Beides hat als Lebenshaltung und innere Einstellung gesundheitsfördernde Wirkungen.

Manche Fachleute glauben, das Mutterverbum sei *religari*, ein lateinisches Deponens mit einer aktiven und einer passiven Bedeutung: »sich zurückverbinden« (aktiv), nämlich mit Gott, und »zurückverbunden werden« (passiv) durch göttliche Gnade und Liebe.

Für uns ist Religion auch Hingabe an das Leben. Sich hingeben kann nur, wer Liebe aufbringt. Das Maß gelebter Liebe bestimmt die Religiosität.

Die ursprüngliche, innere Religiosität setzt nicht unbedingt einen Gottesglauben voraus. Religion ist das Eingebundensein in die kosmische Ordnung. Unter den Weltreligionen jedoch gibt es wohl keine, die nicht in irgendeiner Form etwas als Gott verehrt, und sei es ein Heiliger, der gottgleich verehrt wird, zum Beispiel Buddha.

Im Namen von Gott und Religion sind allerdings auch zahllose (»heilige«) Kriege geführt, sind Kontinente erobert und Millionen von Menschen versklavt und getötet worden. Teilweise geschieht dies auch heute noch. Ursache sind Menschen, die ein falsches Bild von Gott und Religion haben und selbst Gott spielen.

Reflexionen

»Religion ist die Erkenntnis unserer Pflichten als göttliche Gebote.« Und: »Es gibt nur eine wahre Religion, aber es kann vielerlei Arten des Glaubens geben.« Und: »Religion zu haben, ist Pflicht des Menschen gegen sich selbst. Wir müssen sie in uns, nicht außer uns suchen.« *(Immanuel Kant)*

»Religion ist das Erleben des göttlichen Weltgrundes in uns.« *(Friedrich Schiller)*

»Meine Erwartung, daß tiefste Religion und tiefstes Denken miteinander übereinstimmen müßten, hat mich nicht getäuscht. Es ist tatsächlich so, daß tiefste Religion denkend und tiefstes Denken religiös wird.« *(Albert Schweitzer)*

»Religion ist eine Angelegenheit des Herzens, nicht des Kopfes.« *(C. M. Wieland)*

»Was ist Religion? Sich in alle Ewigkeit weiter und höher entwickeln wollen.« *(Christian Morgenstern)*

Was ist Religion im Alltag?

- Das Gefühl der Dankbarkeit gegenüber Menschen, Gott und dem Leben.
- Die Empfindung von Liebe für Gott und die Welt, nicht nur für die eigene Familie. Mitgefühl für jegliche Kreatur.
- Das Schwache im Leben stärken, ermutigen und unterstützen sowie achtsam mit der Natur umgehen.
- Singen, Meditationen über religiöse Themen, meditatives Tanzen als Ausdruck der Hingabe und des Dankes.
- Sehnsucht, der Welt von Nutzen zu sein.
- Sehnsucht nach Harmonie, nach dem Einswerden und Verschmelzen, nach Neuwerdung und Lebenssinn, nach Wahrheit.
- Das Vertrauen auf eine höhere Macht, in das Leben. Gelassenheit.
- Jeder lautere Wunsch, der andere Menschen mit einbezieht.
- Jedes Gebet, jedes Zwiegespräch mit Gott.
- Freude als Dank für Gesundheit, für den erfolgreichen Tag, für die geglückte Arbeit.
- Verzeihen, versöhnen und vergeben.
- Jede ehrliche Arbeit, die man verantwortungsvoll leistet.
- Dankbarkeit für das Geschenk des Lebens.

In Indien heißt es, das ganze Leben sei Yoga. Im Westen müsste es heißen: Mein ganzes Leben ist Religion. Diese Religiosität ist die Grundlage für Gesundheit, Glück und Zufriedenheit. Mit einem religiösen Leben machen wir uns ein Geschenk, denn »Gott wird nicht größer, wenn wir ihn verehren, aber wir werden glücklicher, wenn wir ihm dienen«. *(Augustinus)*

Übungen zur ersten Lektion

Allgemeine Lebensregeln

- Einfachheit ist ein gesunder Lebensbegleiter, Verwöhnung ein liebloser Ersatz.
- Einige Lebenstugenden müssen wir alle einüben, beispielsweise Freude, Toleranz, Ausdauer, Geordnetheit, Dankbarkeit, Ehrlichkeit und Begeisterung; nicht zuletzt auch Glaube, Hoffnung, Liebe.
- Schwachpunkte können zum großen Teil wegtrainiert werden. Triebe und Zwänge kleben zwar an uns, aber ein starker Wille zusammen mit Vertrauen und Disziplin können helfen.
- Wir sollten fest an unsere vorzügliche Gesundheit und unser gutes Schicksal glauben. Der Glaube gibt Selbstvertrauen und stabilisiert die eigene Gesundheit.
- Erziehen wir uns zur Liebe und zur Liebenswürdigkeit, zur Versöhnung und Vergebung. Herz stehe stets vor Kommerz *(»Ich bin voller Liebe«)*.
- Das Leben ist lebenswert. Lebensfreude kann überall durch einfaches aufmerksames Betrachten der Natur ausgelöst werden.
- Auch in schwierigen Situationen dürfen wir die Hoffnung *nicht aufgeben*.
- Schaffen wir uns geistige Werte. Sie allein geben dem Leben in kritischen Situationen Stabilität. Investieren wir mit guten Gedanken und Taten in unser Schicksal.
- Lassen wir das Urteilen, Richten und Vergleichen; es kann niemals fair sein, weil uns der tiefere Einblick in Zusammenhänge fehlt. Wir können nur lieben – uns und die Welt.
- Schließen wir Frieden mit uns und der Welt, auch wenn wir vieles im Leben nicht verstehen: Dieses Leben ist das Beste,

das uns zufallen konnte. Unser Leben und Wohlbefinden sind oft das Ergebnis unserer Einstellung. Vergessen wir also kleine Sorgen, sehen wir die großen Sorgen unter einem neuen Blickwinkel, akzeptieren wir Unvermeidliches.

Richtiges Atmen ist eine Kunst, die Gesundheit schenkt

Unser ganzes Leben lang tun wir etwas, das wir dennoch nicht richtig beherrschen: atmen. Richtig zu atmen ist eine Kunst und zugleich ein Grundpfeiler der Gesundheit, zuweilen ist es sogar eine wirksame Medizin. Atmen ist also mehr, als nur Luft holen. Goethe erkannte im Ein- und Ausatmen sogar zwei Arten von Gnade:

> »Im Atemholen sind zweierlei Gnaden,
> Die Luft einziehen, sich ihrer entladen.
> Jenes bedrängt, dieses erfrischt;
> So wunderbar ist das Leben gemischt.
> Du danke Gott, wenn er dich preßt,
> Und dank ihm, wenn er dich wieder entläßt.«

Die »erste Gnade« besteht darin, dass wir vor allem bei einer leicht verlängerten und bewussten *Einatmung* Lebenskraft (im Yoga »Prana«, im Chinesischen »Qi«) gewinnen. Diese Tatsache ist wohl ein Grund dafür, dass Atmung auch als Geist, Lebensgeist (»Spiritus«, »Pneuma«) bezeichnet wurde. Die leicht verlängerte Einatmung schenkt Energie.

1. Kraft gewinnen durch verlängertes Einatmen

Wirkung: Anregung, energetische Aufladung mit Lebenskraft, Gesundheitsimpulse.

Übung: Lassen Sie Ihre Einatmung in der Vorstellung unbehindert durch den ganzen Körper fließen. Alle Übungsschritte werden bewusst wahrgenommen, um der Übung Wirksamkeit zu verleihen. Jede Atemübung beginnt mit einer tiefen Ausatmung, dann:

- *Phase A:* Leicht verlängert einatmen. Die Lungen von unten (»Bis in die Zehen einatmen«) nach oben füllen und weiten. Die Einatmung ist ein leichter Anspannungsvorgang. Die Einatmungsphase geht ohne Pause in die
- *Phase B:* Ausatmung über. Sie dauert jedoch etwas kürzer als die Einatmung. Die Ausatmung ist ein Entspannungsvorgang. Die Ausatmung geht unmerklich über in die
- *Phase C:* Atempause. Diese kurze Pause muss eingehalten werden, damit es nicht zu einer Überatmung (Hyperventilation) kommen kann.

Der erneute Einatmungsimpuls meldet sich automatisch, dann beginnen Sie wieder mit dem leicht verlängerten Einatmen.

Beachten Sie: Üben Sie die drei Phasen der Übung »verlängerte Einatmung« nicht häufiger als vier- bis achtmal. Wenn diese an sich gesunde Atemübung übertrieben wird, kann sie überempfindliche Personen gefährden, zum Beispiel durch Überatmung.

Anwendung: Zur Harmonisierung der Selbstregulierungskräfte. Zur Beseitigung von Schwächezuständen und Müdigkeit (während einer Konferenz, Besprechung usw.). Zur Vorbeugung von Müdigkeit (bei langen Autofahrten oder wichtigen Arbeiten, die viel Konzentration verlangen; nach dem Essen usw.). Unter Umständen bei niedrigem Blutdruck und Antriebsschwäche. Zur Konzentrationssteigerung, wenn man – zum Beispiel beim Beten, bei wichtigen Gesprächen oder beim Formulieren innerer Vorsätze – von eigenen unerwünschten Gedanken verfolgt und abgelenkt wird.

Die entspannende Ausatmung ist die »zweite Gnade«, von der Goethe spricht.

2.
Entspannen durch verlängertes Ausatmen

(PT-Atmung; siehe auch mein Buch *Einfach entspannen*)

Wirkung: Ruhe und Entspannung. Gelassenheit. Abbau von Stress und Ängsten.

Übung: Die Übung beginnt wie immer mit einer vertieften Ausatmung, die dann übergeht in

- *Phase A:* Einatmung (Zwerchfellatmung). Das Einatmen lassen Sie einfach geschehen. Die Einatmung kippt dann in die Ausatmung um (es gibt zwischen Ein- und Ausatmung keine Pause), und es folgt
- *Phase B:* Sie lassen jetzt die Ausatmung leicht verlängert und kontrolliert ausfließen, wodurch sich die Entspannung im Organismus ausbreitet. Eine extreme Verlängerung der Ausatmung ist allerdings unerwünscht.
- *Phase C:* Atempause. Die Pause muss eingehalten werden, weil es sonst zu einer Überatmung kommen könnte. Atmen Sie dann wieder ein (Phase A).

Beachten Sie: Die verlängerte Ausatmung ist im Allgemeinen nicht länger als zwei Minuten anzuwenden. Im manchen Situationen (Lampenfieber, Prüfungsangst, Flugangst, Tunnelangst) ist eine längere Anwendung allerdings unvermeidbar. Zwischendurch kann dann einige Male normal geatmet werden. Während einer Prüfung können Sie auch bewusst langsam sprechen, um denselben beruhigenden Effekt zu erzeugen.

Anwendung: Wenn die Ausatmungsphase, die ein Entspannungsvorgang ist, bewusst etwas verlängert wird, beruhigt sich automatisch der gesamte Organismus. Überdies begünstigt diese Atemübung den freien Fluss der Lebensenergie. Sie ist in allen Situationen zu empfehlen, in denen Sie sich zur Ruhe bringen und in der Gegenwart bleiben wollen. Hilft, Stress und Angst *sofort* abzubauen (bei Unfall, Gefahrensituationen, Schock). Führt zu einer Entspannung des ganzen Körpers und zu der Empfindung, sich in seinem »eigenen Haus«, in seiner Haut wohl zu fühlen; bewirkt ein Ruhen in der eigenen Mitte; macht damit ein bewusstes Leben aus der eigenen Tiefe möglich.

Variante zur Erweiterung der Herzkranzgefäße

Wirkung: Abbau von Ängsten und Verspannungen, innere Erleichterung, bei Bluthochdruck. Es soll einem wieder »warm ums Herz« werden.

Übung: Praktizieren Sie die oben beschriebene verlängerte Ausatmung. Senden Sie Ihre Ausatmungsluft in der Vorstellung in die Herzgegend, wobei Sie im Entspannungszustand visualisieren:

- *»Warme Ausatmungsluft umhüllt liebevoll mein Herz.«* oder
- *»Gottes Liebe wärmt mein Herz – strömend warm* (oder: *angenehm warm*).« oder
- *»Meine verlängerte Ausatmung fließt strömend warm in meine Herzkranzgefäße.«*

Ein guter Vorsatz

»Ich tue täglich etwas. Ich blockiere mein Tun nicht durch Vorurteile. Ich zerrede die Methoden nicht. Ich weiß, dass sich meinem Tun Hindernisse in den Weg stellen. Weder überrascht es mich, noch entmutigt es mich. Ich übe regelmäßig weiter. Wer das Tun vor die Kritik stellt, hat Erfolg. Wer seine Unzulänglichkeit annimmt und sie als Kraft erkennt, überwindet sie.« (nach Albertus Magnus)

Denken Sie in aller Stille über den Text nach, und wenden Sie ihn auf das eigene Verhalten an. Fragen Sie sich: »Muss ich mich ändern?«

Gebete

Gebete um Führung

Jeweils in der Entspannung der Einschlafphase und oftmals am Tag beten; Sie können diese wie auch andere Gebete innerlich singen:

- *Herr, sensibilisiere mich für deinen Plan für mich. Zeige mir deinen Weg für mich. Ich danke dir.*
- *Mit ganzem Herzen vertraue ich auf den Herrn.*
- *Zeige mir den Weg der Weisheit.*

Gebet für mehr Gesundheit

Im Gefühl tiefsten Glaubens mehrmals am Tag und in der Vorstellung schon erhaltener Gesundheit beten:

- *Großer Gott! Deine Liebe erfüllt mich. Du willst meine und der anderen Gesundheit. Lass deine Lebenskraft frei durch mich fließen und meine Blockierungen auflösen. Deine Gesundheit breitet sich in mir aus. Ich bin vital und gesund. Ich bin ganz Liebe. Ich bin voller Dankbarkeit, dass ich gesund bin.*

Diese Vorgaben sollen Sie anregen, sich Ihren persönlichen Gebetstext selbst zusammenzustellen. Schreiben Sie Ihr Gebet/Ihre Gebete auf, und tragen Sie sie in der Tasche bei sich.

Zweite Lektion

Gesundheit

Religion und Naturwissenschaft

Der Physiker und Nobelpreisträger Max Planck ist in zahlreichen Vorträgen auf die Konsequenzen eingegangen, die sich aus der von ihm entwickelten Quantentheorie für das philosophisch-religiöse Weltbild ergeben. Er erklärte: »Wohin und wie weit wir blicken mögen, zwischen Religion und Naturwissenschaft finden wir nirgends einen Widerspruch, wohl aber gerade in den entscheidenden Punkten Übereinstimmung. Religion und Naturwissenschaften – sie schließen sich nicht aus, wie manche heutzutage glauben oder fürchten, sondern sie ergänzen und bedingen einander. Wohl den unmittelbaren Beweis für die Verträglichkeit von Religion und Naturwissenschaft auch bei gründlich kritischer Betrachtung bildet die historische Tatsache, daß gerade die größten Naturforscher aller Zeiten, Männer wie Kepler, Newton, Leibniz, von tiefer Religiosität durchdrungen waren.«

Planck wies auf die uralte Erkenntnis vieler Völker hin, dass sich hinter unserer sichtbaren Welt noch eine andere Welt befindet, die er »reale Welt« nannte. Für Planck und Albert Einstein waren Materie und Energie wesensgleich. Zum Vergleich: Im Chinesischen versteht man unter dem Wort *wu* sowohl Materie als auch Energie. Die westliche polare Perspektive – das heißt die Unterscheidung zwischen Geist und Materie oder Seele und Körper – wurde den Physikern, die auf Einstein und Planck folgten, ebenfalls als unzutreffend aufgefasst. Niels Bohr, der dänische Nobelpreisträger für Physik, wählte beispielsweise anlässlich seiner Erhebung in den Adelsstand den Wappenspruch »Gegensätze sind Ergänzungen«.

Die überzeugendsten Vertreter der neuen Religiosität sind oft Physiker, die keine Schwierigkeiten haben, alte Weisheiten in ihr modernes Weltbild zu integrieren.

Werde, der du bist

Vielleicht rührt des Menschen Sehnsucht, wie Gott zu sein, daher, dass Mensch und Gott auf eine uns letztlich unbegreifbare Weise eine Ganzheit darstellen. Der Mensch ist »Person«, durch die Gotthaftes hindurchdringt (*person/are* heißt »hindurchtönen«, »widerhallen«).

In gewisser Weise sind wir somit vollkommen. Das Vollkommene ist das Göttliche in uns, der Heilige Geist, der Kern, das Selbst. Für Nikolaus von Cues war das Grund genug, um vom »menschlichen Gott« zu sprechen. Im Osten Deutschlands bezeichnete man früher den Menschen auch als »Gottchen«.

Da viele Menschen eine höhere Macht jedoch nicht mehr anerkennen, wollen sie selbst wie Gott sein und sind nicht bereit, ihre Endlichkeit und Unvollkommenheit zu akzeptieren, was der Arzt und Psychoanalytiker H. E. Richter als »Gotteskomplex« bezeichnet. Doch Gott und Mensch sind eine Ganzheit, solange wir nicht selbst Gott sein wollen. Das wäre die »Kreuzigung« Gottes in uns. Wir sollten uns allerdings auch fragen, ob wir eins mit uns selbst und mit unserer Umgebung sind.

Nach der Bibel ist Adam der erste Mensch. Der Name Adam bedeutet Erdling, Erdgeborener. Adam ist der »alte« Mensch, Jesus dagegen der »neue« Mensch. Unser Ziel ist es also, den alten Adam in uns zu überwinden und ein *neuer Mensch* zu werden – eine Aufgabe, der wir zeitlebens nachgehen.

Auf Gott hin ist der Mensch geschaffen. Eine Sehnsucht drängt den Menschen, seiner Bestimmung zu folgen und das einzigartige Wesen zu werden, das er ist. Gleichzeitig leiden wir Menschen jedoch unter dem Unvermögen, den Plan in uns zu fühlen oder zu erahnen. Wir spüren und erkennen oft nicht, was wir denken, tun oder darstellen sollen, worin unsere Aufgabe besteht. Doch den individuellen Plan langsam Wirklichkeit werden zu lassen, die eigenen Anlagen zur Entfaltung zu bringen, das ist unsere Bestimmung. Wenn wir *nicht* in unserer Mitte ruhen, befriedet aus der Tiefe, meldet sich eine verzehrende Sehnsucht. Deshalb lautet die Aufforderung: Werde, der du bist.

Nicht nur grübeln, was wir *tun* sollen, sondern meditieren, was und wer wir *sein* wollen, ist verlangt. Wir sind auf etwas Einzigartiges hin angelegt. Wenn wir uns von diesem Lebensplan entfernen, fehlt uns etwas. Dann sind wir unruhig und haben keinen tiefen Frieden.

Mit Nietzsche gesprochen: Ich will, was ich muss. So überwinde ich jedes Muss. Nun gibt es für mich kein Muss mehr.

Reflexionen

»Es ist geradezu eine Geisteskrankheit der heutigen Menschheit zu glauben, daß etwas, was sich nicht in der Terminologie der exakten Naturwissenschaften definieren und was sich gleichzeitig nicht quantitativ-mathematisch verifizieren läßt, keine reale Existenz habe.« *(Konrad Lorenz)*

»Du hast den Menschen nur wenig geringer gemacht als Gott.« *(Psalmen 8,6)*

»Vor jedem steht ein Bild des, was er werden soll. Solang er das nicht ist, ist nicht sein Friede voll.« *(Angelus Silesius)*

»Ganz leise spricht ein Gott in unserer Brust, ganz leise, ganz vernehmlich, zeigt uns an, was zu ergreifen ist und was zu fliehn.« *(Johann Wolfgang von Goethe)*

Der beseelte Mensch

Der Mensch ist Person, Persönlichkeit oder Seele. Aber damit ist er noch keine »Seele von Mensch«. Die Seele bewohnt den Leib, sie steuert den Organismus und ist sein Gestaltungsprinzip – mitbestimmt vom menschlichen Geist und fein gelenkt durch Gottes Geist. Seele, Geist und Körper bilden eine Einheit. Wenn die Seele verstimmt ist, jammert der Körper: Er kränkelt, verspannt sich. Und wenn der Körper krankt, deprimiert er die Seele. Vereinfacht umfasst die Seele

- aus dem Unbewussten ständig empordrängende Gefühle, Sehnsüchte, Affekte: das »Es«, das bei allem mitwirkt;
- Intellekt und Verstand, das »Ich«, vor allem das Wollen sowie Vernunft und Ethik (die eigene Persönlichkeit);
- das »Über-Ich« (Sigmund Freud), das unser Müssen bestimmt.

Wir alle erleben es täglich, dass sich zwischen diesen drei komplexen Gefügen zeitweise Unstimmigkeiten ergeben. Letztlich sollten aber Gefühl und Vernunft in Übereinstimmung kommen. Wenn wir diese Einheit von Gefühl und Vernunft nicht herstellen können, werden wir uns innerlich zerrissen fühlen.

Alles Seelische wirkt sich auch auf den Körper aus. Ob negative Gefühle wie Neid und Hass oder positive wie Zufriedenheit und Liebe – beide Empfindungen sind Einstellungen, die unsere Gesundheit mitprägen. Kein Arzt kann demnach einen Menschen heilen, dem jegliche Hoffnung fehlt. Folglich obliegt es jedem, auch sein eigener Seelsorger zu sein.

Sorgen Sie gut für Ihre Seele. Damit sorgen Sie gleichzeitig für Ihre Gesundheit, denn die Seele wohnt ja in unserem Leib. Schaffen Sie sich ein Ideal, ein hohes Ziel, einen Lebenssinn.

Unser Verhalten setzt sich immer aus Rationalem und Irrationalem zusammen, aus Physischem und Metaphysischem: Der Körper ist krank, aber *ich* bin Seele, von der Gesundheitsimpulse ausgehen. Der Körper stirbt, die Seele überlebt. Wir sind zugleich sündig und gerecht, logisch und unlogisch. Unser Leben lang müssen wir unsere inneren Schwächen und Widerstände bekämpfen.

Reflexionen

»Es gibt weder Krankheiten allein des Körpers noch Krankheiten allein der Seele. Das ist gegenwärtig gerade der Fehler, den die Menschen begehen, daß manche versuchen, nur für eins von beiden Ärzte zu sein.« *(Platon)*

»Die Seele wirkt mittels des Leibes, der Leib mittels der Seele.« *(Hildegard von Bingen)*

»Dem, was die Seele (Person) liebt, wird sie gleich.« *(Augustinus)*

»Die Seele ist das Schiff, Vernunft das Steuer und Wahrheit der Hafen.« *(Türkisches Sprichwort)*

»Wer einen Unterschied zwischen Leib und Seele macht, besitzt keines von beiden.« *(Oscar Wilde)*

Gefühle und Religion

Wer auf seine Gefühle hört und sie achtet, meistert auch sein Leben. Gefühle und Emotionen sind bewusste und unbewusste Antworten auf Empfindungen des Organismus. Sie treten meist reflexähnlich auf und wirken auf bestimmte Organe. Positive Gefühle vermehren die Gesundheit; negative Gefühle dagegen schränken das Wohlbefinden ein. Harmonie mit sich selbst, mit Gott und der Welt spiegelt sich im Körper wider. Disharmonie (Unordnung der Seele, Entfremdung,

Mangel an Liebe) ist Disstress und behindert den freien Lebensstrom in uns.

Wenn Sie auf den *Glauben* an Gottes Kräfte und Möglichkeiten bauen, wenn die *Hoffnung* auf seine Unterstützung bei einer schweren Krankheit Sie durchdringt und wenn Sie davon *überzeugt sind*, dass der Schöpfer Sie liebt, dann gehen von diesen Gefühlen und Einstellungen starke Gesundungskräfte aus, die zusammen mit der medizinischen Therapie viel Gutes bewirken können. Falls Sie dann noch auf einen Therapeuten stoßen, der Sie in Ihren Ansichten unterstützt, der Sie immer wieder ermutigt, dann können sich die positiven Empfindungen zu Heilkräften summieren. Was wir jedoch bei Therapeuten oft finden, sind Zeitnot, Oberflächlichkeit, Unkenntnis der seelischen Wirklichkeit und Gefühlsarmut.

Gefühle darf man zeigen. Wenn sie aber immer wieder zur Schau gestellt werden, belasten sie die Umgebung. Wer seine negativen Emotionen bekämpfen will, der übergebe sie Gott: Er fordert uns dazu auf und hat mehr Verständnis für unsere Enttäuschungen als jeder Mensch.

Gefühle komplett zu unterdrücken ist falsch; der Organismus leidet darunter. Stress meiden, Positives suchen, das hingegen ergibt Sinn. Gar nicht erst auf Negatives reagieren wäre ideal; es überfordert uns aber meist.

Das Unbewusste wirkt und gestaltet

Kirchgänger leben länger und leiden weniger häufig an grippalen Infekten als Nichtkirchgänger, das ergab eine US-Studie im Jahr 1997. Die Autoren fanden keine logische Erklärung dafür. Wenn man jedoch davon ausgeht, dass im Menschen vieles unbewusst und unterschwellig abläuft, lassen sich etliche gute Gründe für das Phänomen anführen:

- Kirchgänger *glauben* an Gott und empfangen so Lebensenergie.
- Sie *vertrauen* auf Gott und haben deswegen weniger Sorge und Stress.
- Sie *lieben* Gott und die Menschen – und damit auch sich selbst.
- Sie *bekennen* ihre Einstellung, das heißt, sie haben Mut.
- Sie *danken* dem Schöpfer, indem sie in die Kirche gehen.
- Sie *nehmen sich Zeit* für die wichtigste Sache der Welt: für ihre Religion.
- Sie *beten* und *singen* in der Kirche.
- Sie tauchen in eine *positive Atmosphäre* ein.
- Sie zeigen im Gotteshaus *Ehrfurcht.*
- Die kirchliche *Orgelmusik* wirkt sich positiv auf ihren Organismus aus.
- Sie sind *von positiv eingestellten Menschen umgeben.*
- Und nicht zuletzt: Die Worte eines Pfarrers können ermutigen, befreien, entlasten, Hoffnung machen.

Welcher der genannten Punkte auch im Vordergrund steht – stets kommt es hierbei zu einem Einströmen von Lebenskraft in den Organismus. Diese Lebensenergie wirkt sich positiv auf Gesundheit und Abwehrsystem aus und schafft Frieden.

Das Gewissen als innerer Kompass

Unter Gewissen kann man das eigene Bewerten des freien Denkens und Handelns verstehen. Die Differenz zwischen Sollen und Sein spiegelt sich mehr oder weniger stark als gutes oder schlechtes Gewissen wider. Die Einsicht in die eigenen Fehler wird Feinfühlige schmerzen und als Gewissenskonflikt stressen. Dem Gewissen kann man nicht entfliehen; Schuld muss schnell aufgearbeitet werden.

Das Gewissen entfaltet sich in der Kindheit langsam: durch Mahnung und Belehrung, durch Belobigung und Bestrafung. Kleinkinder sind ichbezogen. Wer nicht erzogen wurde und den Unterschied von Gut und Schlecht nicht erlernen konnte, kann kein funktionierendes Gewissen entwickeln. So haben es viele vernachlässigte Kinder später im Leben schwer. Echte Vorbilder haben oft schon früh ein sensibles Gewissen entwickelt.

Sokrates horchte auf seine innere Stimme und blieb ihr zeitlebens treu. Weder Belohnung noch Drohung vermochten ihn von seinem als recht erkannten Weg abzubringen. Seine Treue zu sich und seinen Einsichten – unter anderem, dass die Erkenntnis der eigenen Unwissenheit höchste Weisheit sei –, überzeugte seine Schüler und Anhänger.

Reflexionen

»Das Gewissen ist die Stimme der Seele; die Leidenschaften sind die Stimmen des Körpers.« *(Jean-Jacques Rousseau)*

»Das Problem ist nicht die Atomenergie, sondern das Herz und das Gewissen der Menschen.« *(Albert Einstein)*

Schuldgefühle aufarbeiten

Durch unser Handeln oder Nichthandeln können wir schuldig werden oder uns unnötig schuldig fühlen: Das Unbewusste unterscheidet nicht zwischen Realität und Einbildung, daher hat auch eingebildete Schuld eine Wirkung. Schuld kann uns reifen lassen; wir können aber auch an ihr zerbrechen. Selbstvorwürfe sind Stress.

Ein feinfühliger Mensch vermag sein Gewissen nicht zu betäuben. Er muss auf die Stimme seines Gewissens hören – oder er hat sich selbst auf dem Gewissen. Der Mensch verliert dann an Abwehrkraft, sodass gewöhnliche Bakterien ihn krank machen können. Je ethischer oder je zwanghafter jemand ist, desto empfindlicher reagiert sein Gewissen, desto mehr kann er zu Schuldgefühlen und (unbewusster) Selbstbestrafung, etwa in Form von Krankheit, neigen. Der Volksmund sagt: »Wer sich schuldig fühlt, braucht keinen Ankläger.«

Gewissensbisse schwären oftmals tief im Innern als Zeitbomben. Entlastungsreaktionen können dann nach außen drängen – als Zwietracht, Unfriede, Selbstbestrafungen der verschiedensten Art (Autoaggressionen, Übernahme der Pechvogel-Rolle, Selbstzerstörung bis zu Selbstverstümmelung, Unsicherheitsgefühle, unnötige Operationen, Märtyrerverhalten, Alkoholismus usw.). Die Gewissensbisse können sich aber auch als langwierige psychosomatische Störungen oder Krankheiten manifestieren. Stets weisen solche Krankheiten auf ungelöste Probleme (Stress) hin. Ein Beispiel: Ein 51-jähriger Lehrer hatte beim Ausparken an einem fremden Auto eine kleine Delle verursacht und war einfach weggefahren, ohne seinen Namen und seine Telefonnummer zu hinterlassen. Drei Wochen später bekam er eine Gürtelrose. Die

Aufdeckung solch einer »selbst verschuldeten« Erkrankung kann sich unter Umständen jahrelang hinziehen.

Wer sich nicht selbst verzeihen kann – durch bekennen, beichten, bereuen und beten –, der stresst sich. Er sollte sich daran erinnern, dass wir weniger Sünder als vielmehr »Mängelwesen« sind, und sich humorvoll selbst auf den Arm nehmen. Gott verabscheut die Sünde, aber er liebt den fehlerhaften Menschen gleichwohl. Schuldgefühle können uns unter Umständen auch etwas menschlicher machen.

Christen unterliegen ihrem eigenen Gewissensurteil; es sollte für sie bindend sein. Gesetze kann man verschieden auslegen, das Gewissen aber ist unerbittlich. Daher ist es von Vorteil, wenn Eltern und Pädagogen schon frühzeitig mit den ihnen anvertrauten Kindern diskutieren, wie man mit Leid und Schuld, mit Versagen und Verzweiflung, mit Krankheit und Behinderung, mit Verführung und Abhängigkeit, nicht zuletzt auch mit dem Tod umgeht.

Wenn Christen ihr Leben Christus übertragen, können Schuldgefühle verschwinden. Bestehende Schuldneurosen werden allerdings so kaum aufzulösen sein. Chronische Schuldkrankheiten haben sich oft verselbstständigt, sodass unter Umständen wegen der Suizidgefährdung eine therapeutische Behandlung geboten ist.

Schuldgefühle schwächen vor allem den Dickdarmmeridian und können zu chronischen Darmgeschwüren führen. »Das Gewissen sitzt im Dickdarm« (J. Diamond). Heilsame Affirmationen sind: *»Ich bin es wert, geliebt zu werden«* oder *»Ich bin im Grunde rein und gut; ich bin voller Liebe«.*

Erkenne dich selbst

Wir Menschen besitzen zwar Bewusstsein, aber dieses Bewusstsein reicht nicht aus, um uns selbst vollständig zu erkennen. Wir haben einen »blinden Fleck«. So glauben wir allzu gern, wir selbst seien gut und die anderen schlecht. Die sieben Weisen des alten Griechenlands stellten unter anderem deshalb das Heiligtum von Delphi unter den Leitspruch: »Erkenne dich selbst.« Wer sich selbst erkennen will, der höre auf anderer Leute Urteil, oder der versuche einmal, in der Meditation in einen Spiegel zu schauen.

Der Mensch ist das einzige Wesen, das sich selbst suchen muss, das nach Selbstverwirklichung zu streben hat. Es drängt den Menschen, der zu werden, als der er in seiner Einzigartigkeit von der Schöpfung entworfen wurde. Er muss das erfüllen, was das Leben von ihm erwartet.

Dieser individuelle Werdegang ist voller Herausforderungen, denn »daß man wird, was man ist, setzt voraus, dass man nicht im Entferntesten ahnt, was man ist« (Nietzsche). Wir können dabei auch über eigene Fehler stolpern. Doch oft sind unsere Fehler nur vorübergehende Störungen. Und was uns an anderen Menschen stört, sind die eigenen Störungen und unser Mangel an Liebe. »Hast du auch sonst keinen Feind – mit dir selbst hat dir deine Mutter den größten mit auf den Weg gegeben«, sagt der Volksmund.

Viele leiden auf ihrem Weg zu sich selbst an einem ungesunden Ehrgeiz, einer Ego-Schwäche. Da will sich jemand beweisen, wie gut er oder sie doch ist. Vertrauen in das eigene gute Schicksal verbunden mit Liebe stärkt hingegen die Gesundheit und vermehrt die Lebenskraft.

Wir streben nach Individuation, nach Ganzwerdung. Unsere Individualität spiegelt sich in unseren Fehlern und Schwächen wider. Wir müssen sie akzeptieren, sonst machen wir uns »zum Affen unseres Ideals« (Nietzsche). C. G. Jung nennt das Negative in uns »Schatten«, den wir abschütteln, wenn wir ihn verarbeiten.

Verwöhnung ist der Suche nach sich selbst abträglich. In den westlichen »Wohlfahrtsstaaten« machte sich beispielsweise eine Absicherungsmentalität breit, die jede Entwicklung verteuerte und erschwerte: Der Krankenstand stieg, der Egoismus blühte, die Moral wurde vergessen, kaum einer wagte mehr, die Wahrheit zu sagen, die Kirchen leerten sich. Als einzigartige Wesen werden wir geboren, aber die Erziehung macht uns zu Mitläufern, zu passiven Kreaturen, die oft vergebens darauf warten, geweckt zu werden. Wir alle haben große Pläne, aber kleine Taten genügen bereits, um uns zu verwirklichen. Wir träumen vom Außergewöhnlichen, anstatt die kleinen Aufgaben gut zu erledigen.

Wenn wir uns von dem uns bestimmten Lebensplan entfernen wollen, macht sich aus der Tiefe ein innerer Drang nach Korrektur bemerkbar. Wenn wir auf dem rechten Weg sind, verliert sich diese Unruhe. Hildegard von Bingen beobachtete beispielsweise an sich, wie sie sich sofort befreit fühlte und gesundete, nachdem sie ihre Eingebungen endlich niedergeschrieben hatte.

Reflexionen

»Es gibt nur zwei Arten von Menschen: Gerechte, die sich für Sünder halten, und Sünder, die sich für Gerechte halten.« *(Blaise Pascal)*

»Der Mensch beherrscht die Natur, bevor er gelernt hat, sich selbst zu beherrschen.« *(Albert Schweitzer)*

Zwischen Hybris und Vervollkommnung

Die alten Griechen verstanden den Menschen als das Wesen, das nur durch Leid, Krankheit oder Unglück die Grenze zwischen Gott und Mensch einhalten könne. Vermessenheit nannten sie Hybris: Der Mensch solle seine Grenzen nicht überschreiten.

Für alle Menschen gilt, sich immer wieder neu auf den steinigen Pfad in Richtung Vervollkommnung zu begeben. Hier ist tatsächlich der Weg das Ziel, was große Geduld mit sich selbst verlangt. Unerreichbare Ziele können uns ein Leben lang in die richtige Richtung ziehen, und mit zunehmenden Jahren stellen wir kleine Fortschritte fest.

Der Mensch will auf diesem Weg das Gute tun, aber immer wieder fällt er in das Schlechte zurück. Von ihm ist gefordert, sich selbst zu kontrollieren, aber er muss auch von anderen kontrolliert werden.

Die wissenschaftliche Bezeichnung für dieses zwiespältige Wesen lautet sehr hoffnungsvoll Homo sapiens, vernunftbegabter Mensch, für den Wissen immer noch Nichtwissen bedeutet. Je nach Anlage, Erziehung und Umfeld kann er sich vorwiegend als ein Homo religiosus, oeconomicus oder patiens erweisen.

Überdies ist der Mensch durchgeistigt. Er kann denken, ordnen, sprechen, analysieren. Allerdings muss er dazu erzogen worden sein. Die genetisch bedingten Anlagen müssen geweckt und gefördert sowie von ihm selbst weiterentwickelt werden.

Die menschliche Seele, als Teil unseres Organismus, erkennt die allgemeine Solidarität mit Menschen, Tieren und Pflanzen, denn sie ist die Summe aller Lebensgefühle. Die Bewusstheit der generellen Verbundenheit mit dem Leben gehört zur Ganzheit. In unserer Ganzheit fehlt stets etwas, deswegen fragen wir einen Menschen, der krank ist oder Kummer hat: »Fehlt dir etwas?«

Uns Menschen fehlt immer etwas. Oft sortieren wir unliebsame Anteile unserer Persönlichkeit aus. Wir wollen sie nicht wahrhaben und hängen sie gern anderen an, obwohl wir uns mit unseren Licht- und Schattenseiten annehmen müssen. Der Mensch schwankt somit zwischen Engel und Tier. Er ist das Wesen, das sein inneres Gutes oder weniger Gutes auf seine Mitmenschen projiziert.

Jesus Christus

Jesus Christus ist die verwirklichte Idealvorstellung Gottes von einem vollkommenen Menschen. Dennoch wollte Christus, »der Gesalbte«, nicht als gut bezeichnet werden, das sei allein Gott.

Für Christen ist er Menschensohn und Gottessohn (»wahrer Gott«), der Apostel Thomas nannte ihn »mein Herr und mein Gott«. Christus ist Mittler zwischen Mensch und Gott. Im Gegensatz zu allen menschlichen Leitfiguren ist er ein Ideal, ein Fixpunkt von ewiger Kraft.

Bei Johannes lesen wir Jesu Anweisung: »Bittet (in meinem Namen), und ihr werdet empfangen« und »Ich bin der Weg, die Wahrheit und das Leben; niemand kommt zum Vater denn durch mich«. Jesus erklärt: »Ich bin der Weinstock, ihr seid die Reben. Wer in mir bleibt und ich in ihm, der bringt viel Frucht; denn ohne mich könnt ihr nichts tun.« Darüber sollten wir meditieren und es in unserem Leben anwenden.

Christus als Person gewordene Liebe Gottes fordert zur Nächstenliebe auf, aber wir sind darin manchmal überfordert.

Allein schon die Visualisierung der Anwesenheit von Jesus Christus hat jedoch psychosomatische, Kraft spendende Wirkungen. Von der visualisierten Person geht nach wie vor eine übernatürliche Heilkraft aus. Zudem gibt es auch in heutiger Zeit weltweit noch Laien und Priester, die durch den Heiligen Geist und im Namen Jesu Christi überraschende Heilungen vollbringen. Wer »in Christus« bleibt, erhält Impulse für seine Gesundheit.

Diese »andere«, geistige Dimension lassen jedoch manche Ärzte bei ihren Diagnosen und Prognosen außer Acht, denn das Geistige entzieht sich wissenschaftlicher und gutachterlicher Beurteilung. Wer jedoch glaubt, der steht unter dem Einfluss des Höchsten, bei dem alle Dinge möglich sind.

Vom Standpunkt der Gesundheit sind die Lehren von Jesus Christus revolutionär. Immer wieder werden wir in den Evangelien aufgefordert, uns nicht so sehr zu sorgen und zu ängstigen, sondern mehr Vertrauen zu entwickeln. Modern gesprochen: Jesus versucht, uns den häufigsten negativen Stress, die Angst, zu nehmen. Er spricht uns immer wieder Mut zu, während manche große Ärzte nicht den Mut aufbringen, die Menschen zu trösten.

»Ich bin gekommen, damit ihr das Leben in seiner ganzen Fülle haben sollt«, ruft Christus uns zu. Doch wer bringt uns heute diese Haltung ganz praktisch Schritt für Schritt bei?

Eine trocken gewordene Alkoholkranke sagte: »Niemals hat Jesus mich im Stich gelassen, wenn ich seinen Namen von ganzem Herzen um Hilfe anrief. Nichts an Glück in dieser Welt ist vergleichbar mit der Freude, die ich in der Nähe Jesu erlebe. Er hat mich angenommen und wird mich auch an das ewige Ziel bringen.« Ihre Aussage steht für viele vergleichbare Bekenntnisse. Erst wenn wir uns Jesus völlig übergeben haben, sind wir bei uns selbst zu Hause.

Jesu Ziel war die Verehrung Gottes und die Verbreitung seiner Liebe, deswegen fühlte er sich offenbar mehr als Weggefährte denn als Wegweiser; er überzeugte seine Zeitgenossen als Lebenshelfer, weniger als Gelehrter.

Den heutigen Menschen bringt Jesus die Grundwerte des Lebens näher. Für ihn gab es keine Verneinungen und keine Gegensätze. Stets war er für die Menschen da. Von der damaligen Gesellschaft wurde es ihm verübelt, dass er sich mit einfachen Leuten, mit Benachteiligten und Außenseitern abgab. Deswegen wurde er auch von manchen für »ver-rückt« gehalten. Jesus verurteilte niemals Menschen: Der Kerngedanke seiner Lehre ist Vergebung. Jesu Leben aus Hingabe und Erlösung ist richtungweisend auch für unser Leben.

Der Heilige Geist

Der Heilige Geist ist »ausgegossen in alle Menschen«; er verbindet jeden Menschen mit Gott. Er wird aktiviert, wenn wir zum Beispiel glauben, hoffen und lieben. Diese Aktivierung erfolgt sowohl durch Gnade als auch durch unsere Bemühungen. Christus spricht stets vom Heiligen Geist als einer Person.

Gott ist Geist, und alles geht vom Geist aus. Das Göttliche schläft so lange in uns, bis wir aufwachen und glauben und lieben. Was Gott will, erreicht er – vermittelt über den Heiligen Geist – vorwiegend durch Menschen, natürlich auch durch »Gottlose«. Jeder Mensch kann zu einem »Engel« werden, wenn er anderen hilft, wenn er das Gute im Leben fördert.

»Wißt ihr nicht, daß euer Leib ein Tempel des Heiligen Geistes ist?« fragt der Apostel Paulus. Und er fährt fort: »Wer den Tempel Gottes verdirbt, den wird Gott verderben. Denn Gottes Tempel ist heilig, und der seid ihr.« Damit wird uns unter anderem Mäßigung in allen Dingen, die den Körper angehen, abverlangt, beispielsweise ein maßvoller Umgang mit Nahrung, Alkohol oder Tabak.

Wer Geist in sich weiß, erkennt sich als Mitgeschöpf und bejaht Gott. Geduldig wartet Gott darauf, dass wir uns ihm öffnen.

Die Wurzel jeder (Spontan-)Heilung und jedes Wunders ist der innere Heilgeist, der innere Arzt oder das wahre Selbst des Menschen. Diese innere Instanz erfahren wir nur durch die innere Stimme. Dem universalen Geist in uns ist alles möglich. Sein Wirken macht uns zum »Ebenbild Gottes«.

Den göttlichen Geist in uns erkennen wir als *Kerngesundheit*, von der bewusst (über den Weg der Meditation, Konzentration) und unbewusst (über liebevolle Gefühle oder Einstellungen) Gesundheitsimpulse und intuitives Wissen ausgehen.

Reflexionen

»Es wohnt in uns ein heilender Geist.« *(Seneca)*

»Ich glaube, daß wir einen Funken ewigen Lichts in uns tragen, das im Grunde des Seins leuchten muß und das unsere schwachen Sinne nur von Ferne ahnen können. Diesen Funken in uns zur Flamme werden zu lassen und das Göttliche in uns zu verwirklichen, ist unsere höchste Pflicht.« *(Goethe)*

»Hinter deinen Gedanken und Gefühlen ... steht ein mächtiger Gebieter, ein unbekannter Weiser – der heißt Selbst. In deinem Leibe wohnt er, dein Leib ist er. Es ist mehr Vernunft in deinem Leibe als in deiner besten Weisheit ...« *(Friedrich Nietzsche)*

»Der Mensch ist Körper und Geist; aber nur in seinem Geist und durch ihn ist er Mensch ... Das Leben des Individuums

sollte also auf geistige Ziele gelenkt werden ... Fragen wir also nach dem wesentlichsten Bedürfnis des Menschen, ... so ist die Antwort klar: die Selbsterkenntnis ... Aber sie schließt ... die Erkenntnis der Welt und die Gottes in sich.«
(Salvador de Madariaga)

Wir sind eins

Wir Menschen können keinen besseren und engeren Freund haben als Gott. Vermittelt durch den Heiligen Geist nimmt er unmittelbaren Anteil an unserem Leben. Er kennt unsere tiefsten Geheimnisse.

Der Mensch ist eine Einheit aus Leib, Seele und Geist, und letztlich ist alles um den Einen manifestiert. Wenn wir jemanden beleidigen, beleidigen wir damit auch Gott und verlieren dadurch an Gesundheit. Wenn jemand durch unsere Schuld Tränen vergießt, weint auch der in uns wohnende Gott. Jeder Seufzer einer gequälten Kreatur ist auch ein Seufzer Gottes. Jede bewusste, mutwillige Verschmutzung von Luft, Wasser und Erde ist eine Missachtung unserer Verbundenheit mit allem Leben und mit Gott. Jeder absichtliche Verstoß gegen die eigene Gesundheit kommt sowohl einer Entweihung des eigenen Körpers als auch einer Entwürdigung Gottes gleich.

Wenn wir einem Menschen oder dem Leben gegenüber dankbar sind, freut sich auch der mit jedem Menschen verbundene Gott. Unsere lebensfördernden Handlungen sind Gott erfreuende Taten: Etwas für Gott tun heißt, etwas für sich selbst zu tun.

Wenn wir unnötig über andere Menschen urteilen, spielen wir Gott. Richten ist immer ein kleines »Hinrichten«. Böses kann nur dann vom Guten in uns besiegt werden, wenn wir uns ernsthaft und immer wieder von neuem bemühen – durch gelebte Liebe. Wer aus Liebe auch einmal verzichtet, schafft inneren und äußeren Frieden. Unsere Dankbarkeit spiegelt sich in unserer Lebensfreude wider.

Im Buddhismus heißt es: »Der Geist ist alles. Was du denkst, das wirst du.« Durch unsere Gedanken »säen« in jedem Augenblick unseres Lebens unsere Geschicke. Gewöhnen Sie sich deshalb an, nur Gutes und Positives zu denken und zu sagen, denn Ihre Gesundheit gewinnt dadurch, zum Beispiel: *»Jede Zelle meines Körpers ist durchgeistigt: Ich bin jung und gesund. Ich bin und bleibe kerngesund.«*

Ich bin

Der Mensch ist Seele, die auf Erden einen Körper braucht und die alle Lebensfunktionen mitsteuert. Unser wirkliches Wesen können wir nicht schauen, es sei denn durch jahrelange Bemühungen.

ICH BIN – was bedeutet das für mich?

Wenn ich in mir ruhe, bin ich ruhig. Aber wenn ich in meinem Selbst ruhe, habe ich Frieden: Ich bin mir bewusst, dass Gott in mir wirkt und mich führt. Ich bin ganz. In voller Liebe erlebe ich die Welt und werde belebt; ich bin eins mit dem Göttlichen. Das heißt unter anderem: Ich bin befreit von meinem Ego, meiner Ichbezogenheit, und neugeboren in ihm: Ich bin aufgewacht. Mein Ego, das mich von Gott trennt, ist (für den Augenblick) vergessen.

ICH BIN DU – das heißt auch: Nicht ich bin es, der tut, hört, sieht. Doch bis wir das begreifen, müssen wir noch viele Tode sterben und neugeboren werden – oder ein stürmisches Meer in einem winzigen Boot überqueren. Ich hatte mich bei meiner Atlantiküberquerung immer wieder auf die »sterile« Leere (»Nichts«) konzentriert, in der berechtigten Hoffnung, dann in die »fruchtbare« Leere zu fallen, in der das Faltboot »automatisch« gesteuert würde. Doch ich fiel – ichlos – in ein Gefühl der Einheit. Ich fühlte mich als ein etwas anderer Tropfen des Meeres, für den weder Tag noch Nacht existierte, der sich seines Namens nicht mehr erinnerte, der nichts mehr hören und sehen konnte, der keine Schmerzen hatte und der rundum zufrieden war: ICH BIN EINS MIT ALLEM.

Je gefahrvoller die Situation, desto häufiger drängt Spirituelles nach oben. Sigmund Freud bezeichnete dieses Einheitsempfinden als ozeanisches Gefühl. Mit einem Wortspiel kann man sagen: Auf dem Meer war ich für Augenblicke im »Ozean Gott« aufgegangen. Enttäuschend ist, wenn Kritiker in einem solchen Fall von Schizophrenie sprechen.

In dem Buch *Das Ich und sein Gehirn* vermuten der Arzt und Spezialist für Gehirnphysiologie John Eccles sowie der Philosoph Karl Popper, dass das menschliche Gehirn nicht Produzent, sondern Instrument eines unabhängig von der Materie existierenden Geistes sei. Für den Volksmund war das längst ausgemachte Sache, er spricht ja auch von Geistesblitzen, Geistesfunken, Eingebungen, Einfällen, Intuition.

Die Intuition ist das blitzartige Durchscheinen unserer eigenen Göttlichkeit: »Schau mit dem Herzen nach innen, da ist Gott, da ist dein wirkliches Du.« Wer sein Selbst in dieser Weise erlebt, der ist frei von Angst und fürchtet nicht den Tod.

Wie können wir uns für dieses besondere »Selbst-Bewusstsein« sensibilisieren? Indem wir es erwarten und immer wieder (mantraartig) meditieren: *»Ich bin ganz Liebe – Ich bin ganz Geist – Ich bin eins mit dir in mir – Ich bin in göttlicher Ordnung – Ich bin im Meer der Liebe, im Zustand der Bewusstheit – Ich bin eins* *mit mir – Ich sehe meinen Weg klar vor mir – Ich bin eins – Ich bin – Ich bin – Ich bin – Ich bin voller Dankbarkeit für alles.«*

Entscheiden Sie selbst, was Sie sein wollen: der Mülleimer Ihrer ICH-Gedanken oder erfüllt vom Geist des ICH BIN – von Kerngesundheit? Je deutlicher das Bild absoluter Gesundheit in Ihrem Bewusstsein vorherrscht und je mehr es zur echten Seelenhaltung wird, desto heilsamer können Gesundheitsimpulse aus der eigenen Tiefe auf den Körper wirken.

Reflexionen

»Wo nichts ist, da ist Gott.« *(W. B. Yeats)*

»Um dazu zu kommen, alles zu besitzen, wünsche, nichts zu besitzen. Um dahin zu gelangen, alles zu sein, wünsche, nichts zu sein.« *(Johannes vom Kreuz)*

»Der Wassertropfen des Meeres weiß, dass er im Ozean ist, er weiß jedoch oft nicht, dass der Ozean auch in ihm ist.« *(Mystische Weisheit)*

Lebenskraft

Lebenskraft ist die Thymos-Kraft, die »wirkliche Lebensnahrung« (Hippokrates), der zeitlose und unvergängliche Lebensstrom, der das Universum erfüllt oder durchgeistigt.

Im ersten Buch Mose wird erzählt, dass Gott den Lebensatem in des Menschen Nase blies. So wurde der Mensch zu einem lebendigen Wesen. In diesem Lebensatem ist die Lebenskraft enthalten.

Wenn Gott uns umgibt, wie die Bibel sagt, dann atmen wir mit der Luft auch Gotthaftes ein – Geist, Pneuma, Prana. Mit jedem Atemzug empfangen wir, über die Sauerstoffaufnahme hinaus, also etwas Lebenskraft.

Die Rede ist von dem Geist, der überall ist und nicht »dingfest« gemacht werden kann. Es ist jener Geist, von dem schon Epikur annahm, er sei ein feinteiliger (feinstofflicher), über den ganzen Leib verteilter Körper. Heute wissen wir, dass alles Leben durchgeistigt ist. Anders formuliert: Es gibt keine Materie, sondern nur Geist oder Energie. Gedanken und Bewusstsein sind ebenfalls Energie. Unsere Probleme sind also im Grunde Energieprobleme.

In jedem Augenblick auf unserem Lebensweg nehmen wir Lebensenergie auf und geben sie wieder ab. Es existieren unterschiedliche Energiearten. Sie verlaufen im Körper paarweise und polarisiert in Bahnen (Meridianen). Energien lassen sich übertragen oder entfernen. Auch können wir Energie »verlieren«, wenn wir uns nicht in unserer Mitte befinden – zum Beispiel wenn wir Negatives denken oder sehen oder unter Stress leiden. Dann befindet sich im Organismus gleichsam ein Leck, durch das uns Lebensenergie verloren geht. Wenn wir nicht vorsorgen, erschöpft sich unsere Kraft, und wir fühlen uns schlapp. Die Energie, der Geist, ist jedoch an sich unerschöpflich.

Tiefes, natürliches Leben ist die beste Energiequelle. Einem Energiemangel kann außerdem auf vielen Wegen vorgebeugt werden: Entstressung durch Bewegung, ein Leben in der Gegenwart, viel Freude, Lachen, Abwechslung, gesunde Ernährung, ausreichender Schlaf, Ruhe und Entspannung, autogenes Training, Meditieren, Visualisieren von Gesundheit und Kraftzuwachs, konzentriertes Beten vor allem vor dem Einschlafen, Vorsätze in der Entspannung wie: *»Ich bin und bleibe ruhig und gelassen. Ich ruhe in meiner Mitte. Ich bin voller Liebe. Liebe und Lebenskraft fließen mir zu.«*

In allen alten Kulturvölkern beschäftigte man sich mit der Lebenskraft. Zur Zeit von Homer bedeutete *thymos* »von den

Füßen aufsteigende Kraft«, zur Zeit des Sokrates sprach man von Lebensenergie, Seele, Psyche, Prinzip des Lebens. Im Neugriechischen heißt *thymos* »Zorn« im Sinn von ehrlicher Empörung (»heiliger Zorn«). Dieser Zorn setzt am meisten Lebenskraft frei, wie jeder Sporttrainer weiß. Auf dem Atlantik brauchte ich nur an die falschen Behauptungen Bombards zu denken, er habe den Atlantik ohne Wasser und Nahrungsmittel überquert, und schon provozierte ich einen kurz wirkenden Schub von Thymos-Kraft aus dem Kraftstrom des Ewigen. Solch ein Kraftschub ist jedoch nicht zu verwechseln mit einem Adrenalinstoß.

Die Griechen waren gute Beobachter. Erst seit gut vierzig Jahren wissen wir, dass die Thymusdrüse eine Zentrale der zellulären Immunabwehr ist.

Schon vor Tausenden von Jahren erkannten die Chinesen, dass der freie Fluss der Lebenskraft, die sie Qi (Chi) nannten, die Voraussetzung für die Gesundheit ist und dass jede Störung in den zwölf Energiebahnen (Meridianen) des Körpers, in denen das Qi zirkuliert, einen Mangel an Gesundheit darstellt. Deshalb konzentrierten sie sich auf die energetischen Behinderungen des inneren Gleichgewichtes, das heißt auf die Störungen des Qi-Flusses. Die Lehre und Praxis des Qi ist bis heute die Basis der Traditionellen Chinesischen Medizin. Inzwischen tasten sich endlich auch einige mutige westliche Forscher an das schwer zu fassende Gebiet der Energiemedizin heran.

Der Fluss der universalen Lebenskraft wird günstig beeinflusst und gebündelt durch positive Worte, Gedanken und Gefühle, durch praktische Meditations- und Bewegungsübungen (Qi Gong, T'ai Chi, Aikido usw.) sowie durch Streichen von Meridianen, Drücken und Massieren von Reflexpunkten und durch Akupunktur sowie durch gesunde Ernährung, Vorstellungskraft, durch Singen, Rezitieren und vieles andere mehr. Fast alles in unserer Umgebung beeinflusst unser Energiesystem.

Die universelle Energie ist die Grundvoraussetzung für jedes Leben. Man kann sie aber auch durch negative Glaubensvorstellungen, negative innere Bilder oder andere selbstzerstörerische Handlungen bewusst behindern.

Teilhard de Chardin war davon überzeugt, dass die universelle Energie »eine denkende Energie« sein muss, eine Überzeugung, die vor ihm auch schon von einigen Physik-Nobelpreisträgern vertreten wurde. Dann wären Heiliger Geist und Lebensenergie ein und dasselbe.

Wie bereits erwähnt, steckt geistige Kraft in jeder Zelle. Jede einzelne Zelle hat »Seele« und besitzt eine besondere Energiefrequenz. Zellgruppen reagieren gleichartig als eine Einheit mit »operationaler Geschlossenheit«, das heißt, wir können Organe, wie wir es unter anderem im autogenen Training tun, gezielt durch Vorsätze oder Affirmationen beeinflussen, indem wir dorthin gesundheitsfördernde Gedankenenergien schicken. Die »handfesten« ärztlichen Ratschläge zur Ernährung und Bewegung müssen wir aber dennoch berücksichtigen.

In Augenblicken von Hingabe und Konzentration geraten wir manchmal unwillkürlich in den universellen Strom des Lebens. In diesen Momenten der Ganzheit fühlen wir uns, als seien wir in eine himmlische Dimension geraten: Alles fließt und scheint uns mühelos zu gelingen. Wir sind dann in Fluss gekommen; die Lebensenergie strömt ungehindert. Dieser Zustand, der auch als Flow bezeichnet wird, kann während des Betens plötzlich über uns kommen. Weit häufiger *überfällt* dieser Zustand uns während des Arbeitens oder der Hobbytätigkeit, vor allem beim Sport, beim Malen oder Schreiben.

Nahezu alle Großen der Weltgeschichte haben ihn in dieser oder jener Form beschrieben.

Wenn dann nach gewisser Zeit »der Faden reißt« und die Verbindung zum Urgrund sich lockert, wenn wir wieder ins Stocken geraten, dann erst können wir erahnen, was volles Leben bedeutet. Das Flow-Gefühl wächst nur auf dem Boden der Lebensfreude, der Lebenslust und der Hingabe. Dabei kommt es auch zu chemischen Veränderungen im Blut. Erinnern wir uns, dass Optimisten deutlich mehr T-Helferzellen im Blut haben als Pessimisten, die bei Stress leicht den Mut verlieren.

Vom Flow zu unterscheiden ist der rote Faden – der Gedankenfaden –, der uns so oft im Alltag reißt oder plötzlich entfällt.

Verbindung mit dem Strom des Lebens

Eine tiefe Rückverbindung mit dem Göttlichen macht sich durch einen Zuwachs von *ausgleichender* Lebenskraft bemerkbar. Aber »heil« sind wir damit nicht, sondern wir haben nur etwas mehr Lebenskraft gewonnen. Umgekehrt gilt: Viele Krankheiten beginnen im Vorstadium mit Störungen des Energieflusses, noch bevor die herkömmlichen Methoden der Wissenschaft etwas entdecken können.

Der Dichter Leo Tolstoi geriet einmal in eine schwere Sinnkrise, die er meisterlich analysierte und die er mit Hilfe der unberührten Natur überwand. Er fand zu seiner Mitte zurück, als er die Stille und Erhabenheit des Waldes auf sich einwirken ließ.

Versuchen auch Sie einmal bewusst, Ihre Verbindung zur Lebenskraft zu stärken: Gehen Sie zum Beispiel nach einem langen Aufenthalt in geschlossenen Räumen an die frische Luft, und beobachten Sie, wie schnell Sie mit zwei, drei vertieften Atemzügen wieder Schwung bekommen. Beobachten Sie dabei Ihre feinen Empfindungen und Gefühle.

Oder: Gehen Sie in ein Museum, und lassen Sie verschiedene Bilder auf sich wirken. Von einigen Gemälden geht eine wunderbare Kraft aus, andere berauben Sie Ihrer Energie. So ist es auch bei Menschen: Einige geben uns Kraft, andere stehlen sie uns.

Reflexionen

»Der Herr ist die Kraft meines Lebens: Vor wem sollte mir bangen?« *(Psalmen 27,1)*

»Es ist der Geist, der sich den Körper baut.« *(Friedrich Schiller)*

»Diese Energie trägt die ganze Schöpfung, ihre Wurzeln liegen tief im Herzen verborgen.« *(Upanischaden)*

»In uns gibt es einen gemeinsamen Fluss, einen gemeinsamen Atem. Alle Dinge sind miteinander verwandt.« *(Hippokrates)*

»Gott kann sich nicht entziehn, er wirket für und für. Fühlst du nicht seine Kraft, so gib die Schuld nur dir.« *(Angelus Silesius)*

»Der Seele wegen muß man den Körper üben.« *(Jean-Jacques Rousseau)*

»Man sollte alle Tage wenigstens ein kleines Lied hören, ein gutes Gedicht lesen, ein treffliches Gemälde sehen und, wenn es möglich zu machen wäre, einige vernünftige Worte sprechen.« *(Goethe)*

Geistige Energie

Der Heilige Geist oder Heil-Geist ist der Strom des Lebens, der uns mit Gott verbindet und mit dem Kosmos vernetzt. Im Kosmos ist er das »geistige oder physikalische Prinzip«, die Primärkraft. Er ist die Quelle allen Seins und Lebens, aus der

Gesundheitsimpulse und »überbewusste Energien« stammen. Albert Einstein und andere nannten ihn den universalen Geist, dessen freier Fluss die Menschen zu Großem befähigen könne. Einstein erklärte: »Jeder, der sich ernsthaft mit der Wissenschaft beschäftigt, gelangt zu der Überzeugung, daß sich in den Gesetzen des Universums ein Geist manifestiert – ein Geist, der dem des Menschen weit überlegen ist, und angesichts dessen wir uns, mit unseren beschränkten Kräften, demütig fühlen müssen.« Dieser Geist ist der Mittelpunkt der Seele, »die Einwohnung Gottes« in uns, er ist *unser stets gesunder Kern*. Für diesen Geist gibt es keine unheilbaren Krankheiten, sondern nur blockierte Menschen.

Der menschliche Geist bestimmt unser Denken, Wollen, Planen; er ist das Prinzip der Intelligenz. Wenn es heißt, »der Geist des Menschen überwindet die Krankheit« (Sprichwörter 18,14), so sind hier menschlicher und göttlicher Geist vereint. Chronische Schmerzen kann man durch geistige Konzentration lindern.

Gute Geister nennen wir Engel, die uns helfen. Sie sind Anteile göttlicher Energie. Auch wir sind schon für andere Menschen »Engel« gewesen. Den dahinter stehenden höheren Auftrag können wir in der Regel nicht als solchen erkennen.

Böse Geister werden auch als Dämonen bezeichnet. Wenn negative Vorstellungen im Menschen eskalieren oder den Menschen besetzen, erweckt es in uns den Eindruck von »Besessenheit«. Wir sind dann »von allen guten Geistern verlassen«, meint der Volksmund. Bei genauer Untersuchung von Besessenheitsphänomenen ergeben sich meist psychiatrische Diagnosen.

Gesundheit quantitativ sehen

Gesundheit ist nur zum Teil unser genetisches Kapital, mit dem wir haushälterisch oder großzügig umgehen können. Ein Grundrecht auf Gesundheit kann es zudem nicht geben, sondern nur eine Verpflichtung, einigermaßen gesund zu leben. Gesundheit muss immer geübt und trainiert werden. Lange Schonung bedeutet Verlust von Gesundheit in allen Bereichen.

Im Jahr 1948 hatte sich die Weltgesundheitsorganisation (WHO) zu einer politischen Maximaldefinition von Gesundheit durchgerungen: »Gesundheit ist der Zustand vollkommenen körperlichen, psychischen und sozialen Wohlbefindens und nicht allein das Freisein von Gebrechen.« Kritiker meinen, diese Definition klinge zu sehr nach Glückseligkeit. Sie beinhaltet jedoch den Ansporn, fortwährend nach Gesundheit und Wohlbefinden zu streben. Wer sein Leben gut bewältigt, verfügt bereits über ausreichend Gesundheit.

Gesundheit wird selbstverständlich aus der Sicht jedes Individuums verschieden definiert. Das heißt, man ist nicht gesund, sondern man fühlt sich gesund. Aus unserer Perspektive ist wichtig zu erkennen, dass zur Gesundheit auch das Sicheinfügen in den Schöpfungsplan gehört – als Zeichen des Harmoniebedürfnisses der Seele.

Krankheit ist ein Untermieter der Gesundheit. Krankheit und Gesundheit wohnen immer im selben Haus. Zeitweilig dulden sie sich, dann wieder bekämpfen sie sich. Kein Mensch ist ganzheitlich gesund, das heißt, wir alle sind immer nur relativ gesund.

In der Jugend kann man sich Gesundheit ohne Krankheit noch vorstellen, jedoch mit zunehmenden Jahren gilt, dass es Gesundheit (Leben) ohne Krankheit und Behinderung nicht gibt.

Jeder Mensch hat also Gesundheit, aber nicht jeder ist auch gesund. Gesundheit kann auch »ungesund« sein, Krankheit auch heilsam. Wir wollen also Gesundheit quantitativ sehen: Wir haben viel oder wenig Gesundheit. Erst mit dem letzten Atemzug verlieren wir alle körperliche Gesundheit.

Ich selbst bin seit vielen Jahren durch einen schweren Unfall stark behindert, aber ich *fühle* mich gut und habe immer noch einen langen Arbeitstag. Das Entscheidende ist, innerlich motiviert zu sein. Leitziele können jeden empfänglichen Menschen mitreißen und begeistern, was zu mehr Wohlbefinden führt. Wir müssen also gesund sein wollen. Der Gesundheitswille ist im Thymos verankert.

Physikalisch stellt sich Gesundheit als ein individuelles harmonisches Schwingungsmuster dar, dem Stress nichts anhaben kann. Wer rundum gesund ist, hat es leicht, aus seiner Mitte Kraft zu empfangen.

Wenn wir gesund geworden sind, sprechen wir oft von *Heilung*. Aber zwischen Gesundung und Heilung besteht ein großer Unterschied. Jeder Heilungsvorgang wurzelt in der Tiefe und führt zur Ganzheit. Die Gesundung (»Reparatur«) beschränkt sich auf die Bewältigung der Krankheit, beispielsweise das Zusammenwachsen der Knochen nach einem Bruch, und führt nicht zur Ganzheit. Heilung ist dagegen ein ganzheitlicher Prozess und betrifft alle Ebenen von Gesundheit: die moralische Ebene der Gesundheit (Neuorientierung der Wertmaßstäbe, Übernahme von Verantwortung usw.), die psychische Ebene (Befreiung von Ängsten und Zwängen), die soziale Ebene (zum Beispiel stärkeres Engagement für die Gemeinschaft), die religiöse Ebene (innerer Frieden, Gelassenheit usw.).

Heilung geschieht nur aus dem Lebensgrund heraus. Entsprechend selten ist sie. In sehr wenigen Fällen kann sie auch durch psychisch-seelische »Gipfelerlebnisse« ausgelöst werden. Freude, Liebe, Vertrauen sind sowohl Ganzheitssymptome als auch Ganzheitsfaktoren.

Reflexionen

»Wer seine Gesundheit durch allzu strenge Lebensweise zu erzwingen sucht, ist dauerhaft und langweilig (zwanghaft) krank.« *(La Rochefoucauld)*

»Kein Reichtum geht über den Reichtum gesunder Glieder, kein Gut über die Freude des Herzens.« *(Jesus Sirach 30,16)*

»Wenn ich nur einmal einen rechten Entschluß fassen könnte, gesund zu sein. Valere aude (Wage es, gesund zu sein).« *(Lichtenberg)*

»Die sogenannte Gesundheit kann nur im Gleichgewicht entgegengesetzter Kräfte bestehen.« *(Goethe)*

»Ein Mensch, der lieben und arbeiten kann, ist gesund.« *(Sigmund Freud)*

»Gesund sein – Gottes Gunst, gesund bleiben – deine Kunst.« *(Volksmund)*

Sehnsucht nach Ganzheit

Kann sich ein Mensch in seiner Haut wohl fühlen, wenn er sich sehnsüchtig nach etwas verzehrt, wenn ihm etwas zu seiner Ganzheit fehlt?

Sehnsucht kann banale Illusion sein, ein Tagtraum. Religiöse Sehnsucht dagegen kann auch als Aufforderung dienen, unseren Weg zu überprüfen. Eine höhere Macht zieht uns mit unbändiger Kraft »nach oben« und bringt uns unseren göttlichen Anteil in Erinnerung.

Wir brauchen die Sehnsucht, um etwas zu verbessern und zu vollenden. Sehnsucht hat viele Ziele: nach einem erfüllten

Leben, nach dem Paradies, nach Liebe, nach dem Du, nach Gemeinschaft, nach Geborgenheit, nach Wahrheit, Freude, Frieden, Freiheit. Wir sehnen uns nach Erfolg – im Beruf, im Sport, in der Kunst und Musik.

Durch den Heiligen Geist sind wir mit allen Menschen verschwistert und mit dem Tier- und Pflanzenreich verbunden. In wessen Haus Raum für Liebe ist, der fühlt noch etwas von dieser Einheit – ein sehnsuchtsvolles Gefühl, das man in der unberührten Natur, im Umgang mit Tieren und lieben Menschen am ehesten auffrischen kann. Dieses Gefühl von Geborgenheit und das Wissen, getragen zu sein, schenken uns Kraft, stärken unser Vertrauen und verwehren der Angst den Zutritt. Wer das Gefühl der Geborgenheit erlebt hat, weiß sich selbst auf dem Meer in einem offenen Boot »unter dem Schutz des Höchsten«, wie es der 91. (»Seemanns-«) Psalm ausdrückt. Wer sich nicht geborgen weiß, den überkommt Angst, er kann sich nicht beschirmt fühlen, weil ihm das Dach seines Hauses fehlt.

Auch das Streben nach mehr Gesundheit ist ein Ausdruck unserer unendlichen Sehnsucht nach Ganzheit.

Man kann sich gesund üben. Man kann sich gesund essen. Man kann sich gesund atmen, lachen, reden, denken, singen, beten, schreiben, arbeiten, glauben, lieben. Aber wer nutzt diese vielen Möglichkeiten tatsächlich?

Reflexionen

»Auf dich hin hast du uns geschaffen; darum ist unser Herz unruhig, bis es seine Ruhe findet in dir.« *(Augustinus)*

»Der Mensch verlangt danach, sich selbst zu übertreffen, sich zum Übermenschlichen zu erheben. Man darf diese beiden konstanten Eigenschaften des Menschengeistes der Anziehung Gottes zuschreiben. Gott wirkt auf den Menschen als … Inspiration.« *(Salvador de Madariaga)*

Selbstheilungskräfte

Die natürlichen Selbstheilungskräfte in uns lassen sich wissenschaftlich nicht fassen. Es bleibt medizinisch unerklärlich, warum es bei einzelnen Schwerkranken zu spontanen Remissionen kommt. Wer streng wissenschaftlich denkt, wird das schnell herangezogene Wort »Wunder« nicht in den Mund nehmen wollen, ohne den Fall genauestens untersucht zu haben. »Gott macht uns gesund, Menschen erhalten den Lohn«, weiß der Volksmund.

In verschiedenen Studien versuchte man zu ergründen, ob Selbstheilungskräfte durch ein Zusammenspiel glücklicher Konstellationen zustande kommen, ob halb- und unbewusste Kräfte dabei im Spiel sind. Mannigfaltige Faktoren könnten sich hinter den Selbstheilungskräften verbergen:

- Die unbekümmerte Lebensfreude, die ebenso wie Bewegung, Singen oder Spielen Lebenskraft spendet.
- Visualisierungen, dass von der göttlichen Kerngesundheit Impulse ausgehen.
- Die geballte Kraft der Vorstellung, gesund zu sein.
- Das innere Lächeln als Zeichen der Liebe, des Loslassens, des Dankes. (Schicken Sie in Ihrer Vorstellung Ihr Lächeln, Ihre Liebe und Ihren Dank in die kranken Organe. Sprechen Sie zur Krankheit wie zu einem Kind.)
- Die intuitive Überzeugung, dass die Krankheit auf dem Weg der Gnade verschwindet *(»Ich danke, dass alles gut ist und dass ich gesund bin«)*.
- Die Hoffnung auf Genesung.
- Das feste Vertrauen auf Jesus, auf eine ordnende höhere Macht, auf das eigene gute Schicksal.
- Die Befreiung von ungelösten, unerlösten inneren Konflikten, von falschen Glaubenssätzen.

- Innere Harmonie.
- Selbstakzeptanz (Krebskranke können oft nicht sie selbst sein, sie sind prätentiös).
- Vorstellungskraft, Imagination, Meditation, Kontemplation.
- Trotzige Auflehnung gegen das Schicksal. Die Entschlossenheit, sich zu wehren und sich nicht unterkriegen zu lassen.

Die Selbstheilungskräfte anregen

Wer schwer krank ist, sollte meditieren, warum er krank wurde und warum es gerade jetzt passierte. Er sollte versuchen, die richtigen Schlüsse daraus zu ziehen, und dann seine Hoffnung und sein Vertrauen auf Genesung kultivieren. Die Erfahrung hat gezeigt, dass ein fester Glaube an die Gesundung sowie der feste Wille, gesund zu werden, zusammen mit Visualisierungen in vielen Fällen zum Erfolg führen.

Aus der Sehnsucht nach Gesundung und einer positiven Erwartungshaltung fließen denen heilsame Impulse zu, die frei von Blockaden sind. Um frei zu werden, muss nach den noch nicht bewussten Störfaktoren wie Stress, Mangel an Liebe oder Schuldgefühle geforscht werden. Gefordert ist, sich selbst auch einmal aus der Distanz zu betrachten, loszulassen, die Seele vom Körper zu befreien. Dabei kann konzentriertes Beten vor dem Einschlafen helfen. Überdies sollte man für eine gesunde, ausgewogene Lebensführung sorgen und sich auch in Gedanken nicht leichtfertig übermäßigem Stress aussetzen.

Ein Vorsatz oder Gebet könnte lauten: »*Herr, du bist in mir, in jeder Zelle. Du bist vollkommen. Von dir gehen laufend Gesundheitsimpulse aus. Davon bin ich fest überzeugt. Darauf vertraue ich. Durch dich bin ich gesund. Jung und gesund. Jede Zelle meines Kör-*

pers ist gesund. Freude und Liebe strahlen aus mir. Durch Jesu Wunden bin ich geheilt – dank dir.«

Solche Gebete kann man kraftvoll und konzentriert denken, singen oder sprechen.

Reflexionen

»Du bist geheilt, wenn du erfasst und du dir gibst, was du schon hast« – wir benötigen »nur« Glauben und Vertrauen sowie die nötige Vorstellungskraft.

»Krankheiten befallen uns nicht aus heiterem Himmel, sondern sie entwickeln sich aus täglichen Sünden wider die Natur.« *(Hippokrates)*

»Der denkende Mensch irrt besonders, wenn er sich nach Ursach' und Wirkung erkundigt: sie beide zusammen machen das unteilbare Phänomen.« *(Goethe)*

»Der beste Arzt ist die Natur. Sie heilt drei Viertel aller Krankheiten und spricht niemals schlecht über Kollegen.« *(Galen)*

Krankheit als Beginn der Genesung

Das Auftreten von Unfällen oder schweren Krankheiten hat oft einen uns auf den ersten Blick verborgenen biografischen Sinn, der sich zuweilen erst nach Jahren erschließt. Krankheit kann ein Appell an uns sein: Jetzt ist es genug, ich muss etwas tun.

Auch das ist Krankheit: Hilferuf, Kompensation, Flucht, Rückzug, Verweigerung, Aufgabe, Gewinn, Lohn falscher Lebensführung, Segen, Irrtum, Trägheit, Störung des Verhältnisses zu Gott. Immer ist Krankheit ein Selbstheilungsversuch. Der Organismus versucht mit den ihm zur Verfügung stehenden Mitteln, gesund zu werden. Niemals aber ist Krankheit

Zufall. Meist fordert Krankheit eine Veränderung, einen inneren Wandel.

Für Jesus ist Krankheit etwas Böses gewesen, das er geheilt hat, wo er nur konnte. Aber im Angesicht des blinden Mannes fragten die Jünger Jesus: »Wer hat gesündigt? Er selbst? Oder seine Eltern, so daß er blind geboren wurde?« Jesus antwortete: »Weder er noch seine Eltern haben gesündigt, sondern das Wirken Gottes soll an ihm offenbar werden.« (Johannes 9,1–3) Wir sind aufgerufen zu ergründen, welche Botschaft eine Krankheit im individuellen Fall für uns hat.

Krankheit ist immer auch der Versuch, das Gleichgewicht des Organismus aufrechtzuerhalten, beispielsweise wenn in psychischen Krisen eine körperliche Krankheit als »Entlastung« auftritt. Krankheit ergänzt sich mit Gesundheit zu einem Ganzen. Naturvölker haben Krankheiten immer ganzheitlich gesehen. Wir können also Krankheit auch als das »Unreife« von uns ansehen, mit dem wir kommunizieren müssen. (Selbstverständlich nehmen Sie bei all diesen geistig-philosophischen Betrachtungen Ihre verordneten Arzneien weiterhin gewissenhaft ein.)

Krankheit hat auch positive Aspekte: Prüfung und Bewährung, Erwachen und Durchschauen, Chance und Neuorientierung. Die Ursachen der Krankheiten zu erkennen verheißt Gesundung, Linderung und Kraftgewinn. Oft muss der Patient auch dann noch, unterstützt von seinen Therapeuten, an sich arbeiten. Gesund werden kann manchmal ein systematisches Arbeiten an sich selbst bedeuten. Ein guter Therapeut ist deshalb ebenso Seelsorger, ein guter Priester immer auch Therapeut.

Die meisten Kranken erwarten Gesundung jedoch durch ihren Arzt, durch Medikamente, durch andere. Ihre eigenen dringend notwendigen Bemühungen vergessen sie.

Krankheit als Sühnezeichen

Religiöse Menschen sehen zuweilen in ihrer Krankheit eine Erziehungsmaßnahme oder eine gerechte Strafe für ein Vergehen. Selbst nach einem unverschuldeten Unfall drängt sich ihnen manchmal die Befürchtung auf, der Unfall könnte eine Strafe sein. Ihnen unbewusst fordert ihr Gewissen Sühne und Selbstbestrafung in Form der Krankheit.

Noch Jahre nach einem »Fehler« kann es zu Krankheitserscheinungen kommen: Eine 55-jährige Frau konsultierte beispielsweise wegen schwerer Gesichtsschmerzen jahrzehntelang einen Nervenarzt nach dem anderen. Dann traten zusätzlich äußerst unangenehme Augenschmerzen auf. Aber auch die verschiedensten Augenärzte vermochten ihr nicht zu helfen. Sie bat zudem um psychotherapeutische Hilfe, aber die Klinikchefs hielten ihre Krankheit für »organisch«. Schließlich ließ sich ein Arzt die Symptome noch einmal *unbefangen* schildern: Die Schmerzen waren anfangs ohne Medikamente noch zu ertragen gewesen, doch dann bekam sie auf der rechten Gesichtsseite jedesmal Schmerzen, wenn sie Besuch erhielt oder wenn sie unter Menschen gehen musste. »Warum können Sie den Menschen nicht ins Gesicht sehen?« fragte der Arzt intuitiv. Da fiel es ihr siedend heiß ein, wie sie in jungen Jahren einmal gegen ihre eigenen Moralvorstellungen verstoßen hatte. Deswegen wurde sie nun von ihrem Über-Ich bestraft. Dass ihre rechte Seite betroffen war, könnte auch zeigen, wie sehr sie gegen ihr eigenes Rechtsempfinden verstoßen hatte. Ihr Organismus klagte die nicht geleistete Buße ein. Unser Tagesbewusstsein vergisst, der Organismus aber tut es nicht. Beichte und Reue gleich nach dem Geschehnis hätten ihre Gewissensbisse besänftigen können. Wer sofort seine Fehler eingesteht und sich ehrlich bemüht, nicht zum

Wiederholungstäter zu werden, ist erfahrungsgemäß viel besser dran als jemand, der diese Gewissenserleichterung unterlässt.

Das Unbewusste unterscheidet zudem nicht zwischen Tat und Wunsch. Gelegentlich können wir uns bereits für unlautere Wünsche oder falsche Anschuldigungen mit Krankheit selbst bestrafen. So wurde ein Ehemann impotent, als er einen Seitensprung begehen wollte.

Vorbeugend können wir uns beispielsweise gleich zu Beginn des Leidensweges für die Ursachen der Symptome sensibilisieren und das Unbewusste mit der Lösung der Frage beauftragen. Man kann sich in der abendlichen Einschlafphase einige Male sagen: *»Mein Unbewusstes arbeitet auch nachts für mich. Es steht mit dem Göttlichen in Verbindung. Morgen früh wache ich mit der Lösung meines Problems auf. Ich bin voller Liebe und Vertrauen. Ich erwarte die Lösung.«*

Natürlich »weiß« das Unbewusste, was in uns abläuft, denn es speist sich ebenfalls aus dem Lebensgrund. Die Aufklärung kann während des Träumens in schwer begreiflichen Bildern erfolgen; die Lösung kann aber auch sehr präzise am Morgen vor unseren Augen stehen. Wir unterschätzen oft die subtilen Möglichkeiten unseres Unbewussten und machen viel zu wenig Gebrauch von diesem uns stets zugänglichen Hilfsangebot der Natur.

Reflexionen

»Die Menschen wollen die tiefen Hieroglyphen ihrer Krankheit nicht lesen lernen. Hierin liegt die wahre Unheilbarkeit ihrer Krankheiten: im Mangel an und im Widerwillen gegen Erkenntnis.« *(Christian Morgenstern)*

Der Arzt F. Meerwein berichtet in seinem Buch *Einführung in die Psycho-Onkologie* von einer 54-jährigen Frau, die auf die

Frage, warum sie krank wurde, antwortete: »Ich habe meine ganze Lebensaufgabe in der Förderung der Karriere meines einzigen Sohnes gesehen. Als dieser scheiterte, betrachtete ich mich ebenfalls als gescheitert. Darum habe ich meinen Brustkrebs bekommen.« Und ein 43-jähriger Patient erklärte dem Arzt: »Ich habe in letzter Zeit in besonderem Maße gegen meine ethischen Grundsätze gelebt. Mein Darmkrebs ist die Strafe dafür.«

Krankheit als Instrument

Haben Sie nicht auch schon einmal erlebt, dass Sie bei den ersten Krankheitssymptomen beinahe freudig gedacht haben: »Die Krankheit kommt mir ganz gelegen«? Vielleicht stand ja ein unangenehmer Termin oder eine Prüfung bevor, und Sie konnten sich auf diese Weise einer schwierigen Situation entziehen.

Als ich mich am Morgen des 20. Oktobers 1956 zu meiner Atlantiküberquerung im Faltboot anschickte, wachte ich nach einer gut durchschlafenen Nacht mit einer schmerzhaften Sperre im rechten Knie auf. Ich fragte mich, ob mein Organismus auf diese Weise gegen das lebensgefährliche Unternehmen protestieren und mir sozusagen noch einmal Bedenkzeit verschreiben wollte. Jeder Körperstreik in Form von Krankheit ist im Grunde genommen ein Streik der Seele. Oder war es in meinem Fall eine Warnung des Schicksals? Ich war jedoch damals fest entschlossen, mein Vorhaben zu verwirklichen, zwängte mich unter Schmerzen in das winzige Boot und habe während der zehnwöchigen Überfahrt keine Kniebeschwerden mehr gespürt. Im Alter von siebzig Jahren hatte ich zum zweitenmal diese Sperre. Sie wurde operiert. Es handelte sich um eine angeborene Anomalie; eine Plica wurde entfernt.

Dennoch ist bei plötzlich auftretenden Gesundheitsstörungen ein kritisches Hinterfragen immer angezeigt. Psychosomatische Erkrankungen können auch ein Wink des Schicksals sein. Ein Beispiel: Ein Hochseesegler, der jahrelang Wind und Wetter getrotzt hatte, bekam eine »Windallergie«, als er sich an der Küste niederlassen wollte. »Ausgerechnet ich«, klagte er immer wieder. Jedesmal wenn es mit mehr als zwei Windstärken blies, bahnte sich bei ihm eine sehr schmerzhafte Trigeminusneuralgie im linken Gesichtsnerv an. Kurz entschlossen zog er ins weniger windige Binnenland, und mit dem Tag des Umzugs waren seine Neuralgien für immer verschwunden. Auch bei kurzen Segeltrips, die er später mit Freunden unternahm, blieben sie aus. Im Übrigen machte er an seinem neuen Wohnort unerwartet eine steile Karriere. Er hielt seine Krankheit für eine höhere Bestimmung. Denn ohne diese schlimmen Schmerzen hätte er sein vor der Haustür gelegenes Segelrevier niemals aufgegeben und wäre nicht umgezogen.

Die Ursache sehr vieler Krankheiten ist jedoch selbstgemachter Stress. Er erzeugt Blockierungen, die stets körperliche Anfälligkeiten nach sich ziehen. Allerdings sollten wir nicht vergessen, dass Krankheiten zum Leben gehören: Tiere, Pflanzen, Menschen – alle Lebewesen können krank werden.

Bei Krankheit können Vorsätze helfen und lindern, zum Beispiel: *»Mit Christi Hilfe lasse ich meine Vergangenheit los, meine Schwächen, meine Krankheiten. Ich wiege sie auf mit Liebe. Ich bin voller Vertrauen. Ich akzeptiere mich und die anderen. Ich bin jung und gesund. Ich bin voller Liebe. Ich bin voller Dankbarkeit für alles.«*

Reflexionen

»Was dich an Gutem trifft, ist von Gott. Und was dich an Schlechtem trifft, ist von dir selbst.« *(Koran)*

»Paßt auf, daß Krankheit nicht ein Fest werde für die faulen Leute.« *(Antiphon)*

»Die Schmerzen sind's, die ich zu Hilfe rufe. Denn es sind Freunde, Gutes raten sie.« und »Unglück ist auch gut: Ich habe viel in der Krankheit gelernt, das ich nirgends in meinem Leben hätte lernen können.« *(Goethe)*

Lebensführung als Gottesdienst

Jeder Verstoß gegen die höhere Ordnung, gegen göttliche Gebote und Gesetze raubt uns etwas Gesundheit. Gesundheit aber ist ein uns anvertrautes Gut, das es zu hüten und zu schützen gilt. Wir sind aufgefordert, auf unsere innere Ordnung zu achten und sie zu bewahren.

Bei den Stoikern wurde die Pflege der Gesundheit gleichsam als Gottesdienst angesehen, auch deshalb sagt Seneca, dass die einzig würdige Gottesverehrung im rechten Lebenswandel liege. Je mehr nun der Mensch sein eigener Gott sein will, desto mehr entfernt er sich von diesem Weg und desto gefährdeter ist er, sich selbst anzubeten.

Der Arzt B. C. Faust hat in seinen *Gesundheits-Katechismus* aus dem Jahr 1794 ein Gedicht aufgenommen, dessen zweite Strophe diese Sicht einer Gesundheitspflege als Gottesdienst widerspiegelt:

»Sollt ich mit Vorsatz das verletzen, was zur Erhaltung mir vertraut? / Sollt ich gering den Körper schätzen, den du, Schöpfer, selbst erbaut? / Was ist mein Leib? Er ist ja dein; soll ich denn sein Zerstörer sein?«

Alle Weltreligionen lehren, aufrichtig zu sein, einander zu helfen, nicht zu stehlen und zu betrügen, kurz: das Leben zu fördern. In allen Religionen geht es um die rechte Lebensführung und einen sicheren Weg der Lebensbewältigung. Andererseits erleben wir es immer wieder, dass viele erst zu leben beginnen, nachdem bei ihnen die Diagnose Krebs oder MS gestellt wurde. Lassen wir es nicht so weit kommen.

Wer in Frieden und Gesundheit leben möchte, kann das auch heute noch am ehesten auf der Grundlage der Religion als Rückverbindung mit der göttlichen Ordnung tun. Religiosität bringt inneren Frieden. In diesem Sinn deutet das Auftreten einiger Zivilisationskrankheiten darauf hin, dass etwas mit unserer Religiosität nicht stimmt oder dass wir aus der göttlichen Ordnung gefallen sind (C. G. Jung, A. Jores).

Es gibt zwar kein allgemein gültiges Lebensrezept, aber wer sein Leben liebevoll und verantwortungsbewusst führt, dürfte sich auf dem richtigen Weg befinden. Wer indes meint, Liebe sei etwas Altmodisches, der benötigt sie besonders. Überdenken Sie also Ihre Lebensführung, und überlegen Sie, was Sie besser machen könnten:

- Seien Sie zuerst einmal gut zu sich selbst, und nehmen Sie sich Zeit, Mensch zu sein.
- Krankheiten sind manchmal ein »Familienerzeugnis«, das als solches zu behandeln ist. Ziel der Erziehung sollte Freiheit, Fairness, Selbstständigkeit, Selbstachtung sein.
- Um Positives zu fördern und Negatives zu bekämpfen, brauchen Sie viel Willenskraft. Achten Sie jedoch darauf, sich nicht zu überfordern.
- »Erkenne dich selbst« – dieser Leitsatz sollte im Mittelpunkt Ihrer Bestrebungen für mehr Gesundheit stehen.

Jede Erkrankung erfordert eine unverzügliche, mehr oder weniger umfassende Korrektur der Lebensführung – durch Bewusstwerden, Erkennen, Akzeptieren und Wandeln, durch ein Einfließenlassen von Liebe. Wer diesen Prozess vernachlässigt, macht sich das Leben schwer.

Gesundheit beginnt mit der detaillierten Vorstellung von gesundem Leben. Dazu müssen wir die Vergangenheit mit unseren vielen negativen Denkmechanismen über Bord werfen. Fragen Sie sich vor dem Einschlafen: »Was wollte der heutige Tag mich lehren? Habe ich das Wichtigste getan?« Seien Sie aber nicht zu streng mit sich selbst.

Reflexionen

»Ich bin der Herr, dein Gott, der dich lehrt, was Nutzen bringt, und der dich auf den Weg führt, den du gehen sollst. Hättest du doch auf meine Gebote geachtet!« *(Jesaja 48,17-18)*

»Wenn nicht jede unserer Taten Gottesdienst ist, so gibt es überhaupt keinen.« *(John Ruskin)*

»Lebe so mit den Menschen, als wenn Gott dich sähe; sprich so mit Gott, als wenn die Menschen es hörten.« *(Seneca)*

Übungen zur zweiten Lektion

Erste komparative Entspannungsübung

Sich entspannen ist kinderleicht. Es geht nur darum, zuzulassen, loszulassen, sich fallen zu lassen. Abends machen wir es unbewusst, wenn wir einschlafen. Gelassenheit im Sinn des Sich-Gott-Überlassens führt uns zur Mitte: Ich ruhe in meiner Mitte. Ich ruhe in meinem Zentrum, ich bin verwurzelt mit ihm. Ich fühle mich geborgen. Ich vertraue.

Die hier angewandte, leicht erlernbare komparative Entspannungsmethode – das heißt eine Methode, bei der die Entspannung Schritt für Schritt gesteigert wird – ist bei vielen Übenden besonders beliebt; vor rund dreißig Jahren hatte ich sie in meine Kurse eingeführt.

Allgemeine Hinweise zu den Entspannungsübungen

Geübt wird am besten in der aufrechten Sitzhaltung, ohne dass Sie sich mit dem Rücken an den Stuhl anlehnen (Pharaonenhaltung). Die Unterschenkel bilden mit den Oberschenkeln einen Winkel von etwa 100 Grad.

Abends können Sie auch im Bett liegend üben. Andere Sitzhaltungen wie etwa die passive Droschkenkutscher-Haltung können notfalls infrage kommen.

Brillenträger nehmen die Brille ab.

Die Arme lassen Sie zunächst neben dem Körper hängen. Sie ziehen dann die Schultern etwa zweimal hoch und lassen sie fallen. Dann lassen Sie die Unterarme auf die Oberschenkel fallen.

Jede Entspannungsübung beginnt mit der *Sammlung,* das heißt mit der Konzentration auf Ruhe. Sie schalten Ihre »Außenantennen« ab und richten Ihre Aufmerksamkeit nach innen auf Ihren Organismus. Dabei denken Sie in entspannter Konzentration die für die Übung angegebenen Formeln *(»Ich bin ruhig …«).* Eine tiefgehende Sammlung kann schon eine halbe Entspannungsübung sein.

Es folgt die *Übung* mit ihren Formeln, die in dieser Lektion eine Schwereübung ist. Wenn Sie sich Schwere im Arm vorstellen, besteht die Tendenz, dass sich diese Schwere in Ihrem ganzen Körper ausbreitet. Dieses Phänomen nennt man *Generalisierung.*

Schwere bedeutet Muskelentspannung. Das Spüren der Eigenschwere ist die Basis jeder Entspannungsmethode. Die meisten therapeutischen Erfolge lassen sich auf die Schwereübung zurückführen, da sich ja neben den Skelettmuskeln auch die Muskeln von Bronchien, Darm, Gefäßen, Harnleiter, Blase usw. etwas entspannen.

Um diesen Vorgang der Entspannung zu unterstützen, wird die Formel in der *Vertiefung* wiederholt (wie in der Übung angegeben). Ziel ist: ohne Willensanstrengung sich einfach Schwere vorstellen und sie erwarten. Durch die Entspannung gerät der Körper von der Arbeitsphase in die Ruhe- oder Aufbauphase.

Zum Schluss der Übungsformeln geben Sie sich innerlich einige *Vorsätze*. Damit sprechen Sie die innere Harmonie direkt an.

Die Übung beenden Sie, indem Sie durch die *Zurücknahme* wieder in die Arbeitsphase gelangen. Das heißt, Sie recken und strecken sich – ohne dabei zu übertreiben – wie nach einem erholsamen Schlaf, um wieder etwas Spannung und Aktivität in den Organismus zu bringen. Nach dem abendlichen Üben vor dem Einschlafen entfällt die Zurücknahme.

Muskelentspannung

Wirkung: Lösung, Lockerung von Verspannungen und Verkrampfungen. Schwereübung.

Übung:

- Sammlung: *»Ich bin ruhig – Ich bin ganz ruhig – Ich bin vollkommen ruhig und gelassen.«*
- Übungsformel: *»Ich bin entspannt – Ich bin ganz entspannt – Ich bin vollkommen entspannt. Arbeitsarm schwer – ganz schwer.«* (dreimal wiederholen)
- Vertiefung: *»Ich bin ruhig – Ich bin ganz ruhig – Ich bin vollkommen ruhig und gelassen.«*
- Übungsformel: *»Ich bin entspannt – Ich bin ganz entspannt*

– Ich bin vollkommen entspannt. Arbeitsarm schwer – ganz schwer.« (dreimal wiederholen)
- Vertiefung: *»Ich bin ruhig – Ich bin ganz ruhig – Ich bin vollkommen ruhig und gelassen.«*
- Generalisierung: *»Ich spüre die angenehme Eigenschwere in Armen, Beinen, Schultern. Mein ganzer Körper ist vollkommen entspannt. Ich bin ruhig und gelassen.«*
- Vorsätze: *»Ich fühle mich ganz wohl in meiner Haut. Ich ruhe in meiner Mitte.«*
- Abschluss mit Vorsatz: *»Ich bin und bleibe vollkommen ruhig, gelassen und heiter und mache immer so weiter.«*

Zurücknahme: Recken, strecken, dehnen und gähnen.

Dauer: etwa 3 bis 5 Minuten.

Beachten Sie: Alternativ für *»Arm ganz schwer«* kann man auch sagen: *»Ich bin entspannt – Ich vertraue auf Gott – Ich lasse los – Gottes Liebe entspannt mich rundum.«* Die Formel *»Ich bin entspannt«* führt zur Muskelentspannung, die sich in Form von Schwere bemerkbar macht. Damit Sie diese Schwere deutlicher spüren, können zusätzlich Vorstellungen angewendet werden: *»Ich spüre die Eigenschwere in meinem rechten Arm – in meinem linken Arm – im rechten Bein – im linken Bein – ich bin vollkommen entspannt.«*

Was außerdem kurzfristig entspannt:

- Atemübungen (PT-Atmung, siehe mein Buch *Einfach entspannen*)
- Selbstgespräche, wie Kinder sie im Spiel führen
- Gespräche mit dem besten Freund: dem Gott in uns
- Naturbeobachtung
- Musikgenuss
- Wandern, Tanz, Gymnastik, Gesundheitssport
- Heißes Bad

Gesundheit einatmen, Krankheit ausatmen

Wirkung: Vermittelt Gesundheitsimpulse, die den Heilungsverlauf und die jeweilige Therapie unterstützen.

Übung:

- Einatmen mit der Vorstellung *»Gesundheit (Heilenergie) rein«*.
- Verlängertes Ausatmen mit der Vorstellung *»Ungesundes (Negatives, Schlechtes) raus«*.
- Pause

Oder:

- Einatmen mit der Vorstellung *»Gesundheit (Frieden, Ruhe) fließt rein«*.
- Verlängertes Ausatmen mit der Vorstellung *»Hast und Hetze strömen raus«*.

Dauer: mehrfach täglich jeweils 1 bis 2 Minuten lang üben.

Gedankenkonzentration

Wirkung: Konzentrationssteigerung beim Beten.

Übung: Um störende, ablenkende Gedankengänge auszuschließen, hat es sich bewährt, Gebete an die verlängerte Ausatmung (PT-Atmung, siehe Seite 61f.) zu koppeln. Zum Beispiel:

- Das Einatmen erstreckt sich über etwa 3 Worte,
- das Ausatmen über etwa 5 und mehr Worte.

Diese Übungsmethode verlangt Geduld.

Weitere Hinweise: Als Einstieg in die Praxis der Konzentrationssteigerung empfiehlt es sich, in der Vorstellung das Vaterunser in bestimmte Körperbereiche (Chakras) zu senden: *Vater unser, der du bist im Himmel* (Scheitel), *geheiligt werde dein Name* (Stirn), *dein Reich komme* (Kehle), *dein Wille geschehe im Himmel wie auf Erden* (Thymos/oberes Brustbein), *unser täglich Brot gib uns heute* (Magen), *vergib uns un-*

sere Schuld, wie auch wir vergeben unseren Schuldigern (Blase), *führe uns nicht in Versuchung, sondern erlöse uns von dem Bösen* (Damm), *denn dein ist das Reich* (Magen) *und die Kraft* (Thymos) *und die Herrlichkeit* (Stirn) *in Ewigkeit. Amen* (Scheitel). Lautes Beten fördert die Konzentration.

Lebenskraft und Harmonie gewinnen

Wirkung: Den freien Fluss der Lebenskraft fördern. Stärkung der Gesundheit und des Willens, wieder gesund zu werden. Unterstützung der Nikotinentwöhnung (nach täglicher Anwendung über zwei bis drei Wochen hinweg fällt es Rauchern leichter, das Nikotin aufzugeben).

Übung: Zur Unterstützung der Lebens- oder Thymoskraft und damit des Immunsystems

- denken oder sagen Sie sich jeweils etwa dreimal: *»Ich glaube. Ich vertraue. Ich liebe. Ich bin mutig. Ich danke.«*
- Verstärkung: *»Ich bin voller Glauben. Ich bin voller Vertrauen. Ich bin ganz Liebe. Ich bin mutig. Bin immer dankbar.«* (Das »Ich bin …« wirkt etwas stärker.)
- Möglicherweise noch wirkungsvoller ist: *»Herr, Gott, ich glaube an dich. Ich glaube an Jesus Christus. Ich glaube an den Heiligen Geist. Ich vertraue auf dich. Ich vertraue auf Jesus Christus. Ich vertraue auf den Heiligen Geist. Ich liebe dich. Ich liebe Jesus Christus. Ich liebe den Heiligen Geist. Ich bin voller Liebe für dich. Ich bin voller Liebe für Jesus Christus. Ich bin voller Liebe für den Heiligen Geist. Ich bin mutig. Ich bin immer dankbar.«*

Beachten Sie: Hinter dem oberen Brustbein können Sie »Thymos-Symptome« spüren – von ganz leichtem Brennen bis zu unangenehmen Gefühlen, die Sie veranlassen sollten, mit der Übung aufzuhören. Wenn Sie im Liegen üben, können in den Füßen ähnliche, jedoch angenehme Gefühle wie bei Entspannungsübungen oder konzentriertem Beten auftreten. Sie sind kein Grund zum Aufhören.

Die Thymos-Symptome klopfend erzeugen

Wirkung: Harmonisierung des Energieflusses, Stärkung der Abwehrkraft.

Übung:

- Morgens und abends etwa 30 Sekunden lang mit den Fingerkuppen vorsichtig und zart auf das obere Brustbein klopfen. Sobald sich ein unangenehmes Gefühl einstellt, hören Sie auf.
- Stärker wirkt, ein Gebet klopfend zu begleiten, zum Beispiel: *»Herr, ich vertraue auf dich. Ich vertraue deinen Worten. Ich bin voller Liebe für dich und deine Werke. Ich bin voller Dankbarkeit für alles.«* (dreimal täglich üben)

Beachten Sie: Morgens können Sie nach dem Waschen/Duschen relativ schnell Thymos-Symptome spüren, wenn Sie Ihr Gebet oder persönliches Bekenntnis sprechen – vor allem wenn Sie dabei mit der Zunge Ihren oberen Gaumen leicht pressend berühren, wodurch der Energiekreislauf zwischen Yin- und Yang-Energie geschlossen und harmonisiert wird. Wenn die Empfindungen unangenehm werden, was manchmal schon nach etwa 15 Sekunden geschieht, sollten Sie aufhören. Missempfindungen können zu Schmerzen werden, wenn man rücksichtslos weitermacht.

Gebete für Gesundheit

Mehrfach am Tag laut und ausdauernd sprechen oder wirkungskräftig denken und visualisieren, bei schlechter Konzentration auch herunterleiern. Sie können die hier vorgeschlagenen Formulierungen verwenden oder sich ein für Sie passendes Gebet zusammenstellen:

- *Dank sei dir, Herr. Um Jesu willen, verlass mich nicht, dein Freund ist krank. Zeige mir den Weg in Richtung Gesundheit. Vielen Dank für alles. Amen.*
- *Großer Gott, ich danke dir, dass du mich hörst. Deine Liebe umgibt mich und wirkt in mir. Du bist absolute Gesundheit. Du bist in mir, also ist auch absolute Gesundheit in mir. Von dir gehen Gesundheitsimpulse aus. Durch dich bin ich gesund. Durch dich bleibe ich gesund. Inspiriere mich, damit ich das Richtige tue. Ich danke dir für alles.*
- *Großer Gott, im Namen von Jesus Christus bitte ich um die Gnade der Gesundheit für mich und die anderen. Ich danke dir für deine Güte.*
- *Herr, du weißt, was für mich gut ist. Hilf mir, dass ich mich morgen früh richtig entscheide – zum Segen für alle Beteiligten. Ich vertraue deiner Führung. Ich danke dir für deine Hilfe.*
- *Komm, Heiliger Geist, entfache in mir das Feuer deiner Liebe und Begeisterung und mach mich sensibel für deine Absichten.*
- *Großer Gott, ich danke dir, dass sich dein Frieden in mir ausbreitet. Ich danke dir, dass ich gesund bin. Ich danke dir, dass jede Zelle in mir gesund ist, Herr, Gott, ich danke dir, dass alles gut ist.* (Denken Sie nicht an Ihre Krankheit oder Behinderung, das wäre Selbstsabotage; denken Sie nur an Ihre kraftvollen Worte und deren Verwirklichung.)
- *Gott, ich danke dir, dass ich gesund bin und dass alles gut ist.* (Diese oft wiederholten Worte haben bereits vielen Menschen sofortige Erleichterung verschafft; aber verzichten Sie trotzdem nie auf kompetente medizinische Hilfe.)

Dritte Lektion
Liebe

Liebe als lebenslange Sehnsucht

Gott ist Liebe. Er liebt die Menschen und sehnt sich nach ihnen, wie es das Gleichnis vom barmherzigen Vater beschreibt. Unsere Liebe zu ihm ist Dank und Antwort zugleich. In einer Übersetzung des Gleichnisses heißt es mit feinem Unterschied: »Du *wirst* Gott lieben ...« – als ob es nur eine Frage der Zeit wäre, da die Liebe zu Gott in uns angelegt ist. Überdies sind wir so geschaffen, dass wir aus Liebe zu Gott Gesundheitsimpulse empfangen. Es ist ein Ausdruck unserer tiefen Verbundenheit mit dem Göttlichen.

Liebe ist nach dem Apostel Paulus »des Gesetzes Erfüllung«, das heißt die »Pflichterfüllung« des Christen gegenüber Gott. Im Alltag bezieht sich unsere Liebe vor allem auf Menschen und die Natur. Doch unsere Liebe zum Menschen schließt Gott stets mit ein.

Liebe brauchen wir alle. Was lebt, gedeiht nur durch Liebe. Und ohne Liebe können wir nicht Gott erkennen. Jeder hungert nach Liebe, das heißt auch nach Gemeinschaft, nach Frieden, nach Solidarität. »In der Welt (in uns) ist ein Gott begraben, der auferstehen will, und allenthalben durchzubrechen sucht, in der Liebe, in jeder edlen Tat«, sagt der Dichter Hebbel. Doch sind wir dafür bereit? Fehlende Selbstliebe sabotiert allzu oft unsere guten Absichten.

Im alten Indien fragte man Schüler: »Wie behandelst du einen Toren, der dir Böses tut?« – »Mit ungetrübter Liebe«, erwarteten die Weisen als Antwort. – »Und wie behandelst du jemanden, der dir fortwährend Böses tut?« – »Je mehr Böses von ihm ausgeht, desto mehr Gutes muss von mir ausgehen. Ich besiege Böses mit Liebe.« – »Und womit besiegst du Hass?« – »Hass kann nur durch gleichbleibende Liebe zur Ruhe kommen.«

Auch im alten Persien wussten Einsichtige um die Kraft der Liebe: »Erwidere Bosheit immer mit Sanftmut, begegne deinem Feind mit Güte. Eine sanfte Hand kann einen Elefanten an einem Haar leiten.«

Vor gut zweitausend Jahren hieß es in China: »Der weise Mensch rächt sich für Unrecht mit Wohltun.« Auch wenn es uns schwer fällt: Versuchen wir es doch auch einmal, so weise zu sein.

Zwischen dem Wissen von der Liebe und liebevollem Handeln klaffen allerdings meist Welten. Wären mehr Menschen mutig genug, ihre Liebe in die Tat umzusetzen, sähe unsere Welt ganz anders aus.

Wer aus der Ganzheit leben will, der liebe – das heißt, er liebe Gott und sich selbst. Die Liebe zur Welt ist dann eine unausweichliche Zugabe. Wer nicht liebt, macht sich selbst ungeliebt.

Reflexionen

»Meister, welches Gebot im Gesetz ist das wichtigste? Er antwortete ihm: Du sollst den Herrn, deinen Gott, lieben mit ganzem Herzen, mit ganzer Seele und mit all deinen Gedanken. Das ist das wichtigste und erste Gebot. Ebenso wichtig ist das zweite: Du sollst deinen Nächsten lieben wie dich selbst.« *(Matthäus 22,36–39)*

»Ein neues Gebot gebe ich euch: Liebt einander! Wie ich euch geliebt habe, so sollt auch ihr einander lieben.« *(Johannes 13,34)*

»Nur die Liebe, die keinen Unterschied macht, rettet die Welt.« *(Mehti)*

Liebe heißt Ängste verlieren

Hinter den Symptomen zahlreicher Krankheiten verbergen sich Ängste. Bereits leichte Ängste schwächen unser Immunsystem. Ob es alltägliche Bauch- oder Rückenschmerzen sind, Schilddrüsenkrankheiten oder der Zusammenbruch des Abwehrsystems – Ängste können als Mitverursacher von Krankheiten eine entscheidende Rolle spielen. Zahlreiche psychische Veränderungen im Sinn von Neurosen erhalten erst durch übersteigerte Ängste Krankheitscharakter.

Wenn ängstliche Personen es schaffen, liebevoller zu werden und das, wovor sie Angst haben, zu lieben, gewinnen sie an Freiheit und Gesundheit. Falls jedoch die Angst einen Menschen vollständig beherrscht, sollte man ihn psychotherapeutisch leiten, damit die Angst nicht sein ganzes Leben zunichte macht. Bei Schuldgefühlen stehen immer auch Ängste im Hintergrund.

Berühmt wurde die Antwort von Winston Churchill auf die Frage, ob ihm nicht seine viele Arbeit und große Verantwortung Angst machen: »Ich habe zu viel zu arbeiten und keine Zeit, mich zu ängstigen.« Man kann sich nicht gleichzeitig auf zwei verschiedene Dinge konzentrieren. Arbeit ist deshalb ein bewährtes Antistressmittel für Gesunde, aber oft auch für Kranke.

Viele unserer Vorurteile gegenüber anderen Menschen können durch mehr Liebe ausgeräumt werden, sodass sich die vorher so schwierigen Nachbarn plötzlich in liebenswerte Freunde verwandeln. Liebe ändert unsere Sicht und öffnet uns für den anderen.

Gott ist Liebe

Im bereits erwähnten Gleichnis vom barmherzigen Vater schildert Jesus uns einen für damalige Verhältnisse ganz neuen Gott. Dieser Gott lässt uns los, obwohl er weiß, wie tief wir fallen werden. Loslassen wird hier zum Zeichen grenzenloser Liebe. Gott vergisst uns nicht, er wartet auf uns und kommt uns entgegen, wenn wir reumütig zu ihm zurückkehren. Er ist uns allen der treue, ewig liebevolle Vater. Zum Mysterium Gottes gehört seine grenzenlose Liebe.

In der Liebe bleiben heißt, auf dem optimalen Gesundheitspfad zu sein und von der unversiegbaren Kraftquelle zu kosten. Gelebte Liebe verwirklicht den Himmel schon auf Erden. Liebe begeistert und aktiviert die Lebensgeister. Da jeder etwas liebt, hat jeder etwas Anteil am »Himmel«.

Gottes Liebe zu uns Menschen ist so unvorstellbar groß, dass er seinen eigenen Sohn für uns hingab. Seine Liebe zum Menschen ist eine ewige Kraft, die letztlich auf menschliche Ganzwerdung zielt und die sich in uns als Sehnsucht nach Vollkommenheit bemerkbar machen kann – wenn wir uns ihm öffnen.

Wer wirklich liebt, fühlt die Verbundenheit und Gemeinschaft mit allem, das einen göttlichen Funken birgt. Liebe sucht Vereinigung – zwischen Geist und Körper, zwischen innen und außen. Wer liebt, aktiviert das Göttliche in sich. Wenn wir nicht lieben, sind wir nicht in Gott, unsere Gesundheit nimmt ab.

»Alle, die ihn lieben, behütet der Herr«, heißt es in einem Psalm. Aber was ist mit jenen elf Kirchgängern, die durch einen Blitzschlag getötet wurden, als sie zu einem Gottesdienst keinen Zutritt mehr zur überfüllten Kirche bekamen? Nein, so klar wie biblische Aussagen sind, so eindeutig ist das Leben leider nicht. Reicht es als Trost aus, »daß Gott bei denen, die ihn lieben, alles zum Guten führt«? Uns bleibt nur die Zuversicht, eines Tages zu erkennen, dass Leiden und Sterben sinnerfüllt und Gewinn sein können.

Wer immerfort Hass in sich trägt, bringt Gott in sich zum Schweigen, verdrängt Menschen aus seinem Umkreis und tötet ein Stück von sich selbst. Er beeinträchtigt sein Immunsystem und ruiniert letztlich sein ganzes Leben, denn alle Gefühle sind stets begleitet von körperlichen Entsprechungen. Doch Gottes Liebe können wir nicht durch besondere Taten erwerben, sie bleibt Gnade.

Reflexionen

»Wir wollen einander lieben, denn die Liebe ist aus Gott, und jeder, der liebt, stammt von Gott und erkennt Gott.« *(1. Johannes 4,7)*

»Gott ist die Liebe, und wer in der Liebe bleibt, bleibt in Gott, und Gott bleibt in ihm.« *(1. Johannes 4,16)*

»Wo ich Liebe sehe, ist mir's immer, als wäre ich im Himmel.« *(Goethe)*

Menschliche Liebe

»Die Liebe ist die universellste, die ungeheuerlichste und die geheimnisvollste Kraft der kosmischen Energien«, davon war der Naturwissenschaftler, Theologe und Philosoph Teilhard de Chardin überzeugt. Wer liebt, schwelgt in Seligkeit. Die Liebe »hebt uns auf Wolke sieben«, auf der man den Alltagsstress nur noch aus der Ferne spürt. Dafür sorgen auch Glückshormone.

Das Leben wird uns zur Qual, wenn es an Liebe fehlt. Für Novalis, den großen Dichter der Romantik, gab es nur eine

»Universalarznei«: die Liebe. Verschreiben Sie sich selbst diese wirkungsvolle Medizin gratis, denn Liebe ist auch der stärkste Gesundheitsfaktor.

Viele Leute bedauern die Lieblosigkeit in der heutigen Welt, doch keiner beklagt seinen eigenen Mangel an Liebe. Erst wenn wir viel Liebe bei anderen entdecken, sind wir auf dem rechten Weg: Nur wenn ich selbst Liebe habe, kann ich anderer Leute Liebe erkennen und andere gelten lassen. Wir müssen uns unaufhörlich bemühen, damit Liebe auf uns zurückfällt.

Liebe heißt, für die Wahrheit einzutreten und den Blick zu erweitern. Berechnende Zuwendung ist keine Liebe. Wer liebt, wird befreit – von seinem Ego, von kleinlichen Vorstellungen und Urteilen.

»Liebe mag für einfache Naturen ein körperliches Bedürfnis darstellen. Geistigen Menschen bedeutet sie das fesselndste Erlebnis der ganzen Schöpfung«, differenziert Honoré de Balzac. Körperliche Liebessehnsucht ist eine starke Kraft, ohne die es die Menschheit nicht gäbe. Wie die Liebe in uns wach wird, wie wir unter den vielen Menschen, denen wir begegnen, gerade die Person treffen, die zu uns passt oder der ausgerechnet wir der richtige Partner sind, das haben sehr viele für sich als Wunder empfunden.

Die höchste Liebesform bezeichnet man als Agape. Gemeint ist die Liebe Gottes zum Menschen, die uns befähigt, für andere, auch Fremde, Verantwortung zu übernehmen und Nächstenliebe zu zeigen. Sie ist »die Mutter aller Tugenden« und mit Selbstverwirklichung gleichzusetzen.

Liebe zeigen und Gutes tun bringt Freude und macht ausgeglichen. Die Ablehnung lästiger Menschen und Aufgaben kann bis zu einem gewissen Grad durch Liebe oder Akzeptieren positiv verwandelt werden. Liebe bereichert und beglückt, beseelt und beflügelt uns. Sie befreit aus der Vereinzelung und vermehrt die ganzheitliche Gesundheit. Bei Tieren und Menschen sinkt beispielsweise der Cholesterinspiegel, wenn sie in liebevoller Umgebung leben.

Reflexionen

»Alle Dinge werden zu einer Quelle der Freude, wenn man sie liebt.« *(Thomas von Aquin)*

»Der Wunder größtes ist die Liebe.« *(A. H. Hoffmann von Fallersleben)*

»Etwas Liebe von Mensch zu Mensch ist mehr wert als alle Liebe zur Menschheit.«

Die Anatomie der Liebe

Der große Arzt und Wunderheiler Empedokles hielt die Liebe für das universelle Prinzip schlechthin, für die Quelle aller Tugenden, für harmonisierende Energie. Liebe vereint und erzeugt im Individuum Ganzheit. Hass hingegen trennt und führt zur Zerstörung, denn es handelt sich um eine destruktive Energie.

Liebe ist gekennzeichnet durch die Fähigkeit zur freien Kommunikation; Hass dagegen ist gestörte oder fehlende Kommunikation. Im Alltag erleben wir es oft, dass unsere Kommunikation schwierig oder kräftezehrend wird, wenn es an Liebe und Verständnis fehlt. An dieser Stelle sollten jene aufhorchen, die beispielsweise meinen, sie hätten bei einem langen Arbeitstag »ein Recht darauf, ausgebrannt zu sein«, wie sich einmal jemand ausdrückte, und den anderen nicht mehr zu sehen. Fehlende Liebe und Begeisterung schwächen den Einzelnen genauso wie die Gemeinschaft.

Die Liebe gedeiht auf einem ganz bestimmten Fundament:

- auf der Erkenntnis und Erfahrung, dass echte Liebe sich nicht verbraucht, da sie ewig aus der göttlichen Quelle in uns gespeist wird.
- auf Mut, Treue und Entschlossenheit.
- auf einem Verantwortungsgefühl für alles Schwache.
- auf dem Respekt für andere Gebräuche und dem Verständnis für die Schwächen der anderen, denn Gott will im Mitmenschen geliebt werden.
- auf dem Anerkennen der Grenzenlosigkeit der Liebe, die niemals etwas Sektiererisches hat.
- auf der Selbstliebe als Voraussetzung, auch andere zu lieben.
- auf der Bereitschaft, in jedem Augenblick seines Lebens noch liebevoller zu werden.

Liebe will jedoch niemals entmündigen, andernfalls wäre sie nur ängstliche Fürsorge: Liebe darf nicht besitzen wollen. Wer die Identität und Persönlichkeit des anderen missachtet, liebt nicht.

Liebe will geben; sie ist keinesfalls besitzergreifend. Liebe ohne Opferbereitschaft ist kleinmütige Zuneigung. Liebe immunisiert uns zwar nicht gegen Streit und notwendige Konfrontationen, aber sie macht uns versöhnungsbereit.

Viel Liebe ergibt viel Lebenskraft. Liebe schließt die verantwortungsvolle Sorge für die eigene Gesundheit ein.

Reflexionen

»Der Mittelpunkt des Lebens ist allemal die Liebe. Was du liebst, das lebst du.« *(J. G. Fichte)*

»Du bist von Gott so weit entfernt wie von dem Menschen, den du am meisten hasst.« *(Aus dem Arabischen)*

»Die Liebe bejaht alles, sie erträgt alles, sie sucht alles zu verstehen, grenzenlos weitet sie sich aus und wächst: sie schließt sich nicht ab. Sie kennt keinen Stillstand, sie ist immer auf der Suche ...« *(Apostel Paulus)*

Die Kunst, sich selbst zu verzeihen

Die meisten Menschen können sich selbst nicht verzeihen, weil sie sich nicht lieben. Wie sollen sie anderen auch vergeben, wenn sie sich selbst nur verdammen? Dabei ist die Fähigkeit, zu vergeben und zu verzeihen, im Familien- und Berufsalltag die Voraussetzung für ein einigermaßen stressarmes Zusammenleben.

Auch wer nach Gesundheit strebt, muss sich selbst mögen. Wenn er sich selbst annehmen kann, ist er weniger anfällig für Krankheiten. Durch seine Selbstakzeptanz wird er besser mit negativem Stress fertig als ein Mensch, der häufig mit sich selbst auf Kriegsfuß steht. Eine Person voller Liebe ist innerlich stabil.

Und wie steht es mit unserer Feindesliebe? Wir sollten uns bewusst werden, dass auch in uns selbst Feinde stecken können. Jeder von uns beherbergt einige Saboteure: seien es Hassgefühle oder missgünstige Gedanken oder »nur« Unzuverlässigkeit und Vergesslichkeit, die andere oder uns selbst immer wieder in Schwierigkeiten bringen.

Können wir uns unsere Fehler vergeben? Können wir sie annehmen? Genau das ist notwendig, damit wir jene hartnäckigen Unruhestifter in uns besiegen. Der einzige »heilige« Kampf ist der Kampf gegen sich selbst.

Wer seine Schwächen nicht wahrhaben will, isoliert sich durch seinen Hochmut. Wer mit sich selbst nicht zufrieden ist – vorübergehend trifft es auf alle von uns einmal zu –, der ist es auch mit anderen nicht. Wir dürfen jedoch nicht ständig an uns selbst herumkritisieren. Unsere Gesundheit würde darunter leiden. Auch auf die Lebewesen in unserer Umgebung, ob Mensch, Tier oder Pflanze, könnte sich unsere Selbstsabotage negativ auswirken.

Zum Gesundwerden und -bleiben gehört also eine gute Portion Liebe zu sich selbst und zu anderen. Anderen Menschen, ob in Familie oder im Beruf, schnell verzeihen und vergeben können, das zeichnet die Gesunden aus, überdies ist es eine Voraussetzung für ein gutes Betriebsklima, für Erfolg und Zufriedenheit.

Praktische Schritte, sich und anderen zu vergeben

- Sich innerlich zur Vergebung bereit machen und dann Mut sammeln.
- Sich sofort nach dem Geschehen im Gebet entschuldigen und darum bitten, dass Ihr Gegenüber die Entschuldigung annimmt. Ein visualisiertes Gebet wirkt sehr befreiend. Unerlässlich ist darüber hinaus der Vorsatz: *»Ich bin voller Liebe und Vergebung.«*
- Sich einen Plan zurechtlegen, wie man vorgehen will. Je früher Sie sich nach dem Streit darum kümmern, desto besser.
- Vor der geplanten Zusammenkunft oder dem Gespräch beten, dass das Treffen für beide gut ausgehen möge.
- Selbst wenn Sie an dem Streit »unschuldig« sind, ist es ratsam, Mitverantwortung auf sich zu nehmen. »Ich empfange nichts, wenn ich nichts gebe«, besagt eine alte Wahrheit. Sie vergeben sich nichts, wenn Sie einlenken.
- Sie können sich einen Satz bereitlegen wie: »Das, was da eben abgelaufen ist, tut mir sehr Leid. Im Eifer des Gefechts ist mir das herausgerutscht. Verzeihen Sie mir (verzeih mir), es wird nicht wieder vorkommen.«

- Bei dem Treffen die verlängerte Ausatmung (PT-Atmung, siehe Seite 61f.) anwenden. Langsam sprechen, das beruhigt auch den Körper. Die Lebensenergie vermag nun wieder freier zu strömen, die Angst kann so nicht mehr blockieren. Auch die Worte fließen dann leichter.
- Wenn Ihr Gegenüber die Entschuldigung und das Versöhnungsangebot angenommen hat, können Sie sich die Hand geben oder – je nach Vertrautheit – sich auch umarmen. Eine gelungene Versöhnung wird jeden Menschen entlasten und beglücken; sie wird ihn zutiefst mit Kraft, Frieden und Freude erfüllen.
- Streit unter Ehepartnern sollte man binnen Sekunden beilegen und sich spätestens nach wenigen Minuten umarmen.

Reflexionen

»Der gemeinste Mensch ist, der keine Entschuldigung annehmen und keinen Fehler vergeben kann.« *(Orientalisches Sprichwort)*
»Verzeihen ist die beste Rache.« *(Aus dem Volksmund)*

Auch Friede ist Liebe

»Selig sind, die Frieden stiften«, ihr Lohn ist unter anderem ein Zuwachs an ganzheitlicher Gesundheit. Friede und Freude gehören auch vom Wortstamm zusammen. Wie also kann ich friedvoller und damit glücklicher werden?

Franz von Sales wurde einmal von einem seiner Schüler gefragt, was er für den Frieden tun könne. »Schließen Sie die Tür etwas leiser«, war seine Antwort. Es sind immer die kleinen Dinge im Leben, die den Unterschied machen.

Verschiedene Gründe könnten Sie davon abhalten, wieder

Frieden zu schließen. Sie sollten hinterfragt werden. Vielleicht blockieren Sie aus Angst oder Starrsinn. Vielleicht sind Sie auch zu gleichgültig. Könnte es sein, dass Sie an der Vorstellung, verfolgt zu werden, leiden und sich in Gedanken stets das Negative ausmalen?

Gedanken sind Energien, die sich – auch wenn sie nicht ausgesprochen werden – auf andere übertragen können. Gedanken sind Taten. Wir müssen Acht geben, dass wir nicht durch lieblose Gedanken den eigenen Körper angreifen. Negativ besetzte Gedanken sollten wir uns schleunigst abgewöhnen, sonst eröffnen wir unnötig einen Kriegsschauplatz, der uns schwächt.

Wenn jemand ruhelos und ohne inneren Frieden ist, raubt es ihm Lebenskraft. Der Blasenmeridian wird geschwächt. Die Symptome der Unruhe und des inneren Unfriedens zeigen sich dann oft an einer gereizten Blase und häufigem Harndrang. Es helfen Affirmationen wie: *»Ich bin friedlich und ausgeglichen. Ich bin stets friedvoll und ausgeglichen. Ich bleibe stets und überall friedlich und harmonisch.«* Oder: *»Ich bin friedlich und ausgeglichen. Ich habe meinen Frieden und mein Gleichgewicht gefunden.«*

Am Ende von Übungen kann man sich solche Vorsätze mehrfach sagen.

Auch reife Liebe macht ruhig und angstfrei, vor allem aber lebenstauglich. Beachten Sie jedoch: Wenn Sie sich einen Vorsatz wie *»Ich bin ganz Liebe«* geben, können Sie zwar von seiner Wirkung profitieren, aber Sie haben damit noch lange nicht die alles verzeihende Liebe erreicht. Wie die Formeln der Entspannungstechniken wirken auch Vorsätze nur kurzfristig. Erst systematisches und ausdauerndes Trainieren sowie eine liebevolle, harmonische Lebenspraxis bringen Sie voran.

Reflexionen

»Ertragt euch gegenseitig, und vergebt einander; wenn einer dem andern etwas vorzuwerfen hat. Wie der Herr euch vergeben hat, so vergebt auch ihr! Vor allem aber liebt einander; denn die Liebe ist das Band, das alles zusammenhält und vollkommen macht.« *(Kolosser 3,13–14)*

»Werde ein Freund Gottes und halte Frieden! Nur dadurch kommt das Gute dir zu.« *(Hiob 22,21)*

Das Herz als Symbol der Liebe

Das Herz galt immer schon als Symbol der Liebe, aber auch des Lebens. Lieben wir uns also von Herzen?

Allein die zwei Wörter »Ich liebe« wirken sich tatsächlich positiv auf den Herzmeridian aus, den Meridian der Vergebung. Zugleich beeinflussen sie auch den Thymos als Verbindungszentrum zwischen Geist und Körper. So haben die alten Griechen im Thymos den Sitz der Lebenskraft gesehen. Das Empfinden von Liebe wird vom Schöpfer mit Gesundheitsimpulsen belohnt – diese Tatsache kann man nicht oft genug betonen.

Die Affirmationen, die den Herzmeridian stärken, lauten: *»Ich liebe. Ich verzeihe. Mein Herz ist voller Vergebung.«* Oder: *»Ich liebe und verzeihe immer und überall. Ich bin voller Liebe. Ich bin vergebungsbereit.«*

Zu den Emotionen, die den Herzmeridian schwächen, gehören wiederholt aufflammender Zorn und chronischer Ärger. Sie sind Gift für das Herz, vor allem wenn andere Risikofaktoren hinzukommen. Wir können diese Störenfriede jedoch durch die genannten Affirmationen schnell etwas entkräften.

Zeichen tiefer Liebe ist die Treue. Treue gibt Vertrauen und stärkt das Immunsystem durch einen Zufluss an Lebenskraft. Treue Menschen sind im Leben erfolgreich, weil sie gelassen sind und sich geborgen fühlen. Wer »aus der Haut fährt«, gefährdet hingegen sein Leben, beispielsweise durch Herzinfarkt. Jemandem etwas »heimzahlen« heißt, sich selbst zu verletzen.

Sich selbst lieben

Selbstliebe ist nach unserem Verständnis und im Rahmen dieses Buches etwas Positives und mit Selbstakzeptanz gleichzusetzen. Allerdings kann Selbstliebe auch missverstanden und im Sinn von Selbstsucht als etwas Egoistisches interpretiert werden.

Wer wirklich liebt, ist an den Seelengrund angeschlossen: Ihm fließen Kraft und auch Erkenntnis zu. Menschen, die viel Pech haben, sollten lernen, sich selbst zu lieben. Als grundlegender religiöser Vorsatz empfiehlt sich: *»Meine Liebe wächst von Tag zu Tag – dank dir.«*

In vielen Bibelstellen heißt es, dass wir unsere Nächsten lieben sollen wie uns selbst. Eine andere Formulierung dieses wichtigsten Lebensmottos heißt: »Lass deinen Nächsten gelten, denn er ist wie du.« Ohne eine gesunde Selbstliebe gibt es keine dauerhafte Nächstenliebe. Die Liebe ist das wärmende, beruhigende und beglückende Gefühl, das uns verbindet, auch mit unseren Feinden.

Erinnern wir uns: Wer keine Liebe annehmen kann, der kann auch nicht genügend Selbstliebe aufbringen. Diese Tatsache müssen wir uns immer wieder vergegenwärtigen. Sich selbst lieben heißt natürlich auch, sich als Ganzes zu lieben. Viele Menschen lieben ihren Körper oder ihr Gesicht oder ihre Brüste nicht, weil sie sich als Ganzes nicht angenommen haben.

Verschiedene grundlegende Dinge müssen wir im Leben lernen, unter anderem sich lieben zu lassen, dann selbst zu lieben, damit wir uns selbst finden. Das klingt so einfach, jedoch suchen viele Menschen Hilfe bei Psychotherapeuten, weil sie nie echte Liebe erfahren haben und daher unfähig sind, Liebe zu geben.

Manchmal gefallen sich Seelsorger mehr in der Rolle von Psychotherapeuten als in ihrer angestammten priesterlichen Rolle. Vielleicht übersehen sie, dass es Millionen von Menschen gibt, deren Religionssehnsucht gestillt werden will. Demgegenüber braucht eine wesentlich geringere Zahl von Menschen wirklich eine Psychotherapie.

Wer im Leben bestehen will, muss Liebe vorleben. Wer aus des Lebens Fülle schöpfen will, muss lernen, sich und andere zu lieben: *»Ich liebe die Welt, deshalb liebt mich die Welt.«*

Wenn wir selbstlos lieben, befinden wir uns im Vorhof des Paradieses – ein leider viel zu kurzes und seltenes Glücksgefühl. Für Augenblicke spürt man dann: Ich bin heil. Ich bin bei mir selbst zu Hause. Ich ruhe in meiner Mitte. Die Liebe, die wir verschenken, macht uns selbst liebenswerter und menschlicher.

Letztlich ist die Liebe zu Gott und der Welt eine besondere Tüchtigkeit, eine höchste Tugend, also eine Gabe, ein Geschenk – während die Liebe zu einer Person und zur Familie auch reine Eigenliebe sein kann. »Trachtet aber zuerst nach dem Reich Gottes«, das ist die Liebe, die alles mit sich bringt. Wir sind auch für unsere Gesundheit gut beraten, wenn wir in diesem Sinn gelassen bleiben. Erfolg oder Geld, nach denen andere so verbissen streben und damit ihre Gesundheit aufs Spiel setzen, fallen uns dann »von selbst« zu.

Wie weit wir aber von der absoluten Liebe entfernt sind, mag das Wort von Jesus verdeutlichen: »Ich und der Vater sind eins« (Johannes 10,30). Selbstlosigkeit erscheint hier als höchste Liebe. Doch nur Jesus konnte permanent die Menschen lieben »wie sich selbst«. Wir dagegen bleiben Schuldner des Lebens und der ganzheitlichen Liebe – das müssen wir akzeptieren, weil wir so geplant sind.

Reflexionen

»Die Liebe fühlt keine Last, sie scheut keine Mühen, sie mutet sich mehr zu, als sie vermag; sie redet nicht von Unmöglichkeit, weil sie glaubt, alles sei ihr … möglich.« *(Thomas von Kempen)*
»Man muß nur ein Wesen recht von Grund aus lieben. Da kommen einem die übrigen alle liebenswürdig vor.« *(Goethe)*
»Was aus Liebe getan wird, geschieht immer jenseits von Gut und Böse.« *(Friedrich Nietzsche)*
»Nur der ist etwas, der etwas liebt.« und: »Nichts sein und nichts lieben, ist identisch.« *(L. A. Feuerbach)*
»Oft scheint es Liebe zu sein, was uns treibt und drängt, und doch ist es eitel Fleisch und Blut – mehr Sinnlichkeit. Denn die natürliche Zuneigung, der Eigenwille, die Hoffnung auf Wiedervergeltung, der Trieb nach persönlichem Vorteil mischen sich fast immer in unsere guten Werke.« *(Thomas von Kempen)*

Kennzeichen des Egoisten

Der Egoist liebt nur sein Ich, was wir als Eigenliebe, Narzissmus oder Selbstsucht bezeichnen. Pointiert könnte man sagen: Wie alle Süchtigen lieben Egoisten sich selbst nicht. Ihnen fehlt die *Selbst*annahme, sie suchen sich auf einem falschen Weg. Sie sind in der Ich-Befriedigung stecken geblieben. Ihnen fehlt es an *Selbst*liebe. Sie suchen jedoch nach übermäßig viel Liebe; sie suchen unbewusst nach Gott.

Man könnte denken, dass wir alle uns nur aus Selbsterhaltungstrieb lieben. Das mag sein. Wir sollen jedoch den Nächsten wie uns selbst lieben. Mit anderen Worten: Unsere Selbstliebe ist das Maß für unsere Nächstenliebe, für unser Verhalten gegenüber unserer Umwelt. Dass in allem, was wir tun, auch ein gerüttelt Maß Egoismus zur Gesunderhaltung nötig ist, spielt für uns an dieser Stelle keine Rolle. Auch ein Egoist hat liebenswerte Eigenschaften.

Starker Egoismus hat also mehr mit Sucht zu tun als mit Liebe. Es handelt sich um Ich- und Selbstsucht. Durchaus nicht zufällig haben wir es heute mit einer Zunahme der verschiedenen Suchtkrankheiten zu tun. Suchtkranke suchen sich selbst und glauben an das Ziel ihrer Sehnsüchte gelangt zu sein, wenn sie sich ohne innere Kontrolle dem Sex, Alkohol oder Glücksspiel, dem Essen oder den Drogen hingeben. Welch ein Irrtum. Wer nicht diszipliniert lebt, kann seine Freiheit verlieren – aus Mangel an Liebe und Verantwortung.

Ein Egoist ist meist mehr oder weniger abhängig, unfrei, rücksichtslos ichbezogen und deswegen wenig wahrhaftig. Er hat immer Angst, zu kurz zu kommen. Letztlich ist er für alle fremden Probleme nicht aufgeschlossen, weil seine Lebenskompassnadel immer auf ihn selbst zeigt. Sein Horizont ist begrenzt. Sein Ego trennt ihn von Gott. Das heißt jedoch nicht, dass das Ego an sich schlecht ist. Schließlich macht es uns zum Individuum.

Selbstliebe ist ein anzustrebendes Ideal, das wir unter glücklichen Umständen verwirklichen können. Selbstsucht gleicht dagegen einer unbehandelbaren chronischen Erkrankung, die mehr oder weniger anerzogen wurde. Dem Egoisten fehlte in seinen Jugendjahren die Disziplin und Liebe.

Reflexionen

»Der größte Dämon des Menschen ist die Liebe, die man gedankenlos für sich selbst empfindet. Diese Eigenliebe ist sein furchtbarster Feind, sie führt ihn ins Verderben. Jedes Unglück, alle Gefahren und Schmerzen sind auf das Haften am Ich zurückzuführen.« *(Dalai Lama)*

»Hast du dich selbst lieb, so hast du alle Menschen lieb wie dich selbst. Solange du einen einzigen Menschen weniger lieb hast als dich selbst, so hast du dich selbst nie wahrhaft lieb gewonnen.« *(Meister Eckehart)*

Das Schicksal des Narkissos

Egoisten waren wir alle in der frühen Kindheit. Die Pubertätsphase entscheidet darüber, ob man sich mehr in Richtung gesunder Selbstliebe entwickelt oder ob man infolge einer mangelnden Einsicht und fehlenden Selbsterziehung im Stadium der krankhaften Eigenliebe haften bleibt, indem man nur einen Teil von sich selbst liebt, sein Ich. Das wirkt sich schließlich zerstörerisch aus, wie uns die Legende vom griechischen Jüngling Narkissos erzählt. Er verschmähte die Liebe der schönen Nymphe Echo und wurde deswegen von Nemesis mit unstillbarer Eigenliebe bestraft, durch die er schließlich umkam. Einen krankhaft in sich selbst Verliebten nennen wir mit Sigmund Freud deswegen Narziss. Narzissmus ist eine destruktive Ichsucht. Egoisten wie auch Süchtige sind Menschen auf einer verzweifelten Suche. Wie ein Kleinkind möchten sie durch selbstlose Liebe angenommen werden.

Egozentrik überwinden

Unser Ziel besteht darin, dass sich reife Liebe durchsetzt, wo Ichsucht herrscht:

- Seien Sie bereits ein Liebender/eine Liebende, wenn Sie geliebt werden möchten.
- Stellen Sie das Ich nicht in den Mittelpunkt. Ihr göttlicher Kern, das Gute schlechthin, ist das Zentrum des Lebens: *»Ich ruhe in meiner Mitte.«*
- Sensibilisieren Sie sich für Ihre Schwächen, und versuchen Sie, sie zu korrigieren, zum Beispiel durch den Vorsatz *»Ich bin voller Liebe«*. Er wird jedoch nur durch fortwährendes Wiederholen Wirkung erzielen.
- Schrauben Sie die hohen Erwartungen, die Sie an andere stellen, zurück. Erfüllen Sie jedoch selbst hohe Erwartungen.
- Geben Sie mehr, als dass Sie nehmen. Sie gewinnen durch Geben. Kleinmut denkt nur an den eigenen Vorteil; Großmut schließt alle ein.
- Üben Sie sich in Sanftmut, und gewöhnen Sie sich Gleichgültigkeit ab.
- Entwickeln Sie Hilfsbereitschaft, und zeigen Sie sie spontan. Versuchen Sie immer wieder von neuem, großherzig zu sein.
- Beten Sie das Vaterunser sehr konzentriert. Lassen Sie Gottes Wille und die eigenen Wünsche eine Einheit bilden.
- Versuchen Sie, jeden Menschen in seiner Ganzheit zu lieben und nicht nur bestimmte seiner Eigenschaften.

Reflexionen

Ein reicher Geizhals klagte dem Rabbi seine Nöte. Der weise Mann hörte geduldig zu und führte den Gast zum Fenster: »Was siehst du?«

»Menschen, Straßen, Häuser.«

»Gut!«

Der Rabbi führte ihn vor den Spiegel: »Was siehst du?«

»Mich selbst.«

Der Rabbi nickte: »Das gleiche Glas wie drüben am Fenster, aber sobald nur eine Kleinigkeit Silber dazukommt, sieht der Mensch nur noch sich selbst.«

Wer liebt, lebt gesünder

Liebe ist immer auch Arznei. Sie ist ein außergewöhnlich stimulierender Gesundheitsfaktor. Sie macht uns gesünder und humaner. Als Beispiel könnte das kleine Städtchen Roseto im US-Bundesstaat Pennsylvania dienen, das 1882 von Süditalienern gegründet wurde. Bis etwa 1950 starben dort auffallend wenige Menschen an Herzinfarkt, während in den umliegenden Ortschaften der Prozentsatz dem amerikanischen Durchschnitt entsprach. In Roseto herrschten nämlich noch die überlieferten Familienstrukturen. Drei Generationen wohnten üblicherweise unter einem Dach. Der Kirchgang am Sonntag war immer auch ein sozialer Treffpunkt. Jeder kannte und grüßte jeden; alle halfen sich gegenseitig. Abgesehen von dem liebevollen Miteinander lebten die Einwohner allerdings genauso gesund und ungesund wie die Menschen der Umgebung. Als jedoch die Bewohner endgültig den »American way of life« angenommen hatten, wurde das zuvor so dicht geknüpfte Netz sozialer Kontakte dünner, und die Sterblichkeitsrate passte sich dem Durchschnitt an.

Bleibt in meiner Liebe und ihr empfangt Gesundheitsimpulse – das wäre die Christusverwirklichung in uns, die »Amorisation« (Teilhard de Chardin), die Durchliebung unserer Welt.

Dann sind wir von energetischen Blockierungen frei, und wir können nicht mehr so leicht erkranken.

Von dem Mystiker Meister Eckehart erhalten wir den Rat, unsere Leibgebundenheit durch Liebe zu überwinden. Dann verringern sich auch unsere Schmerzen. Unser körperliches Weh vermindert sich, wenn wir nach Höherem streben und uns mit aller Konzentration im geistigen Bereich verankern. Wo unser Bewusstsein ist, da ist unser Leben.

Wer negative Gefühlslagen – entstanden durch mangelnde Liebe – in positive umwandelt, bekämpft krank machenden Stress in seinem Organismus. Es kommt zu mehr Harmonie durch positive Gefühlszustände wie Freude, Genugtuung – Glücksmomente, die sich auch durch »Glückshormone« als Gesundheitsimpulse auswirken. Wir wissen in diesem Zusammenhang, dass das Verliebtsein einen starken Gesundungseffekt bei Krankheiten wie Tuberkulose oder auch Krebs bewirkt. Umgekehrt können Liebesenttäuschungen chronische Erkrankungen wieder aufflammen lassen oder bei Krebs die Metastasenbildung anregen. Verliebte werden von dem besten und zugleich preiswertesten Treibstoff, den es gibt, angetrieben: von der Liebe. Körper und Geist »laufen« dann auf Hochtouren. Wer das Leben und die Menschen liebt, der genießt ein intensives und harmonisches Dasein. Dessen Gesichtszüge sind entspannt: Um die Lippen liegt ein feines Lächeln, die Augen leuchten, die Haut ist gut durchblutet. Stresskurven flachen sich ab.

Liebe kommuniziert auch ohne Worte. Sie will sich auf allen Wegen mitteilen. Aber in vielen Fällen öffnen wir uns nicht. Einen daraus resultierenden Mangel an Liebe erkennt man an der Sprechweise, am Gesichtsausdruck, am Verhalten. Ein Mensch voll reifer Liebe findet überall Arbeit, Unterstützung und Freunde.

Liebe vermag Angst zu reduzieren und Balance herzustellen. Nicht nur die Menschen in helfenden Berufen oder die zum Beispiel als Pädagogen tätig sind, sondern wir alle sollten uns vor jedem wichtigen Gespräch mit Liebe »vollpumpen« – durch Antizipieren, Vorsätze/Affirmationen, Gebete. Gegebenenfalls können wir auch einen aktuellen Zustand von Lieblosigkeit durch Bewegung im Freien »neutralisieren«.

Wer wirklich liebt, urteilt nicht, richtet nicht, streitet nicht, sondern er akzeptiert sich selbst und die anderen, seine Situation und seine Umgebung. Nächstenliebe heißt, die Identität des anderen zu achten und seine Andersartigkeit ohne Wenn und Aber zu respektieren. »Alles ist gut, wenn man es mit den Augen der Liebe betrachtet«, meinte in diesem Sinn der Lyriker Christian Morgenstern. Gewiss, Zornesausbrüche und Streit können kurzzeitig sehr entspannend wirken; aber gar nicht erst auf echte oder vermeintliche Provokationen zu reagieren ist zweifelsfrei gesünder.

Der Liebende hat die Fähigkeit, im Hier und Jetzt zu leben. Er vermag seine eigenen Schwächen mit zunehmender Sensibilität deutlicher zu sehen. Er führt ein einfaches Leben und fühlt sich in seiner Haut wohl. Liebe ist der Schlüssel für den Himmel in uns.

Liebesdefizite als Stressfaktoren

Von einer reifen Person geliebt werden ist Balsam für jeden. Unreife Formen der Liebe führen naturgemäß zu Liebesdefiziten. Das Schlimme ist: Sie sind »infektiös«, sie werden weitergegeben. Wer nicht die gesunde und bedingungslose Liebe der Mutter, aber auch des Vaters empfangen hat, tut sich später schwer, seinen Kindern gesunde, reife Liebe vorzuleben. Menschen mit einem Liebesdefizit bleiben dann oft ihr Leben lang auf der Suche nach tiefer Liebe stecken und erleben meist nur flüchtige Abenteuer, scheiternde Beziehungen, Trennung oder Isolation.

Kinder aus unerwünschten Schwangerschaften haben in ihrem späteren Leben in Ausbildung, Beruf und Ehe deutlich mehr Schwierigkeiten als Wunschkinder. Im Übrigen sind Kinder aus lieblosen Familien oft kleiner als Kinder aus warmherzigen Familien, sodass diese klein gebliebenen Kinder, wenn sie ins Krankenhaus aufgenommen werden müssen, durch die liebevolle Zuwendung der Krankenschwestern anfangen zu wachsen. Ohne viel Wärme und Liebe aufgezogene Kleinkinder (und Tiere) sind stresslabil und damit krankheitsanfällig. Bei vollkommenem Liebesentzug kann es sogar zu einem langsamen Sterben kommen.

Die alltäglichen Lieblosigkeiten beispielsweise in Form von Hass, Neid, Missgunst und aggressivem Ehrgeiz oder Klatsch, Mobbing, Spott, Boshaftigkeit, Abwertungen sind krank machende Risikofaktoren vor allem für das Herz. Wir können außerdem einander nicht wirklich lieben, wenn wir die perfekte berufliche Karriere oder das makellos »gestylte« Heim höher bewerten als den häuslichen Frieden, wie es in manchen Familien gang und gäbe ist. Konflikte sind dann vorprogrammiert.

Wer wenig Reserven an Liebe hat, befindet sich schnell auf einem allgemeinen Konfrontationskurs. So gibt es Menschen, die niemals einem Streit aus dem Weg gehen können, weil ihr Liebesreservoir – ihre Geduld – gleich null ist. Und wie nicht anders zu erwarten, fehlt es ihnen auch an Gesundheit. Sie sind neurotisiert.

Auch hinter Verwöhnung kann ein Liebesdefizit stecken – in dem Sinn, dass das Verwöhnen nur ein Vernachlässigen kaschiert. Wenn dieses Verwöhnen über die ganze Kindheit andauert, wird das Kind zur Untüchtigkeit verzogen – mit unter Umständen gefährlichen Spätfolgen sowohl für den Heranwachsenden als auch für die Gemeinschaft.

Nachteilig kann sich auch jede anklammernde Liebe auswirken. So kann oft eine Mutter ihr Kind nicht loslassen. Sie neigt dazu, ihren Sprössling regelrecht zu verschlingen, sodass ihm kein anderer Ausweg bleibt, als frühzeitig von zu Hause zu flüchten. Ähnliches passiert in manchen Ehen. Zulassen und Loslassen gehören zu jeder Beziehung zwischen zwei Menschen. Eine tief sitzende Angst ist oft die Ursache für ein solches Klammern, denn Angst blockiert die Liebe und verhindert das Reifwerden.

Liebesmangel-Krankheiten

Erst durch die Liebe wird ein Mensch liebenswert und liebenswürdig. Und vor allem gilt: Erst durch reife Liebe wird man gesund und erlangt Selbstwertgefühl.

Achtung, Treue, Herzlichkeit, Freude, Zuneigung und Liebe sind das Fundament jeder gesunden menschlichen Entwicklung. Haben diese Bausteine im Kleinkindalter gefehlt, müssen sie mit viel Aufwand ausgeglichen werden. Wo beispielsweise Kinder nicht mehr mit Liebe gestillt werden, muss oft der Staat später stillen; die Folgen der oralen Süchte verlangen Behandlung. Verschiedene Suchtformen sind nicht selten Sehnsucht nach Liebe. Zu den Liebesmangel-Krankheiten kann man die meisten der verschiedenen Suchtformen zählen:

- von der Esssucht bis zur Fettsucht
- von gelegentlichen Heißhungeranfällen bis zur unkontrollierbaren Bulimie

- von der noch kontrollierbaren Naschsucht bis zum Zwang zu naschen
- vom regelmäßigen Trinken bis zur echten Trunksucht
- vom quälenden Schlankheitsideal bis zur gefährlichen Magersucht
- vom einmaligen Ladendiebstahl bis zur deutlich ausgeprägten Kleptomanie
- von der Genussgier bis zur selbstzerstörerischen Genusssucht
- vom übertriebenen Angeben bis zur unerträglichen Protzsucht
- von der noch beherrschbaren erotischen Begierde bis zur unstillbaren Sexsucht
- vom Geiz bis zur Habsucht

Zu den Süchten zählen zum Beispiel auch Selbstverletzungssucht, Spielsucht, Sammelsucht, Geldsucht, Erlebnissucht, Putzsucht, Prunksucht, Ruhmsucht, Eifersucht, Streitsucht, Arbeitssucht, Kaufsucht. Jedes Suchtverhalten beginnt unauffällig und eskaliert dann. Von der noch kontrollierbaren Begierde, mit der sich jeder von uns auseinander setzen muss, bis zur krankhaften Sucht ist es manchmal nur ein Schritt.

Der Psychoanalytiker und Kulturphilosoph Erich Fromm konstatierte, dass wir trotz unserer tief verwurzelten Sehnsucht nach Liebe fast alle anderen Dinge für wichtiger halten als sie. Wir stellen Erfolg, Prestige, Macht, Geld über die Liebe. »Beinahe unsere ganze Energie brauchen wir dazu, um zu lernen, wie man diese Ziele erreicht, und fast nichts verwenden wir, um die Kunst des Liebens zu erlernen«, beklagt Fromm.

Ein Beispiel aus dem Alltag: Ein Lkw-Fahrer hatte schon drei Herzinfarkte überstanden. Jetzt war sein Hauptsymptom eine erhebliche Schlafstörung, und bei jeder Gelegenheit schimpfte er auf »die« Ärzte. Es wurde ihm geraten, sich mit Hilfe seiner Gedankenkraft mit den Ärzten zu versöhnen, indem er sich vor dem Einschlafen den Vorsatz geben sollte: *»Ich liebe Gott und die Welt, ich liebe mich und die anderen. Ich bin voller Liebe.«*

In der Nacht darauf schlief er seit langer Zeit wieder einmal gut. Aber in der zweiten Nacht kam sein alter Adam erneut durch, und am folgenden Morgen erklärte er: »Das ist zu anstrengend, ich muss die Ärzte einfach hassen.«

Viele Menschen ziehen es vor, lieber zu sterben, als sich zu ändern. Unversöhnlicher Hass wird im Volksmund zu Recht als tödlich bezeichnet. Letztlich schlägt er aber auf den Urheber zurück und trifft nicht die Zielperson. Unser Abwehrsystem kann durch abgrundtiefen Hass zusammenbrechen. Krankheiten und Tod sind die Folge, denn Hass blockiert und tötet etwas in uns. Liebe hingegen wirkt heilend.

Ein Priester wurde nach einem Herzinfarkt zur Rehabilitation in eine Herzklinik verlegt. Er konnte nur wenige hundert Meter gehen. Auf einem Spaziergang vertiefte er sich mit einem anderen Patienten immer mehr in ein religiös-philosophisches Gespräch, sodass beide Zeit und Raum und ihre Behinderungen völlig vergaßen – und sich erst nach mehreren Kilometern im Nachbarort wieder bewusst wurden, wie sehr das Feuer der Begeisterung sie gepackt und mitgerissen hatte.

Seinen Herzinfarkt hatte der Priester vor allem bekommen, weil er seinen Gemeindemitgliedern zu jeder Tages- und Nachtzeit mit Rat und Tat beistand und dabei seine eigenen Körperbedürfnisse und -signale nicht wahrgenommen hatte. Wir sollen aber uns nicht weniger lieben als die Nächsten. Natürlich kann der oben genannte Vorsatz auch ihm helfen – neben einem Gebet um Sensibilisierung für die Bedürfnisse seines eigenen »Tempels«.

Ein anderes Beispiel: Ein Klinikarzt fragte einen Kollegen um Rat, was er tun könne. Sein vorgesetzter Oberarzt, mit dem er sich überhaupt nicht verstand, versuche ihn zu unterdrücken und verhindere seine Habilitationsarbeit. Jetzt plagte er sich permanent mit Kopfschmerzen herum. Es wurde ihm geraten, abends vor dem Schlafengehen und morgens vor Dienstantritt zu visualisieren, dass er dauernd von einer weißen und »liebevollen« Lichthülle umgeben sei, durch die nur Positives nach innen und nach außen treten könne. Zusätzlich sollte er sich immer wieder den oben genannten Vorsatz geben. Seine Schmerzen waren schnell verschwunden, inzwischen hat er sich auch habilitiert.

Reflexionen

Woher sind wir geboren? – Aus Lieb'.
Wie wären wir verloren? – Ohn' Lieb'.
Was hilft uns überwinden? – Die Lieb'.
Kann man auch Liebe finden? – Durch Lieb'.
Was läßt nicht lange weinen? – Die Lieb'.
Was soll uns stets vereinen? – Die Lieb'.

(Goethe)

Angst vertreiben

Angst begleitet uns von der Geburt bis zum Tod. Sie kann sich automatisch einstellen, wenn wir falsch denken und handeln, wenn wir uns überfordert fühlen oder wenn wir unsere Grenzen missachten. Sobald wir uns von Gott als unserer Bestimmung entfernen, entzweien wir uns mit unserem Selbst. Angst vor dem Leben zieht Unglück magisch an, Krankheiten können sich einstellen. Liebe dagegen mildert unsere Angst.

Ob Privat- oder Berufsleben – alle Lebensaspekte können uns Angst einflößen. Angstvolle Menschen finden immer etwas, um das sie fürchten können. »Ich mache mir Sorgen, dass …« oder »Ich sorge mich über …« – solche Formulierungen machen die Egozentrik dieser Menschen deutlich. Sie ängstigen sich auch um Dinge, die gar nicht ihrem Einfluss unterliegen.

Angst kann wohlbegründet und ein Schutz sein. Doch viele Ängste sind meist grundlos und wirken schwächend. Phobie nennen wir die abnorme Furcht vor allem möglichen Getier, vor der Dunkelheit und Enge zum Beispiel einer Tunneldurchfahrt, vor großen Höhen oder weiten Plätzen.

Der ängstliche Mensch sucht seinen Liebesmangel auf die verschiedenste Weise auszugleichen. Er findet jedoch nicht zu sich selbst und fühlt sich deshalb niemals ganz sicher. Oft wehrt er sich gegen die Unsicherheit, indem er alles übergenau ausführt. Er kann seine Angst nicht zugeben, als hätte er Jesu Satz »in der Welt habt ihr Angst« noch nie gehört, geschweige denn verarbeitet. In bestimmten Situationen haben wir alle Angst und Furcht, aber entscheidend ist, sich zu fragen, ob die Angst mich hat. Dann ist Angst eine Einschränkung der Lebensqualität.

Reflexionen

»Wenn Liebe vorhanden ist, wird das Unmögliche möglich.« *(Indisches Sprichwort)*

»Die größte Vergeudung unseres Lebens besteht in der nicht gegebenen Liebe.« *(Elsa Brändström)*

»Liebe ist die höchste Seligkeit des Menschen, die er erreichen kann.« *(Tagore)*

Liebevoller werden

Das Leben ist eine Lehrzeit zur Selbstliebe. Eine Reihe von Fragen müssen wir uns dazu beantworten:

- Will ich wirklich den schwierigen Pfad in Richtung Liebe einschlagen? Oder will ich so weitermachen wie bisher?
- Will ich meine Ängste über Bord werfen und ein (angst-) freier Mensch werden? Ist mir der zu erwartende innere Frieden diese Bemühungen wert?
- Tauge ich für das fortwährende Geben und Schenken von Liebe?
- Schaffe ich es, die »Fehler« meiner Umgebung nicht mehr zu bekritteln? Schaffe ich es, nur das Gute in den anderen zu sehen und meine wertenden Urteile zu unterlassen?
- Gelingt es mir, bei Streitigkeiten sofort zu verzeihen und zu vergeben? Kann ich auf Schuldzuweisungen verzichten?

Wer so viel Mut aufbringt, sich konsequent in Richtung Liebe zu orientieren, der sollte sich jeden Abend Rechenschaft darüber ablegen, in welchen Situationen er schon erfolgreich war und bei welchen Gelegenheiten er rückfällig geworden ist. Erst wenn wir in allem stets das Gute bemerken, kann sich unsere Welt ändern.

Wir können unserem Ziel, liebevoller zu werden, auf verschiedene Weise näher kommen, zum Beispiel durch Gebete: *Großer Gott, im Namen von Jesus Christus bitte ich um die Gnade, dass du mich unterstützt in meinen Bemühungen, liebevoller zu werden. Verzeih mir meine Schwächen. Ich danke dir für deine Hilfe.*

Sich Vorsätze zu geben kann ebenfalls etwas bewirken: *»Ich bin voller Liebe.«* Wiederholen Sie diesen Vorsatz möglichst häufig, zum Beispiel bei jeder Wartepause, abends vor dem

Einschlafen, aber vor allem morgens beim Start in den Tag. Gehen Sie systematisch vor, am besten in komparativer Form, das heißt, Sie steigern den Vorsatz.

»Ich bin ganz Liebe.« (einfache Form)

»Ich bin voller Liebe.« (gesteigerte Form)

»Ich bin stets und überall voller Liebe.« (höchste Form)

»Ich liebe – Ich bin voller Liebe – Jede Zelle meines Körpers, jeder Gedanke ist von Impulsen der Liebe durchströmt.«

Beobachten Sie sich selbst: Ihre Reaktionen, Ihren körperlichen Zustand: Ändert sich etwas? Lebt es sich nicht etwas leichter?

Unterstützen Sie Ihr Vorhaben durch entspanntes Lächeln. Lächeln ist Zeichen für liebevolles Verständnis.

Seien Sie über Rückschläge nicht enttäuscht; sie werden bestimmt auftreten. Das darf Sie aber nicht davon abhalten, immer wieder von neuem zu beginnen. Vielleicht haben Sie mein Buch *Allein über den Ozean* gelesen. Darin beschreibe ich, wie mir unter anderen die beiden Vorsätze *»Ich schaffe es«* und *»Nicht aufgeben«* auf wunderbare Weise geholfen haben. Viele Menschen geben sich im Leben geistige Schubkraft durch Vorsätze.

Was uns widerfährt, wird auch durch unser unbestimmtes und widerspruchsvolles Denken und Wünschen mitbestimmt. Darum geben wir uns Vorsätze wie: *»Ich denke nur Gutes und Liebevolles. Nur Gutes und Liebevolles kann zu mir gelangen. Nur Gutes und Liebevolles geht von mir aus.«*

Durch liebevolles Denken und Handeln bauen wir uns ein friedliches Zuhause ohne Albträume.

Trost und Inspiration – das Beispiel Helen Keller

Das bemerkenswerte Leben von Helen Keller und Anne Sullivan, zwei starke Frauen, die jeden Tag von neuem Mut fassen und kämpfen mussten, hat mich seit meiner Jugend fasziniert.

Durch eine schwere Gehirnkrankheit hatte 1881 die anderthalbjährige Helen Keller ihr Gehör und Augenlicht verloren. Binnen kurzem schien sie zu verblöden, zeigte Wutausbrüche und eine herausfordernde Aggressivität. Ihre verzweifelten Eltern fanden »zufällig« die 21-jährige Anne Sullivan als Hauslehrerin für die inzwischen siebenjährige Helen.

Anne Sullivan war selbst einige Jahre lang blind gewesen und zeichnete sich durch eine beispielhafte Geduld, tiefes Einfühlungsvermögen und eine bewundernswerte Zielstrebigkeit aus. Doch Helen verhielt sich ihr gegenüber wie eine Furie und widersetzte sich allen noch so gut gemeinten Erziehungsversuchen. Schließlich kam Anne Sullivan auf die Idee, mit der kleinen »Bestie« in das leer stehende Gartenhaus der Familie zu ziehen, wo es ihr in monatelanger Arbeit gelang, Zugang zu dem Kind zu finden und ihm Folgsamkeit beizubringen.

Was auch immer die Lehrerin Helen mitteilen wollte, es konnte nur mit dem Finger-Abc der Taubstummen in die Handfläche buchstabiert werden. Helen musste dann ihrerseits die Antwort in die Handfläche von Anne Sullivan buchstabieren. Es dauerte Wochen, ehe Helen begriff, dass alle Dinge einen Namen haben. Doch dann war ihr Ehrgeiz geweckt. Sie lernte schnell.

Anne Sullivan achtete auch auf das Training der körperlichen Fähigkeiten. So lernte Helen stricken, häkeln, wandern, rudern, schwimmen, ja sogar segeln.

Mit neun Jahren war Helen psychisch erfreulich ausgeglichen. In einem Brief schrieb sie: »Ich kann die lieblichen Dinge nicht mit meinen Augen sehen, aber mein Geist kann sie alle sehen, und so bin ich den ganzen Tag fröhlich.«

Mit zehn Jahren lernte sie zu sprechen. Dazu musste sie die eine Hand auf die Lippen und die andere auf den Kehlkopf von Miss Sullivan legen. Durch unermüdliches Üben erzielte sie Fortschritte, sodass sie mit sechzehn Jahren in ein Mädchengymnasium aufgenommen werden konnte. Während des Unterrichts saß Anne Sullivan neben Helen und buchstabierte ihr die Ausführungen der Lehrer in die Handfläche.

Als Sechzehnjährige hielt Helen eine Ansprache an junge Taubstumme, die ihre Worte von ihren Lippen ablasen: »Seid guten Muts! Denkt nicht an die Fehlschläge von heute, sondern an den Erfolg von morgen.«

Wegen ihrer Fröhlichkeit war Helen an Schule und Universität beliebt. Einmal musste sie »Liebe« definieren: »Mein Gott, das ist doch leicht, es ist das, was jeder für jeden andern empfindet.«

Helen Keller hat zahlreiche Bücher geschrieben und sich vor allem für die Blindenfürsorge eingesetzt. In dem Buch *Optimismus* beschrieb sie ihre Lebenssicht: »Die meisten Menschen bemessen ihr Glück nach physischem Wohlbehagen und materiellem Besitz. Wäre das Glück so zu bemessen, dann hätte ich, die ich weder sehen noch hören kann, allen Grund, händeringend abseits zu sitzen und zu weinen. Wenn ich nun trotz meiner Gebrechen glücklich bin, wenn trotzdem mein Glücksgefühl so tief verwurzelt ist, kurz, wenn ich eine Optimistin bin, so ist mein Zeugnis für den Optimismus wohl wert, gehört zu werden.«

Helen Keller und Anne Sullivan haben unglaubliche Schwierigkeiten überwunden – wie müssen sie das Leben geliebt haben! Jede kann uns auf ihre Art in vieler Hinsicht Anstöße für unser eigenes Leben geben. Helen Keller lebte uns vor, dass, wer nach Vervollkommnung strebt, sich selbst lieben lernen und reife Liebe erfahren haben muss.

Hand aufs Herz

Prüfen Sie doch einmal, wie Sie selbst mit dem Thema Liebe umgehen. Fragen Sie sich:

- Rege ich mich auf, wenn über das Thema Liebe gesprochen wird?
- Werde ich emotional, wenn ich von Angehörigen bedrängt werde, dieses oder jenes zu tun?
- Wehre ich ab, wenn jemand mir helfen oder mir danken will?
- Fällt es mir schwer, in anderen Menschen zuerst einmal das Gute zu sehen?
- Versuche ich zu fliehen, sobald Schwierigkeiten auftauchen?
- Gehen meine Bedürfnisse mehr in Richtung Vergnügen und Zerstreuung als in Richtung Lebenstiefe?
- Bin ich auf andere Menschen neidisch oder eifersüchtig?
- Versuche ich in Stresssituationen meinen Frust auf Schwächere abzuschieben? Lasse ich meinen Frust an der Natur aus?
- Bleibe ich auch dann noch gelassen, wenn mich jemand attackiert?
- Kann ich liebevoll sein, auch wenn mich jemand beleidigt hat? Kann ich gute Miene zu einem bösen Spiel machen?
- Interessiere ich mich wirklich für das Wohlbefinden meines Partners oder meiner Partnerin?

- Gebe ich meinem Partner, meiner Partnerin täglich zu verstehen: »Wie schön, dass es dich gibt«?
- Schaffe ich es, mir meine Fehlerhaftigkeit einzugestehen? (Gott hat uns so gewollt; fehlerlose Menschen gibt es nicht.)

Guten Gewissens werden Sie wohl kaum behaupten können, dass Sie all diese Schwächen überwunden haben. Sie würden dann mit Sicherheit einen Heiligenschein tragen. Also bemühen Sie sich weiter.

Doch vergessen Sie dabei Ihren Humor nicht. Humor kann zuweilen eine lebensrettende Tugend sein. Der beste Umgang mit sich selbst und mit seinen Krankheiten ist der Humor, das heitere Über-der-Sache-Stehen, die immer wieder zur Versöhnung bereite Gelassenheit. Im Gegensatz zum Witz können Liebe und Humor nicht wehtun. Humor entspannt eine Situation ebenso wie einen Menschen. Er schont und befreit, eröffnet und erschließt; er wirkt immer therapeutisch. »Der Humor ist das Lächeln Gottes« (René Descartes).

Übungen zur dritten Lektion

Zweite komparative Entspannungsübung

Wirkung: Entspannung der Blutgefäße. Vertiefung der bisher erreichten Entspannung (siehe auch die erste Entspannungsübung, Seite 108f.), Wärmeübung.

Übung: Sie üben im Sitzen (Pharaonenhaltung; siehe auch die allgemeinen Hinweise auf Seite 109). Die verschiedenen Formeln verwirklichen Sie denkend in der Vorstellung.

- Sammlung: *»Ich bin ruhig – Ich bin ganz ruhig – Ich bin vollkommen ruhig und gelassen.«*

- Übungsformel: *»Ich bin entspannt – Ich bin ganz entspannt – Ich bin vollkommen entspannt. Arbeitsarm schwer – schwer – ganz schwer.«* (ein- bis zweimal wiederholen)
- Vertiefung: *»Ich bin ruhig – Ich bin ganz ruhig – Ich bin vollkommen ruhig und gelassen.«*
- Übungsformel: *»Meine verlängerte Ausatmung fließt in die Handinnenfläche* (des Arbeitsarmes) *– strömend warm – strömend warm – strömend warm.«* (vier- bis sechsmal wiederholen)
- Vertiefung: *»Ich bin ruhig – Ich bin ganz ruhig – Ich bin vollkommen ruhig und entspannt.«*
- Generalisierung: *»Ich spüre die Eigenschwere in den Armen – in den Beinen – im Schulter-Nacken-Bereich. Ich fühle die Eigenwärme in Händen, wenn ich dorthin ausatme. Ich fühle die Eigenwärme in Armen und Beinen – Mein ganzer Körper ist entspannt und angenehm warm.«* (zwei- bis dreimal wiederholen)
- Vorsätze: *»Ich ruhe in meiner Mitte – Ich fühle mich ganz wohl in meiner Haut – Ich vertraue meinem guten Schicksal – Ich bin voller Liebe – Ich bin ganz Liebe und Freude.«*
- Abschluss mit Vorsatz: *»Ich bleibe vollkommen ruhig, gelassen und heiter und mache immer so weiter.«*

Zurücknahme: Recken, strecken, dehnen und gähnen.

Dauer: etwa 4 bis 6 Minuten.

Beachten Sie: Der Wortlaut kann jeweils geändert werden. Die erste und die zweite komparative Entspannungsübung (Schwere- und Wärmeübung) haben eine starke Wirkung. Bei Spannungskopfschmerzen und Migräne können sie Linderung bringen, vor allem wenn die Hände dabei auch deutlich wärmer werden. Die Übungsdauer kann dann auch 15 bis 45 Minuten betragen.

Loslassen und Vergessen

Wirkung: Wir alle schleppen sehr viele negative Urteile, Meinungen oder Erinnerungen mit uns herum. In Stresssituationen können sie ungewollt wieder an die Oberfläche kommen, obwohl wir uns doch so sehr bemühen, in Frieden zu leben. Diese meditative Übung hilft, dieses Negative und Schmerzen loszulassen und zu mehr Gelassenheit zu finden.

Übung: Sie sitzen (Pharaonensitz) oder liegen. Sie entspannen sich und stellen sich vor, dass Sie alles Negative, das Sie in einer bestimmten Situation belastet, auf ein Blatt Papier schreiben. In der Vorstellung werfen Sie das Blatt dann hoch in den Wind, um es loszulassen und zu vergessen.

Übungsbeispiel: Sie müssen sich beruflich oder privat einer kritischen Aussprache stellen. Dazu schreiben Sie *in der Vorstellung* all die Dinge auf einen Zettel, die Sie von einem normalen oder liebevollen Umgang mit der Person abhielten.

Dann stellen Sie sich vor, dass Sie auf einen Berg gehen. Dort weht ein kräftiger Wind. Mit den Worten »Auf Nimmerwiedersehen, adieu« lassen Sie den Zettel aus Ihrer erhobenen Hand vom Wind fortreißen.

Sie erinnern sich daran, dass Jesus die Menschen aufgefordert hat, ihm alle Sorgen zu übertragen. Erleichtert blicken Sie dem Zettel nach. Sie spüren die Befreiung und Entlastung. Frei und mutig und voller Freude lassen Sie sich dann wie ein Vogel oder Drachenflieger vom Wind nach unten tragen.

Zurücknahme: Recken, strecken, dehnen und gähnen.

Dauer: etwa 7 bis 10 Minuten.

Atemübung gegen leichte Ängste

Wirkung: Befreiung von leichten Ängsten. Wo Angst war, wird Liebe einfließen.

Übung: Sie suchen sich in der Vorstellung Ihr eigenes schönes Plätzchen der Ruhe und kontrollieren, ob Sie locker und entspannt sitzen oder liegen. Nichts kann dort Ihre Ruhe stören.

Sie sehen sich in Ihrer Vorstellung eingehüllt in ein warmes (Heil-) Licht der Liebe und genießen es, wie von außen die Wärme der Liebe Sie durchdringt.

Sie beginnen mit der Atemübung von Seite 59ff., bis die Entspannungssymptome der Schwere in Armen und Beinen sowie der Wärme in Händen und Füßen eintreten. Von innen heraus mobilisieren Sie die Kraft der Liebe, indem Sie wiederholt mit der Ein- und Ausatmung bestimmte Vorsätze oder Affirmationen verknüpfen:

- Einatmung: *»Ich bin voller Liebe.«*
- Ausatmung: *»Ängste (strömen) raus – Ich bin und bleibe vollkommen ruhig und gelassen.«* Oder: *»Ich atme meine Ängste aus – Ich bin voller Vertrauen – Ich bin vollkommen ruhig und gelassen.«*
- Pause: Nichts denken, bis dann wieder automatisch die Einatmung mit dem Vorsatz *»Ich bin voller Liebe«* erfolgt usw.

Zurücknahme: Recken, strecken, dehnen und gähnen.

Dauer: etwa 2 bis 3 Minuten, mehrfach am Tag wiederholen.

Gebete

◆ *»Großer Gott, du bist mein Hirte und ewiger Begleiter. Du stillst mein Verlangen, du begleitest mich auf allen Pfaden. Muss ich auch wandern durch finstere Gegenden, ich fürchte kein Unheil, denn du bist mit mir. Ich danke dir für alles.«* (In Anlehnung an

Psalm 23, der sich in den verschiedensten Situationen als angstlösend bewährt hat. Darüber hinaus erhalten durch das Sprechen oder Singen des Gebets ein leicht erhöhter Blutdruck, die Blutgerinnungszeit und andere Parameter für kurze Zeit Impulse in Richtung Normalität.)

- *»Herr, gib mir die Kraft, daß ich nicht suche, geliebt zu werden, sondern von Herzen die anderen liebe. Denn indem ich gebe, empfange ich, indem ich mich vergesse, finde ich mich.«* Und: *»Herr, mach mich zum Werkzeug deines Friedens: daß ich Liebe übe, wo man sich haßt, daß ich verzeihe, wo man sich beleidigt, daß ich die Wahrheit sage, wo der Irrtum herrscht, daß ich dein Licht anzünde, wo die Finsternis regiert, daß ich Freude mache, wo der Kummer wohnt.«* (Franz von Assisi)
- *»Im Namen von Jesus Christus bitte ich dich um die Gnade, dass sich alles Negative in mir in echte Liebe verwandelt. Ich bin und bleibe voller Liebe. Ich danke dir.«* (Oder eine ähnliche Formulierung wählen.)
- *»Herr, Gott, ich danke dir, dass ich gesund bin und dass alles gut ist.«* (Unser wichtigstes Gebet für Gesundheit.)

Vierte Lektion
Gebete

Beten, nur eine Methode?

Bevor sie sich in ihren Wagen setzen, stellen sich viele Autofahrer geistig darauf ein, dass sie am Zielort – zum Beispiel im Stadtzentrum – eine Parkmöglichkeit finden werden. Unterwegs denken sie außerdem mehrfach an die avisierte Parklücke. Und was geschieht? Sie bekommen, wie von Geisterhand vorbereitet, einen Parkplatz. Einen solchen Effekt kann man durch zielgerichtetes Visualisieren oder durch Beten erreichen – das behaupten zumindest die, die es schon hundertfach mit Erfolg angewendet haben.

Einige Menschen sehen das Beten lediglich als eine Methode an. Das Beten ist jedoch keine mentale Technik, sondern ein respektvolles Gespräch mit dem Schöpfer, dessen Gegenwart in Gestalt von Jesus wir uns beim Beten vorstellen können. Die zugrunde liegende innere Einstellung ist geprägt von ehrfürchtiger und vertrauensvoller Hingabe. Damit unterscheidet sich ein Gebet grundlegend von einer Methode wie der Vorsatzgebung oder der Visualisierung. Alle Völker und Kulturen zeigen bei ihren Gebeten diese Hochachtung vor dem Göttlichen, die aus tiefster Seele kommt.

Im Gebet suchen wir Gott, nicht uns selbst. Das heißt, wir sind dabei auch still und schaffen so die Möglichkeit einer Antwort. »Als mein Gebet immer andächtiger und innerlicher wurde, da hatte ich immer weniger und weniger zu sagen. Zuletzt wurde ich ganz still. Ich wurde, was womöglich noch ein größerer Gegensatz zum Reden ist, ein Hörer. Ich meinte erst, Beten sei Reden. Ich lernte aber, dass Beten nicht bloß Schweigen ist, sondern Hören. So ist es: Beten heißt nicht, sich selbst reden hören. Beten heißt, still werden und still sein und warten, bis der Betende hört«, schrieb der Philosoph Sören Kierkegaard.

Wir verehren Gott also auch durch Schweigen. Dennoch können wir methodisch beten: geordnet, systematisch und regelmäßig. Sobald wir daraus aber eine quasireligiöse Praktik machen, setzen wir das Beten zu einer magischen Methode, zu einer negativen Gesundbeterei herab.

Beim Thema Beten gibt es Berührungspunkte zwischen Religion und Therapie, sodass sich orthodoxe Vertreter beider Seiten immer wieder einmal zu einem Aufruf veranlasst sehen, man solle doch beides säuberlich trennen. In der Tiefe ist eine solche scharfe Trennung jedoch nicht möglich, denn letztlich steht hinter allem der Schöpfer.

Nur durch göttliche Gnade können Gebete erhört werden und damit »Erfolg« haben. Entspannungstechniken dagegen wirken durch unsere eigenen Bemühungen – so heißt es. Da es sich aber um geistige Methoden handelt, wäre es immerhin möglich, dass der Schöpfer uns hierbei unterstützt, nach dem Motto: »Zuerst sich selbst bemühen, dann unterstützt dich Gott.« Wer könnte sich darüber jedoch letztlich ein Urteil erlauben? Wohl kaum jene Hand voll Christen, die argumentieren, dass wir uns bei den Entspannungsmethoden und beim Yoga selbst erlösen wollten, dieses aber nur Gott zustehe. Deswegen lehnen sie die Praxis der Entspannungstechniken ab. Nun sind aber einige Theologen auch Pioniere auf dem Gebiet der Entspannungsmethoden gewesen. Man kann die Argumente für den Einsatz von Entspannungstechniken auch folgendermaßen auf den Punkt bringen: Der Schöpfer hat uns mit ein wenig Verstand gesegnet. Es ist deshalb nicht einzusehen, warum wir diesen nicht für etwas mehr Gesundheit – ein göttliches und von Jesus unterstütztes Ziel – einsetzen dürfen.

Nach einer Befragung durch Wissenschaftler der Harvard Medical School in Boston aus dem Jahr 1993 steht in den USA das Beten bei den unkonventionellen Heilmethoden an zweiter Stelle – hinter der Arbeit und vor den Entspannungstechniken. Aber Beten ist keine selbstständige Heilmethode, sondern immer nur eine die Therapie ergänzende Anwendung, die man vor allem denen empfehlen kann, die an seine positive Wirkung fest glauben.

Jedes Gebet wird gehört

Gott hat immer Sprechstunde; seine Praxis ist durchgehend geöffnet. Er hilft dem aufrichtigen Beter, der in Not ist. Aber erkennen wir seine Hilfe auch? Wir sind uns selten sicher, ob unsere Gebete erhört wurden. Weniger dringliche Gebete erfüllt Gott manchmal, aber oft nicht wortgetreu. In der Regel lässt seine Hilfe auf sich warten. Vielleicht will Gott uns ja damit prüfen. So fragt David: »Wie lange noch, Herr, vergisst du mich ganz?« (Psalmen 13,2)

»Alles, was ihr gläubig und im Gebet erbittet, werdet ihr empfangen«, verspricht Christus. Aber was wir für uns selbst erledigen können, das wird Gott bestimmt nicht für uns tun.

Dafür, wie Gott antwortet oder sich offenbart, gibt es keine Regeln. Gottes Geist kann ein Gefühl der Sicherheit, ein Sich-geführt-Wissen vermitteln. Aber wir können auch ein mulmiges Gefühl bekommen, dass etwas nicht gut enden könnte.

Als ich nach dem Zweiten Weltkrieg in Genua zu meinem ersten Versuch der Atlantiküberquerung im Faltboot startete, verspürte ich auf den ersten kurzen Etappen stets ein ungutes Gefühl. Natürlich hatte ich mich vorher innerlich gefragt: »Komme ich heil an? Ist die Fahrt gerechtfertigt, oder ist sie eine Versuchung?« Eine innere Sicherheit wollte sich einfach nicht einstellen, sodass ich mich schließlich – etwas enttäuscht von mir selbst – zur Umkehr entschloss. In der darauf folgenden Nacht träumte ich, wie zwei schwarz gekleidete Männer einen leeren Sarg davontrugen. »Alles hat seine Zeit …«

Gefühle und Eingebungen sollten wir beachten. Leider können wir uns jedoch auch täuschen. Irren ist menschlich. Also Vorsicht vor übereilten Schlüssen. Zum Glück haben wir allerdings in der Regel genügend Zeit, unseren Verstand für uns arbeiten zu lassen.

Selbstverständlich wird jedes Gebet, auch ein unvollkommenes, gehört. Die Erhörung unserer Gebete bleibt jedoch immer eine Gnade, die wir nicht durch Wohlverhalten oder durch eine Geldspende einfordern können. Ein »gutes Gefühl« ist meist alles, was wir erwarten dürfen. Gott denkt außerdem nicht kurzfristig nur von heute auf morgen, sondern er hat unseren vollständigen Lebensplan im Auge. Was aus unserer beschränkten Perspektive im Augenblick die Lösung zu sein scheint, kann uns – von höherer Warte betrachtet – schaden. Vielleicht hat Gott etwas Besseres mit uns vor. Eine alte Weisheit besagt: »Wen die Götter strafen wollen, dem gewähren sie seine Wünsche.«

Die unmittelbare Erfüllung einer dringlichen Bitte ist zwar jederzeit möglich, aber fassen wir uns lieber in Geduld, wenn wir das nächste Mal Gott um Hilfe bitten. Auch Jesus musste einen Kelch leeren, der ihm nicht schmeckte. Der Apostel Paulus erlebte gleichfalls eine Ernüchterung. Er litt an einer chronischen Schmerzkrankheit (möglicherweise eine Rheumakrankheit) und suchte Hilfe im Gebet. Im zweiten Korintherbrief schreibt er: »Auch wurde mir ein Dorn ins Fleisch gedrückt, als ein Satansbote, der mich verprügeln soll, damit ich nicht abhebe … Dreimal habe ich den Herrn angefleht, dass dieser Bote von mir lassen soll. Aber der Herr hat mir geantwortet: An meiner Gnade hast du genug. Denn die Kraft wird gerade in der Schwachheit vollkommen.«

Es gibt Fälle – auch in der Bibel wird darüber berichtet –, dass verzweifelte Menschen in ihrer Not sogar Gott im Gebet angriffen. Manchmal verschaffte ihnen das Erleichterung. Krankheiten haben wir uns jedoch zum Teil selbst eingebrockt. Warum sollte Gott dann nicht unseren Willen respektieren, die Krankheit bestehen lassen und nur Linderung schenken oder nur unsere Widerstandskräfte stärken?

Beten lernen

Der Mensch ist schwach und in nahezu allen Bereichen mit vielen Mängeln behaftet, deshalb ist er auf Hilfe angewiesen. Beten liegt in des Menschen Natur. Es ist Ausdruck der Grundhaltung des Homo religiosus. Wem dieser tief in uns verankerte Impuls noch fremd ist, der überlege sich, ob ihm das Beten nicht ein ehrliches Bedürfnis werden kann, weil es immer und sofort hilft – durch einen Zuwachs an Ruhe, Kraft und Zuversicht.

Galileo Galilei hielt vom Beten nicht viel. Als er jedoch einmal krank wurde, unternahm er eine Wallfahrt. Eines Tages betete er: »Herr, Gott, ich bitte dich, erleuchte meinen Geist, sodass ich etwas ganz Großes erfinden kann, was das menschliche Wissen erweitert.« Offenbar wurde er erhört: Galilei gelang nach mancherlei Bemühungen die Erfindung des Fernrohrs.

Auch jeder lautere Wunsch kann wie ein Gebet erhört werden. Während meiner Atlantiküberquerung hatte ich nur einen einzigen Wunsch: »Lass alles werden gut.« Dieses Sichhingeben führte zu einem besonders starken Kraftzuwachs.

Wie ein Mantra habe ich dieses Gebet intuitiv im Sturm stundenlang in allen möglichen Sprachen und Variationen gedacht, gesungen, gesprochen, um bei mir selbst zu Hause zu sein, um in meiner Mitte zu bleiben und um den Eintritt von Stress erzeugenden Gedanken und Gefühlen (Angst) in mein Haus, meinen Körper, zu verwehren. Das bedeutete auch, dass ich meinen Glauben an eine heile Ankunft bewahren konnte; Befürchtungen wurde der Zugang versperrt. Auch als ich kenterte, fanden sie keinen Einlass. Anders ausgedrückt heißt das: Ziel ist, von der Ich-Ebene in die Tiefen des Selbst zu gelangen, wo ewiger Frieden herrscht und wo es einen festen Ankergrund gibt. Kinder pfeifen in ähnlichen Situationen intuitiv, um nicht von ihren Ängsten überwältigt zu werden. Zumal beruhigt das langsame Ausatmen beim Pfeifen/Singen zusätzlich. In vergleichbaren Situationen beruhigen sich andere oder bleiben konzentriert, indem sie stets nur eine Zeile oder einen Vers vor sich hin summen.

Der sicherste Nutzen unseres Betens besteht darin, dass wir uns selbst etwas besänftigen. Wer tief und konzentriert betet, kann zudem in sich selbst eine überwältigende Freude aufsteigen fühlen. Diese Empfindung des Einsseins ist ein flüchtiges Gipfelerlebnis, ein Gnadenbeweis. Wer glaubens- und vertrauensvoll betet, dem hilft das Gebet, und Gott richtet ihn auf.

Beten lernt man, indem man es tut – und sich regelmäßig dafür Zeit nimmt:

- Gut formulierte Worte bringen nicht mehr Gnade als gestammelte. Gott ist kein zensierender Oberlehrer, sondern er belohnt unsere Aufrichtigkeit.
- Gemeinsam beten ist optimal (»Wo zwei unter euch eins werden auf Erden, worum sie bitten wollen, das soll ihnen widerfahren von meinem Vater im Himmel«). In kleinen

Gruppen oder in der Familie beten kann auch die Freundschaft oder den Zusammenhalt festigen.

- Das Gebet gewinnt an Kraft, wenn Sie sich vorstellen, Christus sei gegenwärtig.
- Beten schließt das Akzeptieren auch solcher Entscheidungen Gottes ein, die scheinbar im Widerspruch zu Ihren eigenen aktuellen Wünschen stehen. Solange in einem Gebet das »Dein Wille geschehe« nicht erkennbar ist, scheinen Sie manchmal Ihre Gebete selbst zu blockieren.
- Der göttliche Geist ist das Gute in uns, er macht den Menschen heilig. Sehen Sie ihn daher als getreuen Freund, mit dem Sie Ihre Situation oder Ihre Probleme besprechen. Versuchen Sie jedoch nicht, Gott zum Komplizen für selbstsüchtige Vorhaben zu machen.
- Beten Sie spontan in einer Notlage. Es ist durchaus ein Zeichen für das Göttliche in uns, wenn wir uns in der Not einer höheren Macht erinnern.
- Lassen Sie die Vorstellung los, Ihre Krankheit sei die verdiente Strafe für Ihre »Sünden«. Ihr Gewissen mag Sie strafen, aber Gott hilft Ihnen, wenn Sie ehrlich bereuen – davon müssen Sie allerdings überzeugt sein.
- Zusätzliche religiöse Inhalte können Vorsätze gebetsähnlich machen: *»Ich bin jung und gesund – durch deine Hilfe«* oder *»Alles ist gut, mit dir bin ich jung und gesund – dank dir.«* (Ihre inneren Einstellungen verstärken Vorsätze.)
- Verzweifeln Sie nicht, wenn während des Betens immer wieder einmal verschiedene Gedanken durch Ihren Kopf schießen, obwohl Sie sich um Konzentration bemühen. Akzeptieren Sie diese Zeichen Ihres rastlos tätigen Verstandes, ohne emotional zu reagieren. Zulassen der Gedanken und sofortige Rückbesinnung auf Ihr Anliegen sind die Lösung.

- Gott zu hören verlangt Zeit. Statt pausenlos plappernd das Wort an ihn zu richten, sollten Sie so weise sein, auch auf seine Antwort zu warten. Lauschen Sie, bevor Sie mit einem »Amen« oder »Dank dir« wieder in die Alltagshetze zurückkehren.
- Beten Sie mit geteilter Aufmerksamkeit: einerseits mit Konzentration auf das Gebet und andererseits mit einem Lauschen auf das, was die leise innere Stimme Ihnen zu sagen hat. Sensibilisieren Sie sich für diese göttliche innere Stimme; sie kann sehr leicht mit der Stimme des Ego verwechselt werden.

Gebete können zwar keine Naturgesetze auf den Kopf stellen, aber sie können unter Umständen Gott zur Gnade bewegen. Wenn wir allerdings tief in unserem Innern infolge von Widerständen, Abwehrmechanismen oder eines wenig ausgeprägten Glaubens zweifeln, dann sabotieren wir unsere eigenen Bemühungen.

Die Wirkung des Betens

Beten heißt, den »Stromkreis« zwischen uns selbst und Gott zu schließen, sodass uns etwas von seinem Frieden und seiner Kraft zufließt. Allein das Einfließen seiner Kraft ist eine von Gottes Antworten auf unsere Gebete. Die daraus folgenden psychosomatischen Wirkungen des Betens sind vielgestaltig. Übliche körperliche Symptome der Entspannung können auftreten wie Wärme und Leichtigkeit oder psychische wie Ruhe und Erwartungsfreude. Der Wissenschaftler und Nobelpreisträger Alexis Carrel schreibt dazu: »Das Gebet ist eine ebenso wirkliche Kraft wie die Schwerkraft. Als Arzt habe ich gesehen, wie Menschen, bei denen alle Heilmittel versagt haben, durch die stille Kraft des Gebetes aus Krankheit und Schwermut herausgehoben wurden. Nur im Gebet erreichen wir jene völlige und harmonische Dreieinheit von Körper, Geist und Seele, die dem gebrechlichen Menschen seine unerschütterliche Stärke verleiht.«

Durch die Hinwendung zu Gott im Gebet werden wir vom Ego abgelenkt, was Stressabbau bewirkt. Verschiedene vegetative Regelkreise wie Herzschlag oder Atmung erhalten Impulse in Richtung Harmonisierung. Wissenschaftliche Studien haben erbracht, dass Menschen, die abends beten, besser schlafen als Nichtbeter, weil das Sichhingeben zu einer Beruhigung des Organismus führt. Angstträume treten seltener auf. Beten in Kombination mit Fasten (unter fachkundiger Anleitung) hat eine besonders starke Heilwirkung.

Noch während des Betens belohnt uns Gott mit mehr Ruhe, Energie, Hoffnung, Zuversicht und Vertrauen, nicht zuletzt auch mit Mut. Milliarden von Menschen erleben diese Hilfe täglich. Man muss sich schon durch eine falsche Einstellung völlig blockieren, um diese oder die folgenden psychosomatischen Rückwirkungen nicht zu spüren:

- Mehr innerer Friede stellt sich ein. Friede ist tiefer als Ruhe.
- Der Glaube wird gestärkt. Der Beter wird oder bleibt bescheiden.
- Das Selbstwertgefühl kann sich steigern. Das Selbstvertrauen wird gestärkt. (Was der Boxer Mohammed Ali durch seinen oft wiederholten Vorsatz »Ich bin der Größte« erreichte, schaffte der Wunderläufer Nurmi genauso durch Beten. Man betet nicht um den Sieg, sondern um eine gute Leistung.)
- Es kommt zu einem Kraftzuwachs. Beten ist ein Sichlösen, ein Abstandnehmen von Ängsten und Verspannungen.

- Die Gesundheit wird gefördert und stabilisiert, vor allem wenn regelmäßig gebetet wird. Kranke, die beten, benötigen weniger Medikamente und werden schneller gesund als vergleichbare Kranke, die nicht beten.
- Ängste werden abgebaut. Wer betet oder singt, kann nicht zur gleichen Zeit Angst haben.
- Es kommt zu einer Konzentration auf das Wesentliche. Leichte Schmerzen verschwinden, weil man sich von ihnen abwendet.
- Wer sich durch Bekennen seiner »Sünden« harmonisiert hat, gerät unter Umständen in einen Zustand, in dem ihm Worte zufließen und in dem er geführt wird.

Der Diplomchemiker und spätere Pfarrer Franklin Loehr gehörte zu den Wissenschaftlern, die die Wirkung von Gebeten untersuchten. Nach jahrelangem Experimentieren und Hunderten von Versuchen und Gegenkontrollen stellte sein Team verschiedene Ergebnisse der Öffentlichkeit vor. So zeigte sich, dass Getreide besser gedieh, wenn es mit Wasser, über dem Gebete gesprochen waren, gegossen wurde. Pflanzensamen, die man »bebetet« hatte, keimten üppiger als gewöhnliche Samen. Wenn man Pflanzen mit den Händen segnete, steigerte sich die Wirkung des Betens auf die Pflanzen. (Ist es bei uns Menschen etwa anders?) Wenn man sich beim Beten das Wachstum der Pflanze bildlich vorstellte, wurde ihr Gedeihen zusätzlich gefördert. Auch stellte man fest, dass lautes Beten wirksamer ist als ein nur in Gedanken gesprochenes Gebet.

Die Wirksamkeit des Betens ist in frühen Zeiten allgemein bekannt gewesen, so hat der Arzt und Philosoph Paracelsus, als er über die Naturbeseelung schrieb, festgestellt: »Auch die Rüben sollen größer werden, wenn man während des Säens sie beschwört, dass sie zu unserem und der Familie sowie der Nachbarn Nutzen wohl gedeihen möchten.«

In unserer Zeit haben zahlreiche Nachprüfungen vergleichbare Ergebnisse erzielt. Auch in anderem Zusammenhang erwies sich das Beten als Hilfe. So ließ der Arzt M. Krucoff von der amerikanischen Duke-Universität herzkranke Patienten auch mit Gebeten »behandeln«. Er hatte seine Patienten in fünf Gruppen eingeteilt, die jeweils eine andere Therapie bekamen: eine Imaginations-, Berührungs-, Entspannungs-, Standard- oder Gebetstherapie. Die eindeutig besten Behandlungsergebnisse zeigten sich bei der Patientengruppe, für die »nur« gebetet wurde, und zwar von Gläubigen verschiedenster Religionen, die gar nicht vor Ort, sondern verstreut in fernen Ländern lebten. Da alle 150 Patienten während des Aufenthaltes im Krankenhaus an ein kompliziertes Überwachungssystem angeschlossen waren, mit dem die verschiedensten Daten laufend kontrolliert wurden, gibt es keine Zweifel an der Wissenschaftlichkeit dieses Experiments. Wir können daraus den Schluss ziehen, dass eine Person Gesundheitsimpulse bekommt, wenn wir konzentriert für sie beten – gleichgültig, wo sie sich gerade befindet.

Bei einem anderen Experiment beteten im australischen Sydney 11 000 Menschen für Kranke, worauf es zu etwa 200 »Heilungswundern« kam.

Das Gebet ist also ein Gesundheitsfaktor ersten Ranges. Aus ihm können wir meist spürbare, aber auch unterschwellig wirkende heilkräftige Impulse empfangen. Doch bitte beachten Sie: Bei unklaren Symptomen oder einer medizinisch nicht genau abgesicherten Diagnose dürfen Sie sich nicht in falscher Sicherheit wiegen und monatelang auf Heilung durch Gebete hoffen. Niemals sollten Sie sich bei Krankheiten allein auf das Gebet verlassen. Bleiben Sie bei all den in diesem

Buch vorgeschlagenen Anwendungen verantwortungsvoll, und folgen Sie den Hinweisen Ihres Arztes oder Ihrer Ärztin.

Reflexionen

»Das gemeinsame Gebet entbindet uns nicht vom persönlichen Beten. Eins trägt das andere. Nehmen wir uns jeden Tag einen Augenblick, um unsere Verbindung mit Jesus Christus zu vertiefen.« *(Regel der Ordensgemeinschaft von Taizé)*

»Tu, was du kannst, und bete um das, was du nicht kannst, so wird Gott dir geben, dass du es kannst.« *(Augustinus)*

»Das Gebet ist unsere größte Kraftquelle, aber unsere Fähigkeit zu beten, ist kläglich unterentwickelt.« Und: »Wenn Sie sich angewöhnen, aufrichtig zu beten, wird Ihr Leben sich merklich und tiefgreifend ändern. Das Gebet ist die wichtigste Form der Energie, die man erzeugen kann.« *(Alexis Carrel)*

»Das edelste Gebet ist, wenn der Beter sich in das, vor dem er kniet, verwandelt inniglich.« *(Angelus Silesius)*

»Man soll nicht beten, dass das Leid (nicht die Krankheit) ein Ende nehme. Denn wenn das Leid aufhört, hört auch das Leben auf.« *(Lebensweisheit aus Israel)*

Das Bittgebet

Das Bittgebet ist eine sehr verbreitete Form des Gebets. Es ist eine zutiefst menschliche Reaktion auf die gewaltige Natur, in der wir uns so unendlich schwach vorkommen. Bei Bittgebeten ist zu beachten:

- Bemühen Sie sich zu Beginn des Betens um die richtige Einstellung. Folgen Sie dazu der Aufforderung von Jesus, vor dem Beten Ihren »Feinden« zu vergeben. Sie sollten ohne latente negative Gefühle beten. Schaffen Sie also inneren Frieden, indem Sie sich versöhnlich zeigen und vergeben. Negative Gefühle sollten aufgearbeitet und in positive Gefühle umgewandelt werden.

- Im Gebet sollten Sie auf Christus zentriert sein, denn »wenn ihr in mir bleibt und wenn meine Worte in euch bleiben, dann bittet um alles, was ihr wollt: Ihr werdet es erhalten« (Johannes 15,7). Sie dürfen Bitten im Namen Jesu vorbringen. Manche Intellektuelle glauben im Beten einen Ausdruck einer kindlichen Projektion zu sehen. Im Einzelfall mag das zutreffen, doch wollen wir nicht das letzte Urteil darüber lieber dem Schöpfer überlassen?
- Zudem müssen Sie sich selbst einbringen, denn Gott hilft dem, der fest überzeugt ist, dass er von ihm Hilfe bekommt, der selbst mitarbeitet und der sich im Voraus schon auf die Gesundung freut.
- Sie sollten außerdem fest davon überzeugt sein, dass alles, was mit Ihnen geschieht, zu Ihrem Besten ist, auch wenn Sie manchmal etwas anderes erwartet haben.
- Es reicht aus – selbst bei einem Bittgebet –, wenn Sie lediglich Ihre Beschwerden nennen und für Hilfe danken, zum Beispiel: *»Mein rechter Fuß schmerzt, ich danke dir, dass du mir hilfst. Alles ist gut – dank dir.«*
- Wenn Sie meinen, dass Sie es gar nicht schaffen, sich zu konzentrieren, können Sie sich mit einem Stoßgebet begnügen, zum Beispiel: *»Herr Jesus Christus, hilf mir.«*
- Schweigen Sie besser über Ihre Gebete um Heilung oder um Stärkung der Gesundheit. Selbst wenn sie zum Alltag eines religiösen Lebens gehören, sollte man sie nicht zerreden.
- Bitten Sie nicht um Dinge, die Sie selbst erledigen können. Bitten Sie vielmehr darum, dass diese Vorhaben Ihnen gut gelingen mögen.

- Schließen Sie andere Menschen in Ihr Gebet ein.
- Obwohl Gott Ihre Situation besser kennt als Sie selbst, so will er doch mit klarem Kopf und Ziel gebeten sein. Sie können sich Ihre Wünsche und Bitten auch bildhaft vorstellen.
- Schalten Sie vom Verstand auf das Herz um. Beten Sie mit dem Herzen, kindhaft, das heißt: Der ganze Organismus bittet voller Vertrauen.
- Bleiben Sie im Beten beharrlich. Beharrlichkeit kann Gnade nach sich ziehen.
- Preisen und loben Sie Gott im Gebet, denn er ist der Schöpfer des Universums, das absolute Gute. Wir können immer nur auf seine Gnade hoffen.

Als ein Bauer sein Haus bauen ließ, wies er den Zimmermann an, die Regel des Benedikt von Nursia *»Ora et labora«* (»Bete und arbeite«) über das Scheunentor einzuschnitzen. Doch beim Schnitzen unterlief dem Handwerker ein Fehler, und so prangte »Ora etla bora« an der Scheune. Jedesmal wenn ich in meiner Jugendzeit an dem stattlichen Gebäude vorbeikam, schaute ich mir den Spruch fasziniert an, als ob jemand in der Zwischenzeit die Silbe richtig platziert haben könnte.

Dieser Fehler wird Gott am allerwenigsten gestört haben. So stelle ich mir auch vor, dass die Wortwahl beim Beten, die uns so wichtig erscheinen mag, für Gottes Ohr unerheblich ist. Ihm kommt es auf unseren Glauben, auf unser ehrliches Bemühen an, und das erkennt er besser als wir selbst.

Man kann jedoch auch zu viel beten, sodass die eigene Aktivität und Bewertung der Realität leiden können. Wer viel betet, ist nicht automatisch fromm. Feste Betzeiten im Verlauf des Tages können hingegen einen Rahmen bilden, der für manche von Vorteil ist.

Besondere Gebetsformen

Die Unterschiedlichkeit der Gebete in den einzelnen christlichen Kirchen und in den verschiedenen Weltreligionen spielt vom Blickpunkt der Psychosomatik eine geringe Rolle. Der Glaube oder – für Christen – die vorgestellte Anwesenheit von Christus kann selbstverständlich bei jedem Gebet zu einer Intensivierung der psychosomatischen Wirkungen führen.

Das Dankgebet

»Seid allezeit fröhlich, betet ohne Unterlaß, seid dankbar in allen Dingen, denn das ist der Wille Gottes in Christus Jesus an euch«, fordert der Apostel Paulus. Danken wird belohnt mit der Kraft des Herrn. »Beten können heißt zuerst, danken können, und viele kommen nie in die rechte Gebetsgemeinschaft mit Ihm, weil sie nicht mit dem Danken anfangen«, erkannte Albert Schweitzer.

Wir können aus Gehorsam danken, aber auch aus dem Bewusstsein unserer Gemeinschaft mit Gott heraus. Erst im Alter durchschauen wir, dass Gott doch alles »unter Kontrolle« hat und dass jegliches Danken viel Kraft in uns freisetzt: »Herr, ich danke dir, dass heute die Dinge nicht so gelaufen sind, wie ich wollte, sondern wie du wolltest.« (Filippo Neri)

Wir danken meist spontan aus Freude. »Du bist ein Engel«, »Sie führt ein guter Stern hierher« oder einfach nur »Wunderbar, dieses Wetter« – das sind Dankesworte, die andere erfreuen und uns Gesundheitsimpulse schenken. Allein durch Loben und Danken sind zahlreiche Menschen wieder gesund geworden. Wenn wir unser Leiden annehmen, kommt es zu einer deutlichen Erleichterung und Befreiung durch Entspannung, ähnlich wie beim Danken.

Fürbitte und Dankgebet: *»Herr, ich danke dir, dass alles gut ist. Im Namen Jesu Christi danke ich dir, dass ich gesund bin. Amen.«*

Das Wort Amen ist eine Affirmation, ein Bekräftigungswort, das dem Gebet Kraft und Gewicht verleiht.

Das Vaterunser

Die Jünger baten Jesus: »Herr, lehre uns beten«, worauf Jesus sie das Vaterunser lehrte, das immer noch wichtigste Gebet der Christenheit. In Situationen der Angst kann es von Vorteil sein, es schnell zu sprechen, um sich selbst zu beruhigen und um dem Zweifel keine Chance zu geben, in uns einzudringen. Eine Verminderung der Angst durch Konzentration auf das Vaterunser ist eine Wirkung, die bei jedem eintritt.

Wer sich erinnert, dass das Vaterunser ein göttliches Geschenk ist, der wird voller Ehrfurcht in sich ein deutliches psychosomatisches Echo auf das Gebet verspüren. Stets bedarf es vor dem Beten einer inneren Sammlung.

Das Herzensgebet

Vor allem in der russischen Ostkirche hat sich das Herzensgebet verbreitet, das früher von einfachen Leuten gern gesprochen wurde. Angerufen wird unaufhörlich der Erlöser: *»Herr Jesus Christus, Sohn des lebendigen Gottes, erbarme dich unser (meiner)«* oder abgewandelt: *»Herr Jesus Christus, Sohn Gottes, sei mir armem Sünder gnädig«* – bis der Beter schließlich in einen Zustand der Meditation gerät. Mystisch Veranlagte sind davon überzeugt, dass kraft ihrer Vorstellung und der Gnade diese heiligen Worte bei ihnen das Gefühl der Anwesenheit von Christus hervorrufen.

Die Anrufung kann bei längerer Praxis im Takt des Herzschlages geschehen. Ebenso kann das Herzensgebet in verschiedener Weise mit der Atmung gekoppelt werden. Diese

Einbeziehung des Körpers kann für die Gesundheit Vorteile haben. Die psychosomatischen Auswirkungen sind ein spürbarer Gewinn an innerem Frieden, an Gelassenheit, Zuversicht und Lebensenergie.

Kirchenlieder als gesungene Gebete

Es gibt einzigartige Kirchenlieder, die im Grunde genommen gesungene Gebete der Gemeinde sind und die bei kundiger Zusammenstellung noch stärker auf den Organismus einwirken als gewöhnliche Gemeindegebete. Wer diese Lieder konzentriert mitsingt, den werden Schauer überkommen – von Freude bis zu Freudentränen, von Seligkeit bis zur Glückseligkeit, von Begeisterung bis zu echtem Enthusiasmus.

Diese Art sehnsüchtigen Singens ist von den Hindus besonders kultiviert worden. Das melodische Summen der heiligen Silbe OM als Konzentrations- und Meditationspunkt wird inzwischen auch bei uns praktiziert.

Beten im Heilgottesdienst

Es gibt vor allem in den USA besonders intensive, charismatische Gottesdienste, die meist ökumenische Heilgottesdienste sind. Ihre Form ist von dem jeweiligen Geistlichen geprägt. Durch gemeinsames Beten, rhythmisches Klatschen, Singen, Zwischenrufe usw. wird im Gottesdienst eine emotionale Erwartungshaltung erzeugt, auf deren Boden regelmäßig auch wundersame Heilungen geschehen.

Stille und Schweigen als mystisches Gebet

In der Stille sind wir Gott nahe, denn die Stille gibt Kraft, Lärm dagegen raubt Lebenskraft. Wir unterschätzen oft die regenerierende Wirkung der Stille und des Alleinseins, die zur Besinnung und zum Neuanfang führen können und die unsere Selbstfindung unterstützen. Nicht umsonst suchte Jesus verschiedentlich die Stille und das Alleinsein, sei es in der Wüste oder auf einem Berg.

In der Regel von Taizé heißt es dazu: »Zu diesem Zwiegespräch mit Jesus Christus bedarf es dieser Stille; wenn du ihm nicht ständig alles anvertraust, wenn du zu ihm nicht sprichst mit der Einfalt eines Kindes, wie willst du denn in dir die Ordnung wiederherstellen, wo du von Natur unruhig bist oder selbstzufrieden?«

Wenn man sich nach der Weisung christlicher Mystiker wie Meister Eckehart im eigenen Wesensgrund versenkt, um die Einheit mit dem Göttlichen zu entdecken, dann handelt es sich meist um eine wort- und bildlose Form des Betens, in der Einheitserlebnisse oder Einheitserfahrungen blitzartig mit einem Gefühl von Seligkeit aufleuchten können.

Gönnen Sie sich die Zeit der Stille, Ihre Gesundheit profitiert mit Sicherheit auf ganzheitliche Weise davon.

Meditation als Gebet

Es gibt unzählige Meditationsformen, zum Beispiel die Kreuzweg- und die Vaterunser-Meditation. Der Begriff Meditation stammt von dem lateinischen *meditari*, das in seiner aktiven Form mit »Ich denke nach« übersetzt werden kann, in der passiven mit »Ich werde nachgedacht«.

Die Meditation umfasst also aktive und passive Elemente. Der Meditierende nimmt sich beispielsweise vor, eine einsam auf einem Berg gelegene Kapelle zu besuchen, um dort seine Meditation betend fortzusetzen. Dieses Ziel ist der aktive Anteil. Wenn in der Kapelle dann während des Betens unbeeinflusst Bilder auftauchen, ist damit der passive Anteil gemeint, durch den die Meditation erst richtig geglückt ist.

Spontane meditative Bilder der verschiedensten Art können

während des konzentrierten Betens erscheinen, vor allem wenn wir sie erwarten. Oft sind sie ungewöhnlich helfend und ermutigend. Die Philosophin Simone Weil sah beispielsweise, während sie das Vaterunser betete, verschiedentlich Jesus neben sich.

Es gibt aber auch die kontemplative Form, zum Beispiel in der freien Natur über religiöse oder andere Probleme nachdenken. Dabei lässt man alle Gedankenblitze zu und verfolgt sie durchaus. Man genießt dabei den freien, aber dennoch mehr oder weniger zielgerichteten Fluss seiner Gedanken. Dichter wie Goethe und Philosophen wie die Stoiker haben sich dieser Art von wertvollem Brainstorming bedient, um Kräfte zu sammeln und vom universalen Geist inspiriert zu werden.

Gebet um Vergebung

Täglich werden wir schuldig. Ob man sich ihrer bewusst ist oder ob man sie verdrängt hat – Schuld belastet und betrübt uns. Mehr noch: Sie kann sogar erst nach vielen Jahren Krankheiten auslösen, die schwer zu behandeln sind. Wer im Gebet seine Reue in Worte fasst oder wer beichtet, erfährt Befreiung von dieser Last der Seele, zum Beispiel: *»Herr, verzeih mir meine Schwächen, vergib mir meine Schuld, hilf mir, dass ich mich bessere. Dank dir.«*

Segenswünsche

Segenswünsche sind eine Art von Stoßgebet. Bewusst zu sagen: »Einen guten Morgen wünsch ich dir«, das schenkt uns mehr Lebenskraft als ein dahingeworfenes »Hallo«.

Ein echter Segenswunsch ist das »Hals- und Beinbruch« oder »Mast- und Schotbruch«, denn »Bruch« leitet sich ab vom hebräischen »Baruch« (Segen).

Segenswünsche für Kinder und Erwachsene können zum

Beispiel lauten: *»Möge dich immer ein guter (Schutz-) Engel begleiten.«* Oder: *»Mögest du in jeder Situation unter Gottes Schutz stehen.«* Oder: *»Möge dir der Wind stets von achtern kommen.«* Oder: *»Möge das kommende Jahr besonders glücklich für dich sein.«*

Beten in Gefahr

Eddie Rickenbacher, der bekannteste amerikanische Held des Ersten Weltkrieges, hatte das tägliche Beten als Kleinkind auf dem Schoß seiner Mutter gelernt und sein Leben lang beibehalten. Im Zweiten Weltkrieg musste sein Flugzeug mitten im Südatlantik notwassern; die Besatzung konnte sich auf drei kleine Schlauchboote verteilen. Siebzehn Tage waren die Soldaten dann der tropischen Sonne ausgesetzt; sie litten unter Hitze, Hunger und Durst. In kritischen Situationen sprach Rickenbacher mit lauter Stimme Gebete. Als sie wieder einmal kein Trinkwasser hatten, betete er: »Gott, sorge für uns. Gib uns zu essen und zu trinken, und hilf uns, dass wir gefunden werden.« Und Gott sorgte für sie: Eine Möwe setzte sich auf den Kopf von Rickenbacher, und Wolken, die schon über sie hinweg gezogen waren, kehrten gegen die Windrichtung zurück und regneten über ihnen ab. Als jemand von der Crew betete, Gott möge ihn sterben lassen, stoppte ihn Rickenbacher vehement und forderte: »Nimm das zurück! Bete, dass die Hilfe schnell kommt, aber erspare Gott dein Gejammer!«

Beten kann auch vor spannungsgeladenen Situationen ganz überraschende Wirkungen nach sich ziehen: Vor einem schwierigen Gespräch werden die Emotionen von beiden Gesprächspartnern besänftigt; vor Reisen können Ängste abgebaut werden. Vorsichtige und vorausschauende Christen beten zu Beginn all ihrer Vorhaben. Gott verspricht auch uns: »Ich bin mit dir, ich behüte dich, wohin du auch gehst ... ich verlasse dich nicht.« (Genesis 28,15) Ich selbst bin mehrfach durch blitzartige Eingebungen vor kritischen Situationen, Tod und Überfall gewarnt worden, sodass ich Umwege gehen oder Abwehrmaßnahmen einleiten konnte.

In akuten Gefahrensituationen hat der Notruf *»Herr Jesus Christus, hilf«*, *»Herr, hilf mir«* oder *»Herr Jesus Christus, gib mir Mut«* manchem zu mehr Ruhe verholfen. Im Lukas-Evangelium heißt es: »Wer den Namen Christi anruft, wird errettet werden.«

Ein Beispiel: Eine attraktive junge Frau wurde in einem Park von zwei Burschen überfallen, als sie in der Dämmerung vom Schlittschuhlaufen nach Hause ging. Sie wehrte sich verzweifelt und rief in Gedanken: »Jesus, hilf mir!« Plötzlich liefen die Übeltäter weg. Die Frau ging zur Polizei, die tatsächlich die beiden Burschen schnappte. In der Vernehmung wurden sie gefragt, warum sie weggelaufen seien. »Wir haben eine weiße Gestalt gesehen«, antworteten sie. Es war eine »Lichtgestalt« (Engel) gewesen. Der »Notruf« hatte im Übrigen auch die Großmutter der jungen Frau erreicht, die fühlte, dass sich ihre Enkeltochter in Gefahr befand. Sofort faltete sie die Hände und betete für ihre Enkelin. Es war das Beste, was sie unter diesen Umständen tun konnte.

Auch in gefährlichen Situationen kann allein das Wort »Jesus« dem Beter die Angst nehmen oder Menschen mit bösen Absichten von ihrem Vorhaben abbringen.

Gebete

- *»Ich will bei der Wahrheit bleiben. Ich will mich keiner Ungerechtigkeit beugen. Ich will frei sein von Furcht. Ich will keine Gewalt anwenden. Ich will guten Willens sein gegen jedermann.«* (Mahatma Gandhi)

- *»Großer Geist, hilf mir, dass ich niemanden richte, ehe ich nicht einen halben Mond lang in seinen Mokassins gegangen bin.«* (Indianisches Gebet)
- *»Mögen alle Wesen glücklich sein, frei von Sorge, Krankheit und Schmerz.«* (Buddhistische Fürbitte)
- *»Gott, gib mir die Kraft, die Dinge anzupacken, die zu ändern sind. Gib mir die Gelassenheit, die Dinge hinzunehmen und anzunehmen, die nicht zu ändern sind. Gib mir die Einsicht, das eine von dem anderen zu unterscheiden.«* (Friedrich Christoph Oetinger)
- *Hilf mir, dass ich meine Talente auch lebe und entfalte.*
- *Herr, mein Gott, ich danke dir, dass alles gut ist. Du bist in uns, deine göttliche Gesundheit, deine göttliche Liebe und Weisheit sind auch in mir. Im Namen von Jesus Christus bitte ich dich um die Gnade, dass sie sich in mir und in uns allen ausbreiten – dir zu Ehren. Ich danke dir für alles.*
- *Herr Jesus Christus, du hast freiwillig die Last unserer Sünden und Leiden/Krankheiten auf dich genommen. Ich danke dir, dass ich von meiner Last befreit wurde. Durch dich bin ich frei; dein ewiger Lebensstrom macht mich jung und gesund.*
- *»Mein Herr und mein Gott, nimm alles von mir, was mich hindert zu dir. Mein Herr und mein Gott, gib alles mir, was mich führt zu dir. Mein Herr und mein Gott, o nimm mich mir und gib mich ganz zu eigen dir.«* (Nikolaus von der Flüe)
- *»Atme in mir, du Heiliger Geist, dass ich Heiliges denke. Treibe mich, du Heiliger Geist, dass ich Heiliges tue. Lenke mich, du Heiliger Geist, dass ich Heiliges liebe. Stärke mich, du Heiliger Geist, dass ich Heiliges hüte. Hüte mich, du Heiliger Geist, dass ich es nimmer verliere.«* (Augustinus)
- *»Großer Geist, dessen Stimme im Winde zu mir spricht und dessen Atem allem auf der Welt das Leben gibt, höre mich. Ich komme zu dir als eines deiner vielen, vielen Kinder. Schwach und*

klein bin ich. Ich brauche deine Stärke, deine Weisheit. Lass mich in Schönheit schreiten und lass meine Augen immer das Rot und den Purpur des Sonnenuntergangs schauen. Lass meine Hände mit Ehrfurcht die Dinge berühren, die du gemacht hast, schärfe mein Ohr, dass es deine Stimme hört. Mache mich weise, damit ich die Dinge erkenne, die du mein Volk gelehrt hast, damit ich die Lehren erfahre, die du verborgen hineingelegt hast in jedes Blatt, in jeden Fels. Ich suche Stärke, aber nicht um meinen Brüdern überlegen zu sein, sondern nur, damit ich meinen größten Feind bekämpfen kann – mich selbst. Mache mich immer bereit, damit ich zu dir kommen kann mit reinen Händen und klaren Augen, und damit ich ohne Scham vor dich hintreten kann, wenn meine Seele dahinschwindet wie der Glanz der untergehenden Sonne.« (Yellow Lark, Häuptling der Sioux)

- *»Herr, beschütze unsere Familie, die hier versammelt ist. Wir danken dir für diesen Platz, an dem wir wohnen, für die Liebe, die uns vereint, für den Frieden, den du uns täglich gewährst, für die Hoffnung, mit der wir das Morgen erwarten, für die Gesundheit, die Arbeit, die Nahrung und die klaren Himmel, mit denen du unsere Leben schön und glücklich machst. Wir danken dir für unsere Freunde in allen Teilen der Erde, für unsere freundlichen Helfer auf dieser Insel. Gib uns deine Gnade und die Kraft, in Geduld auszuharren, gib uns Mut, Freude und Frieden des Herzens. Erhalte uns unsere Freunde und stimme unsere Feinde versöhnlich; wenn es möglich ist, so segne uns in unseren arglosen Bemühungen. Ist es aber nicht möglich, so gib uns die Kraft, zu ertragen, was kommen wird, damit wir mutig in der Gefahr, beständig in Trübsal und Bedrängnis und gemäßigt sind in der Erregung und den Wechselfällen des Schicksals; bis an des Todes Pforte lass uns einander treu sein und in Liebe zueinander stehen. Amen.«* (Robert Louis Stevenson)
- *»Mit Gott fang an all deine Werke, alles, was du denkst und*

planst, in seinen Händen wird vollendet, was du nur ersehnen kannst.« (P. H. Stummer)

- *»Herr, zu dir erhebe ich meine Seele. Mein Gott, auf dich vertraue ich. Lass mich nicht scheitern, lass meine Feinde nicht triumphieren.«* (Psalmen 25,1–2)
- *Lieber Gott, pass weiter gut auf mich auf.*
- Beispiel eines Gebetes um Gesundheit für kranke Organe: *»Gesegnet sind meine Augen, die mir so lange treu geholfen haben. Ich hebe meine Augen auf zu dir, großer Gott. Von dir stammt vollkommenes Sehen. Lass mich auch weiterhin deine Werke erkennen und achten. Ich danke dir für deine Hilfe.«*
- Das wichtigste Gebet für Kranke und Leidende: *»Großer Gott, ich danke dir, dass ich gesund bin. Ich danke dir, dass alles gut ist. Ich vertrau auf dich.«*

Wunder

»Wer nicht an Wunder glaubt, ist kein Realist« – diesen provozierenden Satz hat Albert Einstein mehrfach zitiert. In unserem Zusammenhang könnten wir auch sagen: Wer nicht an Wunder glaubt, ist weder Christ noch Realist.

Augustinus erklärte: »Wunder geschehen nicht im Widerspruch zu den Naturgesetzen, sondern im Widerspruch zu dem, was wir von den Naturgesetzen wissen.« Dass wir im Leben immer wieder auf scheinbar Unerklärliches stoßen, habe auch ich in meinen Abenteuerjahren nahezu täglich erfahren dürfen.

Die Neigung, an Wunder zu glauben und auf sie zu hoffen, ist in uns angelegt. Es will in uns glauben – unter Umgehung des Verstandes. Im Koran heißt es: »Tor, siehst du nicht, dass Wunder über Wunder dich umgeben?«

In höchster Not glauben sehr viele an ein Wunder der Rettung. Als ich nachts mitten auf dem Atlantik bei steifen Winden kenterte und stundenlang auf dem glitschigen Boot lag, kam mir das Wort Wunder nicht in den Sinn, vielleicht weil ich wusste, dass ich das Boot wieder aufrichten konnte, wie ich es vor der Abfahrt geübt hatte. Ich habe immer felsenfest geglaubt, dass meine Atlantiküberquerung gut ausgehen würde. Vielleicht ist der feste Glaube auch ein Wunder. Für mich gilt der alte Satz: »Die Wunderkraft, die Wunder schafft, ist Gottes Licht, nicht jedoch ich.«

Etwa seit 1858 ist Lourdes eine Wallfahrtsstätte. Mehr als hundert Millionen Pilger haben bis heute dort für ihre Heilung gebetet. Und wie viele wurden wirklich gesund und heil? 1996 waren es 65 Kranke. Über sie existieren ausführliche, von unabhängigen Fachärzten und Theologen geprüfte Unterlagen. So erklärten sie im Fall der von Knochenkrebs geheilten Sizilianerin Delicia Cirolli: »Für die Heilung von D. C. gibt es keine medizinische Erklärung. Wir Ärzte sind zu der Auffassung gekommen, dass ein Wunder geschehen ist.«

Gewiss, es sind Unzählige durch die in Lourdes empfangenen Gesundheitsimpulse gesund geworden. Jedoch solche Fälle, in denen ein außergewöhnliches Erlebnis zur Gesundung beitrug, gibt es auch in jeder therapeutischen Praxis und in jedem Krankenhaus. Ob Schock oder eine Scheinmedizin, ob ein Verliebtsein oder ein Malheur, ob ein falsch verstandenes Wort oder eine nicht abgeschlossene Operation – alles kann zu einer von Ärzten nicht erwarteten Gesundung führen, und zwar wenn fest auf ein Gesundwerden gehofft und es zutiefst erwartet wurde.

Schade ist, dass so wenige Pfarrer zusammen mit erfahrenen Gemeindemitgliedern für ihre Schwerkranken beten. Manchmal lehnen sie es sogar schroff ab. Der Genfer Pfarrer

Bernhard Martin, der sich um »die Heilung der Kranken im Dienst der Kirche« (so lautet auch der Titel seines Buches) verdient gemacht hat, hält die Krankenheilung für eine unabdingbare Aufgabe der Gemeinde Jesu Christi. Hier und dort gibt es sie jedoch noch: So war bei einem Hamburger Pastor ein bösartiger Tumor im fortgeschrittenen Stadium diagnostiziert worden. Als der Patient aber auf dem Operationstisch lag, konnte der Operateur die Geschwulst nicht mehr entdecken. Die Gemeinde hatte in der Nacht zuvor für ihren Pastor gebetet. Nichts wirkt intensiver als das konzentrierte Gebet von mehreren aufrichtigen Menschen.

Reflexionen

»Die hoffnungsvolle und gläubige Erwartung ist eine wirkende Kraft, mit der wir streng genommen bei allen unseren Behandlungs- und Heilungsversuchen zu rechnen haben.« *(Sigmund Freud)*

»Das Wunder ist des Glaubens liebstes Kind.« *(Goethe)*

»Mache aus einfachen Dingen keine Wunder, sondern reduziere Wunder zu einfachen Dingen.« *(Roger Bacon)*

Gebet oder Vorsatzgebung?

Gebete begleiten uns idealerweise das gesamte Leben, in guten wie in schlechten Zeiten. Vorsätze dagegen sollen uns meist aus einer schlechten körperlichen und psychischen Verfassung helfen. Unser Glaube wird entscheiden, ob wir das Beten oder die Vorsatzgebung vorziehen.

Während das Gebet als Gespräch mit Gott definiert wurde, ist unter der Vorsatzgebung eher eine Leistung des eigenen Verstandes zu verstehen, um sich selbst zu helfen. Das konzentrierte Gebet ist wohl wirkungsvoller. Dennoch sollte man die Wirkung der Vorsatzgebung nicht gering achten, weil beide in der Tiefe wurzeln. Auch an Vorstellungen und Vorsatzgebungen muss man natürlich glauben. Alles entsteht in unserer Vorstellung, bevor es Tat wird.

Auf die gemeinsame Wurzel von Gebet und Vorsatzgebung bezieht sich auch die Aussage von Jesus: »Alles, worum ihr betet oder bittet – glaubt nur, dass ihr es schon erhalten habt, dann wird es euch zuteil.« (Markus 11,24) Wenn wir einen lauteren Wunsch haben, müssen wir so tun, als ob der Wunsch bereits erfüllt ist. Wünsche sind eine kraftvolle Antriebskraft – im Guten wie im Schlechten. Sie »sind Vorgefühle der Fähigkeiten, die in uns liegen« (Goethe). Wenn ich gesund werden möchte, sage ich mir also laut: *»Ich bin gesund.«* Weniger wirksam ist: »Ich werde gesund.«

Unser Organismus reagiert vorzugsweise auf Formulierungen, die einen Ist-Zustand beschreiben wie: *»Ich bin gesund.«* Das »Ich werde gesund« wird vom Organismus dagegen als eine unverbindliche Absichtserklärung aufgenommen, was in der Kinesiologie mit Hilfe von Muskeltests leicht nachzuprüfen ist. Bildhafte Vorstellungen im Sinn der Visualisierung können unsere Vorsätze verstärken.

Genauso wie Schüler und Lernende reagiert der Organismus darüber hinaus ablehnend auf den streng erhobenen Zeigefinger. Formulierungen im Befehlston wie »Streng dich mal ordentlich an!« wirken negativ. Der Organismus reagiert darauf mit einer Blockierung. Besser ist die Affirmation, die wir uns selbst geben: *»Ich kann es, ich weiß es. Gott gibt es, dann bleibt es.«*

Doch bei allem Gottvertrauen dürfen wir im Leben nicht fatalistisch abwarten. Wir müssen Gott entgegengehen und je nach Situation selbst etwas tun. In keinem Fall darf eine ärztliche Behandlung hinausgezögert oder abgebrochen werden, um sich allein mit Hilfe von Gebet, Vorsatzgebung und/oder Visualisierung zu »heilen«.

Für einen religiösen Vorsatz (oder ein Gebet) könnte man die Formulierung wählen: *»Ich bin gesund – Ich vertraue auf dich. Alles ist in deiner Ordnung. Deswegen bin und bleibe ich stets gesund – Dank dir.«*

Als Verstärkung kann man sich abschließend meinen Vorsatz von der Atlantiküberquerung im Faltboot sagen: *»Ich schaffe es.«* Dieser Vorsatz hat unendlich vielen Menschen geholfen, wie ich in den letzten gut vierzig Jahren immer wieder erfahren durfte. Zur Verstärkung können wir uns Gesundheit in humorvollen und fröhlichen Einzelheiten bildhaft vorstellen.

Werfen Sie eventuell vorhandene Missstimmungen aus Ihrem »Haus«, und holen Sie positive und heitere »Untermieter« herein. Uns bleibt doch gar nichts anderes übrig, als zu dem oft enttäuschenden Schauspiel, das wir Leben nennen, eine heitere Miene zu machen. Dass nicht alle Menschen diesen Sprung über den eigenen Schatten schaffen, sollte einleuchten. Doch versuchen kann man es in jedem Fall.

Da unser Organismus – wie schon erwähnt – keine Befehle mag und durch gedankliche Vorstellungen wie zum Beispiel »Versuch, dein Bestes zu geben!« mit Blockierungen reagieren kann, ist es immer vorteilhaft, wenn man sich in der Entspannung Vorsätze humorvoll gibt – genauso heiter und freundlich, wie wir zu einem Kind sprechen würden.

Wer tief im Innern gesund werden möchte, der sollte im Übrigen auf die Frage »Wie geht's?« stets nur mit »Gut« oder »Bestens« antworten und nicht, sich selbst sabotierend, alle seine Leiden aufzählen.

Für den Erfolg von Gebeten und Vorsätzen spielen zusätzlich die eigene Ausdauer eine Rolle, die richtige Technik (in der Entspannung trainieren), der richtige Zeitpunkt (vor allem die Zeit vor dem Einschlafen nutzen), die richtige Wortwahl (positiv, in Reimen, humorvoll, ungekünstelt, situationsgerecht, passend zur Person), wie ich es in meinen Büchern *Autogenes Training* und *Einfach entspannen* ausführlich beschrieben habe. Vorsätze werden täglich hundertfach heruntergeleiert, beim Beten dagegen ist das verpönt. Aber ernsthaftes, kontinuierliches Bemühen wird in jedem Fall belohnt.

Es hat Vorteile, sich die Vorsätze in der Steigerungsform zu geben: *»Mein Gedächtnis ist gut – Mein Gedächtnis ist von Tag zu Tag besser und besser – Mein Gedächtnis ist ganz hervorragend.«*

Die Wirkung wird geringfügig verstärkt, wenn wir anstelle von »ich« den eigenen Vornamen nennen.

Sich Vorsätze geben in der Praxis

- Akzeptieren Sie die Situation. Verkrampfen Sie sich nicht, indem Sie etwas bekämpfen. Sie würden unerwünschte Symptome nur verstärken.
- Analysieren Sie, wie es zu der Störung/Krankheit gekommen ist.
- Motivieren Sie sich, indem Sie das Ziel (zum Beispiel: mehr Gesundheit) visualisieren und sich in allen Einzelheiten als schon erreicht vorstellen.
- Formulieren Sie einen geeigneten Vorsatz (beachten Sie dabei das zuvor Gesagte).
- Geben Sie sich mehrmals täglich Ihre Vorsätze, jeweils etwa vier bis sechs Minuten lang.
- Halten Sie dieses Programm mindestens drei Wochen lang durch; erst dann können Sie mit Erfolgen rechnen. Bei starker Motivierung und in bestimmten Situationen können Sie jedoch auch sofort eine positive Wirkung erzielen.

Außerdem ist es beim Vorsatzgeben wichtig,

- an sich selbst zu glauben und von der Vorgehensweise und Methode überzeugt zu sein.
- unbeirrt von der Verwirklichung des Wunsches auszugehen und sie zu erwarten.
- sich zu konzentrieren und den Alltag loszulassen, dabei entspannt zu bleiben und mit passiver Aufmerksamkeit vorzugehen.
- vorzugsweise die Zeit vor dem Einschlafen zu nutzen, denn jetzt ist die Wirkung besonders gut.
- sich nicht selbst durch Stressreaktionen im Körper (durch Ärger, Frust, Zweifel, Unzufriedenheit, Wankelmütigkeit usw.) zu sabotieren.
- sich nicht von der Kritik anderer verunsichern lassen. Es empfiehlt sich daher, nicht mit jedem darüber zu sprechen.
- die verlängerte Ausatmung (PT-Atmung) zu nutzen, um sich die Vorsätze besonders tief einzuverleiben.
- sich Vorsätze auch bildhaft vorzustellen oder sie mit Bildern zu kombinieren.

Reflexionen

»Ein Vorsatz ist wie ein Aal: ihn fassen ist leichter, als ihn halten.« *(Volksmund)*

»Umändern kann sich niemand, bessern kann sich jeder.« *(E. von Feuchtersleben)*

»Der Geist des Menschen überwindet die Krankheit.« *(Sprichwörter 18,14)*

»Gott ist Geist, und alle, die ihn anbeten, müssen ihn im Geist und in der Wahrheit anbeten.« *(Johannes 4,24)*

Übungen zur vierten Lektion

Dritte komparative Entspannungsübung

Vorsätze sind Wünsche, Autosuggestionen, Affirmationen, Wahlsprüche, Ziele, die man sich täglich mehrfach in der Entspannung wiederholt. Für sie gilt der Satz: »Ohne Motivation keine Realisation.«

Vorsätze können aber auch zu Leitlinien werden, die den Alltag erleichtern, die Ihnen die richtige Richtung weisen und das Nachdenken ersparen, beispielsweise *»Ich bin ganz Liebe.«* Einen solchen Vorsatz müssen Sie sich ein Leben lang täglich mehrfach einverleiben und in den tieferen seelischen Schichten verankern, damit er Sie prägt und kennzeichnet. Ebenso verfahren Sie, wenn es um Ihre Gesundheit geht: *»Ich bin und bleibe ganz gesund.«*

Andere Vorsätze wie *»Morgen früh um sieben Uhr dreißig erwach' ich munter, frei und fleißig«* sagen Sie sich naturgemäß nur einige Male in der Einschlafphase.

Übung:

- Sammlung: *»Ich bin ruhig – Ich bin ganz ruhig – Ich bin vollkommen ruhig und gelassen.«*
- Übungsformel: *»Ich bin entspannt – Ich bin ganz entspannt – Ich bin vollkommen entspannt – Arm schwer – Arm ganz schwer.«* (etwa zweimal wiederholen)
- Vertiefung: *»Ich bin ruhig – Ich bin ganz ruhig – Ich bin vollkommen ruhig und gelassen.«*
- Übungsformel: *»Meine verlängerte Ausatmung fließt in die Handinnenfläche* (des Arbeitsarmes) *– strömend warm – strömend warm.«* (etwa zweimal wiederholen)
- Verstärkung: *»Meine verlängerte Ausatmung fließt in die Handinnenfläche* (des Arbeitsarmes) *– strömend warm –*

strömend warm. Ich bin vollkommen ruhig, entspannt und heiter.«

- Generalisierung: *»Ich spüre die angenehme Eigenschwere in Armen und Beinen – Ich fühle die strömende Eigenwärme in Händen und Füßen – Mein ganzer Körper ist entspannt und angenehm warm. Mein ganzer Körper ist wohlig warm. Ich lasse mich los und tauche in das Meer der Liebe.«* (etwa ein- bis zweimal wiederholen)
- Vorsätze: *»Ich fühle mich ganz wohl in meiner Haut. Heiter und gelassen ruhe ich in meiner Mitte.«* (Die Formulierung »Ich bin« gibt mehr Kraft:) *»Ich bin voller Liebe. Ich bin voller Vertrauen. Ich bin voller Dankbarkeit. Ich bin voller Glauben. Ich bin mutig.«* (Vorsätze mehrfach wiederholen, jeweils mit der verlängerten Ausatmung von Seite 61f.)
- Abschluss mit Vorsatz: *»Ich bleibe vollkommen ruhig, gelassen und heiter und mache immer so weiter.«*

Zurücknahme: Recken, strecken, dehnen und gähnen.

Dauer: 6 bis10 Minuten.

Beachten Sie: Lassen Sie sich bei der Übung Zeit. Halten Sie Pausen ein. Die Vorsätze geben Sie sich in den Leibraum, in die Tiefe (nicht in den Kopf).

Beispiele für gesundheits- und persönlichkeitsstärkende Vorsätze

- »Ich bin vollkommen ruhig und gelassen.«
- »Ich bin jung und gesund und vertraue auf meine Kerngesundheit.«
- »Ich strahle vor Licht und Liebe.«
- »Meine Gedanken sind klar und geordnet.«
- »Ich bin verankert (vernetzt) mit der göttlichen Ordnung.«
- »Ich vertraue auf mein gutes Schicksal.«
- »Ich ruhe in meiner Mitte – meine Lebenskraft fließt frei.«

- »Ich fühle mich ganz wohl in meiner Haut.«
- »Der Heilgeist in mir hilft mir in jeder Situation.«
- »Ich bin und bleibe ganz ruhig und gelassen.«
- »Inmitten von Unruhe bin und bleibe ich ganz ruhig.«
- »Klare Gedanken bringen mich voran. Ich habe Durchblick.«
- »Die Fehler anderer Leute lassen mich ruhig.«
- »Ich bleibe stets ruhig. Ich bin und bleibe gelassen.«

Sich etwas bildhaft vorstellen (Visualisierung)

Bildhafte Vorstellungen sind wirksamer als vielfach wiederholte Vorsätze. Wer visualisiert, malt in der Vorstellung ein tiefgründiges Bild, das bei guter Konzentration Wirkung zeigen wird. Wir geben dem Organismus den Auftrag, und er führt ihn aus. Unser Organismus kann sich bis zu einem gewissen Grad selbst regulieren und verändern.

Die Wirkung solcher präverbaler Vorstellungstechniken nutzten und nutzen fast alle Naturvölker. Priesterärzte, Schamanen, Geisterbeschwörer, Medizinmänner – sie alle haben sich dieser Heilkraft ebenso bedient wie Hippokrates oder Paracelsus. Von inneren Bildern geht eine besonders starke geistige Kraft aus, die inzwischen auch in Universitätskliniken angewendet wird, um Schwerkranken zu helfen. Auch große Dichter und Musiker bedienten sich dieser kreativen Kraft. Man kann sie etwas kultivieren, indem man jeden Abend das Visualisieren systematisch trainiert. Viele sehen schon beim Ertönen von Worten und Sätzen begleitende Bilder. Andere können auf Anweisung Bilder sehen. Nur wenigen ist es nicht gegeben, sich gewünschte Situationen bildhaft vorzustellen.

Der Einsatz von inneren Bildern basiert auf einer alten Erkenntnis aus dem Yoga: Wer seinen Geist auf ein Ziel zu sammeln versteht, dem ist kein Ding unmöglich. Die Vorstellung, der Körper sei ganz leicht, führt beispielsweise dazu, ihn wirklich leichter zu machen. Das haben wir schon in unserer Kindheit als Gesellschaftsspiel geübt, indem wir versuchten, uns gegenseitig vom Stuhl hochzuheben. Zuerst stellten wir uns vor, wir seien ganz schwer, sodass der Körper auch ganz schwer wurde. Dann visualisierten wir, wir seien ganz leicht, sodass wir zu zweit die Person schließlich mit zwei Fingern unter Achsel und Kniekehle vom Stuhl anheben konnten.

Die Technik des Visualisierens:

- In der gewohnten Trainingsposition stellen Sie sich (nach Rücksprache mit Ihrem Arzt) bildhaft und in allen Einzelheiten vor, wie Ihr Krankheitsherd bekämpft wird, sei es durch aggressive Leukozyten (weiße Blutkörperchen), durch Injektion hochpotenter Arzneien oder durch etwas anderes, das zu Ihrer Situation passt.
- Anschließend stellen Sie sich die Erfüllung Ihrer Wünsche vor, beispielsweise in allen Einzelheiten Gesundheit. Sie müssen so tun, als seien Sie schon gesund! Das heißt, in der bildhaften Vorstellung sehen Sie sich voller Freude, wie Sie gesund und munter spielen oder Sport treiben. Oder Sie sehen sich bei Ihrer gewohnten Arbeit und wie Arbeitskollegen Ihnen zur Genesung gratulieren usw.
- Die innere Vorstellung umfasst also verschiedene Ebenen, die Sie bildhaft bis in alle Einzelheiten ablaufen sehen. Vor allem malen Sie sich das Gefühl froher Erwartung aus. Wenn Sie auf diese Weise etwas für Ihre Gesundheit tun wollen, müssen Sie nicht unbedingt die anatomischen Grundlagen kennen. Ihr Körper führt den Auftrag ganz unabhängig davon aus. Doch müssen Sie von dem Erfolg der Methode fest überzeugt sein.

- Voraussetzung ist weiterhin, dass Sie im Entspannungszustand üben; Sie erreichen ihn am einfachsten durch die verlängerte Atmung der ersten Lektion. Am Schluss der Übung können Sie sich durch folgende Affirmation programmieren: *»Beim nächsten Mal erreiche ich die Entspannung noch leichter und tiefer.«* Sie können sich auch meditativ vorstellen, Sie befänden sich an Ihrem Lieblingsplatz, der für Sie Ruhe, Entspannung und Erholung symbolisiert, und visualisieren dort.
- Die Übung beenden Sie mit dem Vorsatz: *»Ich bin und bleibe jung und gesund, mit jedem Üben fühle ich mich besser und besser.«*

Zurücknahme: Recken, strecken, dehnen und gähnen.

Dauer: etwa 8 bis 10 Minuten.

Beachten Sie: Die Übung sollte mindestens drei Wochen lang zwei- bis dreimal täglich wiederholt werden. Die Visualisierung kann nahezu jede Therapie unterstützen und natürlich auch bei Gesunden das Wohlbefinden stabilisieren. Wenn Sie allerdings den Erfolg erzwingen wollen, dann sabotieren Sie ihn. Bleiben Sie gelassen.

Selbstverantwortung zeigen

Um Gesundheit bete ich. Aber: Was tue ich?
Bewegen soll ich mich täglich – ich weiß es. Jedoch: Warum bewege ich mich nicht?
Um Gesundheit bete ich. Aber: Was tue ich?
Essen soll ich abwechslungsreich und mäßig – ich weiß es. Jedoch: Warum beachte ich es nicht täglich?
Um Gesundheit bete ich. Aber: Was tue ich?
Abhärten muss ich mich – ich weiß es. Jedoch: Warum tue ich es nicht?
Um Gesundheit bete ich. Aber: Was tue ich?

Freundschaften beleben mich – ich weiß es. Jedoch: Warum verschließe ich mich?

Um Gesundheit bete ich. Aber: Was tue ich?

Lachen ist gesund für mich. Jedoch: Warum lache ich nicht?

Um Gesundheit bete ich. Aber: Was tue ich?

Muße ist gut für mich – ich weiß es. Jedoch: Warum lasse ich nicht von meinem Ich?

Um Gesundheit bete ich. Aber: Was tue ich?

Pflichten warten auf mich – ich weiß es. Jedoch: Warum nehme ich mich nicht in die Pflicht?

Ich kenne den Weg und sehe das Licht. Jedoch: Ich irre umher und schaue nicht.

Ich weiß, nur in meiner Mitte bin ich Mensch. Erfülle mich, damit ich werde ganz.

Fünfte Lektion
Glaube

Sorge dich nicht, glaube!

Der Philosoph Immanuel Kant meinte, das Wissen müsse dem Glauben Platz machen. Er konnte noch nicht ahnen, dass heute viele die Wissenschaft als zeitgemäße »Religion« betrachten. Uns fällt es schwer zu glauben. Wir wollen wissen und Gewissheit haben und überschreiten damit unsere Grenzen. Letztlich hat nur Gott absolutes Wissen. Unser menschliches Wissen ist immer begrenzt.

Die Fähigkeit zu glauben ist im Menschen biologisch angelegt; Glaubensinhalte sind dagegen meist ein menschliches Konstrukt. Wir haben somit ein natürliches inneres Bedürfnis zu glauben, selbst wenn immer mehr Menschen immer weniger glauben. An nichts zu glauben ist unmöglich; wir würden uns selbst lähmen und blockieren. Tief glauben lernen wir vor allem durch Erfahrungen, weniger durch theologisches Wissen.

Glaube an uns oder an Gott mobilisiert gleichermaßen geistige Kräfte, die das Immunsystem, das eine Art Lebensbewältigungssystem ist, aktivieren. Dafür gibt es im Alltag zahlreiche positive und negative Beispiele. Wenn Ärzte oder Mütter davon überzeugt sind (also fest glauben), dass sie sich bei der Bekämpfung einer Grippewelle nicht anstecken, werden sie davon tatsächlich meist verschont. Auch durch die Prognose einer Krankheit werden unsere Glaubensmuster aktiviert.

Durch seinen Glauben wird der Mensch unberechenbar. Der Glaube kann Unerwartetes in ihm bewirken. »Glaube ist Liebe zum Unsichtbaren, Vertrauen aufs Unmögliche, Unwahrscheinliche«, wusste Goethe.

Glaube ist lebenswichtig, mehr noch, er ist das A und O unseres Lebens. *Sorge dich nicht, glaube!* – so hätte Dale Carnegies bekannter Lebensratgeber auch heißen können. Wer im Leben Erfolg haben will, der muss an seinen Erfolg glauben. Wer gesund werden will, muss fest an seine Gesundheit glauben; er muss sie einfach erwarten. Wer wissenschaftliche Forschungen betreibt, ist gezwungen, immer wieder zu glauben, weil er so wenig weiß. Und ohne Glaube wird kein Mensch Religion verstehen können.

Wer nicht an sich selbst glaubt, unterminiert seine Hoffnungen für die Zukunft, ja, er kann sich selbst vernichten. Der Glaube ist der geheimnisvolle Faktor, der aus einem Feigling einen Helden oder aus einem Kranken einen Gesunden machen kann.

Nachdem ich 1955 mit einem Faltboot über den Atlantik gesegelt war, fragte man mich, was denn für mich das Erstaunlichste an diesem bis heute noch bestehenden Rekord war. Der Fragesteller war völlig überrascht von meiner Antwort: »Mein unerschütterlicher Glaube an das ›Ich schaffe es‹. Selbst als ich kenterte, habe ich nie am Erfolg gezweifelt.« Ob es jedoch mein eigenes Verdienst war, so fest geglaubt zu haben, oder ob mir dabei geholfen wurde, die Antwort darauf hängt von unserem Glauben ab.

Der Glaube kann – über den Weg der Gnade – Heil- und Lebenskräfte mobilisieren, die übernatürlich sind. Im Sport wissen wir aus Erfahrung: »Wer an seinen Sieg glaubt, gewinnt.« Und bezogen auf den Mannschaftssport: »Einstellungen sind wichtiger als Aufstellungen.«

Ein fester Glaube ist nachgewiesenermaßen ein sehr starker Gesundheitsfaktor. Fehlt es über längere Zeit an Glauben, sind Schwierigkeiten vorprogrammiert.

Reflexionen

»Der Glaube ist ein besserer Ratgeber als die Vernunft. Die Vernunft begrenzt sich, der Glaube nicht.« *(Blaise Pascal)*

»Erst durch den Glauben wird die Vorstellungskraft mächtig und vollkommen, und jeder Zweifel schwächt ihre Vollkommenheit. Der Glaube stärkt die Vorstellungskraft, denn der Glaube bringt den Willen hervor.« *(Paracelsus)*

»Der Menge gefällt, was auf dem Marktplatz taugt ... An das Göttliche glauben die allein, die es selbst sind.« *(Friedrich Hölderlin)*

Was heißt Glaube?

Glaube kann für uns Verschiedenes bedeuten. Im religiösen Sinn fragen wir: »Glaubst du an Gott?« Der religiöse Glaube fordert uns die Entscheidung ab, ob für uns Gott existiert. Wenn wir uns für Gott entscheiden, empfangen wir sofort einen Energieschub, einen Zuwachs an Lebenskraft. Wenn wir an uns selbst glauben, geschieht Ähnliches. Durch diesen Glauben ist die Verbindung zu Gott frei.

Wenn man dagegen jemanden fragen würde: »Glaubst du, dass die Zugspitze über 3000 Meter hoch ist?«, dann könnte er antworten: »Ich glaube, ja.« (Die Zugspitze ist allerdings 2963 Meter hoch.) Dieser Glaube wird naturgemäß nicht mit einem Kraftzuwachs belohnt.

Der religiöse Glaube ist in seinen Einzelheiten individuell geprägt. Einige Menschen konstruieren sich sogar ihr eigenes Glaubensgebäude. Viele andere übernehmen die Hauptthesen ihrer Kirchen und heiligen Schriften. Kulturepochen beeinflussen diese Glaubenslehren.

Ein Drittel der Konfessionslosen in Deutschland stuft sich heute selbst als gläubig ein, während sich etwa ein Viertel für atheistisch hält. Dennoch ziehen alle Menschen gesundheitlichen Gewinn aus ihrer Fähigkeit zu glauben, beispielsweise wenn sie an ihre Gesundung oder an etwas Lebensförderndes fest glauben. Ein Kranker setzt all seine Hoffnung auf das Medikament, und das ist immer mit Glauben verbunden. Ohne Glaube kann kein Mensch existieren, jeden Augenblick im Leben müssen wir in irgendeiner Form glauben. Ohne ein Mindestmaß an Glauben könnten wir uns im Grunde nicht auf die Straße wagen. Glaube, Hoffnung und Liebe sind eng mit dem Leben verknüpft; ohne sie wäre das irdische Dasein nicht möglich. Quantitativ gibt es natürlich Unterschiede, das heißt, jeder kann individuell verschieden tief glauben, hoffen, lieben.

Allgemein gesprochen ist der religiöse Glaube ein Akzeptieren der Realität von Geschehnissen, die wissenschaftlich nicht erklärbar oder beweisbar sind. Für unsere Belange spielt die unterschiedliche Bedeutung des theologischen Glaubens kaum eine Rolle. Dennoch können wir daraus Anregung, Aufklärung und Verständnis empfangen.

Nach dem *Calwer Bibel-Lexikon* lässt sich beispielsweise differenzieren, was in Bezug auf den Glauben im Alten und Neuen Testament jeweils im Vordergrund steht. Im Alten Testament wird Glaube unter anderem verstanden als ein Suchen nach dem Zuverlässigen. Gott und Mensch sind im Glauben verbunden. Glaube ist Gottvertrauen; wer Gottes Hilfe erfahren hat, glaubt fest und unbeirrt. Glaube ist aber auch Gehorsam. Als Vater des Glaubens gilt sowohl Juden, Christen als auch Muslimen Abraham, der Gott blind gehorchte. Glaube wird zudem als Hoffnung verstanden.

Im Neuen Testament bringt Jesus Christus die neue Dimension des Glaubens. Wer wirklich an die Hilfe Gottes glaubt, dem wird alles verheißen. Der christliche Heilsglaube schließt die »ganz neue Existenz« ein. Im Glauben ist Christus in uns (»Ihr in mir und ich in euch«) als Kraft spürbar. Glauben heißt aber auch, von außen und innen angefochten zu sein. Um seinen Glauben muss man sich immer bemühen.

Die Kraft des Glaubens wurde in allen Religionen der Hochkulturen anerkannt und wird in allen Weltreligionen gewürdigt. »Aus Glaube ist der Mensch gemacht; wie er glaubt, so ist er selbst«, heißt es in der Bhagavadgita.

Glauben, wie nur ein Kind glauben kann, umfasst auch bedingungslose Liebe sowie mystische Einheit. Wer glaubt, vertraut auf den Weltenlenker und lässt sich von ihm führen. Dadurch gewinnt er inneren Frieden.

1994 verklagten vier Familien in den USA ihre Kirchengemeinde, weil sie ihren Glauben verloren hätten: Ihr Pfarrer hatte eine Verfehlung begangen. Jedoch so glaubenssicher waren die Familien nicht, um unterscheiden zu können, dass an Gott oder an fehlbare Menschen zu glauben zwei verschiedene Dinge sind.

Glaube schafft Realität

Es geschieht weniger das, was wir wollen, als das, was wir glauben. Viele wollen gesund werden, aber tief in ihrem Innern zweifeln sie. Das jedoch ist Selbstsabotage. Wir müssen also voller Überzeugung Gesundheit erwarten. Der Arzt und Soziologe Le Bon erkannte: »Dem Menschen einen Glauben schenken heißt seine Kraft verzehnfachen.«

Auf der Grundlage eines festen Glaubens werden Kranke mit ihren Beschwerden in der Regel besser fertig. Sie finden Trost und Frieden in ihrem Glauben, und wenn sie sich der göttlichen Kraft bewusst sind und sie leibhaftig spüren, kann es zu Erleichterungen und überraschenden Gesundungen kommen.

Der gelebte Glaube setzt schier unglaubliche Kräfte frei. Aus diesem Grund wurde der Glaube auch schon als unser bester Arzt bezeichnet. Was wir fest glauben, das verleiht uns Stärke. Der Glaubende braucht keine Beweise, er fühlt ja den Gewinn an Kraft in sich. Ein Gebet ohne Glauben bringt deshalb kaum Ruhe in den Organismus, geschweige denn bewirkt es Gesundung. Glaube hingegen ist ein Gesundheitsstimulans, das wichtigste überhaupt, denn wenn wir hoffen und lieben, müssen wir immer auch glauben.

Bei Gesundungen und Heilungen spielt der bewusste Glaube meist als Hoffnung eine entscheidende Rolle, unbewusst spielt er bei der Einnahme von Arzneien immer eine Rolle – als Placebo.

»Was ich befürchtet habe, ist eingetreten«, dieser Seufzer ist leider oft zu hören. Wir haben es dann mit einem »Nocebo« zu tun. Befürchtungen lösen im Organismus eine Erwartungshaltung aus. Es kommt zu einem Erwarten, Einbilden, ein Fürwahr-Halten des Negativen. Das Unbewusste unterscheidet nicht zwischen der Aussage »Ich habe Brustkrebs« und der Befürchtung »Ich werde wohl auch wie meine Mutter Brustkrebs bekommen«. Wiederholte Befürchtungen bahnen den Weg zur Materialisation und Realisation des Gedachten, in diesem Fall zum Brustkrebs. Diese Reaktionsweise unseres Organismus zwingt uns dazu, das Leben bewusster zu betrachten. Wir dürfen uns nicht von Befürchtungen heimsuchen lassen oder salopper ausgedrückt: Wir dürfen uns nicht verrückt machen lassen.

Ein Beispiel: Im sibirischen Krasnojarsk musste ein Bahnbeamter einen Kühlwagen reinigen und war nach Beendigung der Arbeit im Wagon eingeschlafen. Er wachte erst auf, als der

Zug anfuhr, und konnte die Tür nicht mehr öffnen. Voller Panik glaubte er, nun langsam erfrieren zu müssen, und schrieb seine Befürchtungen an die Wagonwand. Auf der nächsten Station fand man ihn – tot. Aber die Temperatur im Wagon betrug noch elf Grad, weil das Kühlaggregat defekt war.

Was wir glauben, wird für das Unbewusste zur Tatsache. Binnen weniger Stunden kann sich eine negative Erwartung verwirklichen. Eine Anekdote erzählt: »Ein moderner Stadtmensch verlief sich in der Wüste. Die Sonnenglut hatte ihn bald ausgedörrt. Da sah er in der Ferne eine Oase. Er glaubte sich aufgeklärt genug, um nicht auf eine Luftspiegelung hereinzufallen. So dachte er: ›Eine Fata Morgana narrt mich.‹ Mühselig näherte er sich der Oase, aber sie verschwand nicht. Er sah die Dattelpalmen, das Gras und die Felsen, zwischen denen eine Quelle entsprang. ›Es ist nur eine Hungerfantasie‹, dachte er. ›Jetzt höre ich sogar das Wasser sprudeln. Eine Geräuschhalluzination. Wie grausam doch die Natur ist.‹ Mit diesen Gedanken brach er zusammen und starb. Eine Stunde später fanden ihn zwei Beduinen. ›Kannst du das verstehen?‹ sagte der eine zum anderen. ›Die Datteln wachsen ihm beinahe in den Mund, und dicht neben der Quelle liegt er hier verhungert und verdurstet.‹ – ›Er war eben ein moderner Mensch‹, antwortete der andere, ›er hat nicht glauben können, was er gesehen hat.‹«

Ohne Glaube keine Heilung?

Eine wichtige Lehre von Paracelsus lautet: »Das Mittel allein tut's freilich nicht, sondern der Glaube, so in und bei dem Mittel wohnet.« Auch ich war lange Zeit von der Ausschließlichkeit dieser Aussage überzeugt, bis ich von folgendem Fall hörte: Ein etwa 40-jähriger Mann bekam eine schwere Wirbelsäulen-Tuberkulose, die ihn zu einem Dauergast in einer Spezialklinik machte. Da die Ärzte nicht mehr an eine Heilung glaubten, entließen sie ihn nach Hause, wo er von seiner Frau gepflegt wurde. Der Kranke erhielt von einer guten Seele Lourdes-Wasser, mit dem er sich einrieb – mehr nach dem Motto »Schaden kann es ja nicht«. Da sich an seinem Zustand jedoch nichts änderte, brachte ihn seine aktive und gläubige Frau nach Lourdes. Dort besorgte sie sich das Heilwasser frisch von der Quelle, rieb ihn großzügig ein und ließ ihn überdies Lourdes-Wasser trinken. Nach einer knappen Stunde stand der Mann auf und ging umher. Nach Hause zurückgekehrt, ließ er sich von seinen Ärzten untersuchen: Sie konnten in seinem Körper keine Tbc-Herde mehr entdecken.

Bemerkenswert ist auch, dass er weder an Wunder noch an Gott glaubte. Was anderen als Wunder erschien, sah er als Spontanheilung an. Doch weder er selbst noch Außenstehende können zu diesen Vorgängen etwas von Wert sagen, weil wir über geistige Heilungen nichts wissen. Wir können lediglich Vermutungen anstellen. Vielleicht hatte der Kranke ja unbewusst doch eine Besserung erwartet.

Heilungen durch den Glauben sind viel häufiger als Spontanheilungen, auch wenn es Fachleute gibt, die weder die einen noch die anderen akzeptieren; für sie gibt es nur Irrtümer in der Diagnostik. Dagegen sollten wir die Worte von Immanuel Kant setzen: »Man soll nicht immer alles glauben, was die Leute sagen; man soll aber auch nicht glauben, dass sie es ohne Grund sagen.«

Ohne Glaube sei jede Heilkunst zum Misserfolg verurteilt, meinte Hildegard von Bingen. Und ich bin davon überzeugt, dass ebenso die alte Weisheit »Ein Gebet ohne Glauben bleibt auch ohne Erfolg« nach wie vor zutreffend ist.

Durch den Glauben Heilung fördern

Wer Gott vertraut, macht sich von seinem Ich frei. Er aktiviert das Göttliche in sich, sodass es in ihm zur Wirkung kommt. Das kann geschehen durch Glaube, Hoffnung, Liebe und Vertrauen.

Wer uns hilft, dem möchten auch wir helfen. Könnte es nicht in Bezug auf unsere Verbindung zu Gott so ähnlich sein? Je fester wir glauben, desto eher wird uns Hilfe zuteil. Wir sind immer und überall Gottes Mithelfer; auch er rechnet mit unserer Mithilfe. Wer daher fest an seine Gesundung glaubt, hat eher Aussichten, seine Krankheit zu überwinden, als jemand, der daran zweifelt oder sich gar nicht bemüht. Wohl alle Ärzte könnten aus ihrer Praxis dafür Beispiele anführen.

»Glaube an dich, du brauchst keine Hilfe, alle Kräfte findest du in dir selbst«, hören wir von Laotse. Natürlich hat er mit dieser Aussage Recht, denn Gott ist ja in uns. Das Wichtigste ist wohl, dass wir tief und fest an unsere Gesundung glauben. Darüber hinaus sollten wir Frieden in unserem Haus schaffen – durch tätige Liebe und Versöhnungsbereitschaft –, denn das ist eine wichtige Voraussetzung, um gesund zu werden. Auch wenn wir ein Medikament zu uns nehmen, sollten wir fest daran glauben, dass es uns hilft. Am wirkungsvollsten gehen wir vor, wenn wir den gewünschten Erfolg in allen Einzelheiten gedanklich und bildhaft vorwegnehmen. Dann kommt es zu einem Zusammenwirken der Heilkräfte des Glaubens, der Vorstellung und der Arznei.

Selbstverständlich sollten wir uns auch beim Essen – vorzugsweise von mehr frischen Lebensmitteln und weniger Nahrungsmitteln – vorstellen, dass wir mit jedem Bissen an Gesundheit gewinnen. Dazu ein Beispiel: Eine etwa 50-jährige Patientin ließ sich die Diagnose Darmkrebs von ihrer Klinik schriftlich attestieren. Sie rahmte das Dokument ein und legte darüber die selbstgemalten Jesusworte »Dein Glaube hat dir geholfen«. Dann stellte sie es so auf, dass sie es beim Essen stets vor Augen hatte. Während sie gründlich kaute, dachte sie nur daran, wie sich ihre Gesundheit mit jedem Bissen vermehrte. Sie weigerte sich, Medikamente zu nehmen, und wollte sich bewusst selbst heilen – durch ihren festen Glauben. Jahrelang hat sie danach noch ihren Beruf ausgeübt, ohne je wieder Symptome zu bekommen.

Ein solches Handeln birgt jedoch Gefahren: Was wäre geschehen, wenn sie ihren Glauben überschätzt hätte? Ihre Antwort auf diese Frage war einfach: »Ich habe ein blindes Vertrauen in mein gutes Schicksal.«

In China heißt es: »Der Verstand ist der Drache, der vor den Pforten des Lebens liegt.« Das heißt, jede Art der Intellektualisierung kann uns blockieren. Glaube meint also auch, diesen oft zu kritischen, die Selbstheilungskraft boykottierenden Verstand zu überwinden, um neue Wege gehen zu können.

Was tun, wenn der Glaube fehlt?

Wer nicht an Gott glauben kann, wird meist an andere Menschen und Meinungen glauben oder an wissenschaftliche Aussagen und Lehren. Jeder Mensch hat seinen individuell geprägten Glauben. Unglaube wirkt zwar begrenzend, aber er hebt die Möglichkeiten, »Wunder« zu erleben, nicht vollständig auf.

Manche Menschen finden erst später im Leben ihren Glauben. Vorerst können sie sich behelfen: *»Ich versuche zu glauben, Herr, hilf meinem Unglauben.«* Glaube ist zudem lebendig, er verändert sich im Lauf des Lebens.

Mit der Aufforderung »Du musst an Gott glauben!« können wir niemanden dazu bringen, tiefen Glauben zu entwickeln. Wir werden nur auf Abwehr stoßen, wenn wir versuchen, jemandem den Glauben einzureden. Außerdem wird ein aufgesetzter, anderen zuliebe angenommener Glaube nicht greifen. Wir selbst können anderen nichts vorschreiben; auch in Glaubensdingen wird nur das eigene Beispiel überzeugen. Allerdings können wir für einen anderen beten – dass er wieder gesund wird oder dass er zu seinem Glauben findet.

Früher waren die meisten Menschen tief im Glauben verankert. Heute ist unser Glaube schwach und verkümmert, er gibt uns nicht mehr diesen großen Halt. Heute streben wir vor allem nach Wissen und vergessen oder verdrängen den Glauben. Viele sind der Meinung, der Glaube passe nicht mehr in unsere Zeit. Das ist jedoch eine Illusion: »Glauben ist schwer, nicht zu glauben ist unmöglich«, hören wir von Victor Hugo.

In den Zeiten des Wohlstandes schlummert der Glaube, in Notzeiten kann er wach werden. Dennoch haben wir stets die Möglichkeit, unseren Glauben zu vertiefen. In diesem Zusammenhang können die Worte von Pestalozzi als Wegweiser dienen: »Glaube an dich selbst, glaube an den inneren Sinn deines Wesens, so glaubst du an Gott und an die Unsterblichkeit.« An sich selbst zu glauben erfordert allerdings immer auch Mut.

Manchmal hilft es auch, immer wieder einmal in der »Hausapotheke Gottes«, der Bibel, oder in anderen Weisheitsbüchern zu lesen. Oder lesen Sie Biografien von großen Persönlichkeiten, die Positives geleistet haben. Auch tätige Liebe stärkt und vertieft den Glauben.

Wer glauben lernen will, der versuche es einmal mit einer Glaubensmethode wie dem autogenen Training. Wissenschaftlich begründete Entspannungstechniken haben nämlich jene Lücke besetzt, die ein schwach gewordener religiöser Glaube hinterlassen hat. Entspannung kann uns eine andere Perspektive und Motivation geben.

Die Biologie des Glaubens

An Gott, das absolut Gute, zu glauben führt – wie das Beten – im Organismus zu nachweisbaren positiven Veränderungen. An etwas Lebensfeindliches zu denken oder Bilder der Gewalt in Zeitschriften oder im Fernsehen zu betrachten, das raubt kurzzeitig etwas von der eigenen Lebenskraft und kann bei jungen Menschen die Wertvorstellungen negativ beeinflussen. Feinfühlige Personen spüren solche schädlichen Wirkungen – und sie schalten beispielsweise bei brutalen Szenen sofort den Fernsehapparat aus. Ihr Organismus »revoltiert« gegen alles, was ihren angeborenen und anerzogenen Glauben an das Gute beleidigt; sie fühlen sich verletzt.

Jeder Mensch handelt und denkt aus seinen persönlichen Glaubensvorstellungen heraus. Dennoch können wir zum Thema Glauben einige allgemein gültige Aussagen treffen:

- Der Glaube beruht letztlich auf der freien Entscheidung des Einzelnen. Indem ein Mensch ein persönliches Vertrauensverhältnis zu Gott aufbaut und Verantwortung übernimmt, findet er Halt und seine Rückbindung zum Göttlichen.
- Nicht jedem fällt es leicht zu glauben. Häufig ist zweifelnden Menschen ihr Verstand im Weg – oder ihre Erziehung und ihre Umwelt verhindern die Entfaltung und den Ausdruck des individuellen Glaubens.
- Glaube ohne Liebe ist nichts wert. Die Seele des Glaubens ist die Liebe, ohne sie wäre der Glaube »tot«. Glaube erfor-

dert außerdem Taten. Wir sprechen von einem gelebten Glauben; nur er ist *glaubwürdig*.

- Der Glaube löst in uns starke (»übernatürliche«) psychosomatische Wirkungen aus; er besitzt Heilkraft. Der Glaube an Gott, an Christus, aber auch an uns selbst wirkt beruhigend und kann Sicherheit geben. Wer an Gott glaubt, findet Lebenssinn. Der Glaube löst außerdem Impulse aus: Wer Kraftzuwachs erwartet, wird auch Kraft gewinnen; wer an sich selbst glaubt, stärkt auch sein Immunsystem. Wer ein Medikament einnimmt, wird nahezu immer an seine Wirkung glauben und sie auch erwarten. Dadurch erhält er Gesundheitsimpulse. Zahllose Studien haben das in den letzten Jahren belegt.
- Glaube versetzt Berge, wobei Berge für Schwierigkeiten stehen. Wer an Gott glaubt, empfängt heilende Kraft. Solange wir an uns glauben, haben wir Chancen. Ein gutes Selbstwertgefühl ist die Grundlage des Lebenserfolges.
- Glaube hilft, mit Stress umzugehen; er macht stressstabil.
- Unreifer religiöser Glaube oder Aberglaube kann krank machen. Jede Form von Wahn (zum Beispiel Sektierertum) kann den Glauben unterwandern. Glauben aus Unkenntnis kann gefährlich werden.
- Tiefer Glaube ist eine wirksame (metaphysische) Lebenshilfe, die mit Freude und Lebenskraft belohnt wird. Wer fest glaubt, fühlt sich geborgen und reagiert gelassen. Glaube macht zuversichtlich und hoffnungsfroh (gehobene Stimmung).
- Der Glaube unterliegt nicht nur Schwankungen und Anfechtungen, er kann zeitweilig auch völlig verschwinden. Die Lektüre inspirierender Bücher, Gebete, regelmäßiger Kirchenbesuch, ein konsequentes Leben in der Gegenwart, das aufmerksame Beobachten der kleinen »Alltagswun-

der«, das Durchschauenlernen der Schwächen des Ego und vieles andere mehr helfen, die Glaubenskraft zu stabilisieren.

Ihr Glaube sollte Ihnen heilig sein, kultivieren Sie ihn, und wehren Sie alle Versuche ab, Ihnen Ihren ureigensten Glauben zu »stehlen«. Wer seinen Glauben verliert, ohne etwas anderes an seine Stelle zu setzen, wird eine Leere in sich verspüren. Diese Leere muss aufgefüllt werden.

Anderen Menschen helfen, ihren Glauben zu stärken, gehört zu unseren Aufgaben. Eltern und Pädagogen sollten sich hierbei in die Pflicht nehmen. Seelsorger und Therapeuten werden auch daran gemessen, ob und wie sie ihre Schutzbefohlenen, Klienten, Patienten in Glaubensdingen unterstützt haben.

Wir Menschen können über den Verstand sehr viel nur indirekt erkennen. Die Gewissheit des Glaubens wiegt jedoch die Ungewissheit des Nichtglaubens allemal auf, davon sind viele überzeugt. Wer fest glaubt, schafft sich Wurzeln und Bindungen, die stabil machen. Ohne Wurzeln sind wir dem Auf und Ab des Lebens haltlos ausgeliefert wie ein Boot ohne Kiel auf bewegter See.

Reflexionen

»Alles wankt, wo der Glaube fehlt.« *(Friedrich Schiller)*

»Gebt mir eine große Idee, dass ich an ihr gesunde.« *(J. G. Herder)*

Ein Beispiel für die Kraft des Glaubens, das der Psychologe G. W. Allport von der Harvard-Universität in seinem Werk über seelische Gesundheit zitiert: »In einem österreichischen Landeskrankenhaus liegt ein schwer kranker Mensch im Sterben. Die behandelnden Ärzte haben ihm wahrheitsgemäß mitgeteilt, daß sie seine Krankheit nicht diagnostizieren können, ihm aber wahrscheinlich helfen könnten, wenn sie die Diagnose wüßten. Sie haben ihm ferner gesagt, daß ein berühmter Diagnostiker das Spital in den nächsten Tagen besuchen werde und vielleicht imstande sein wird, die Krankheit zu erkennen. Ein paar Tage später kommt der Spezialist und macht seine Runde. Am Bett des Kranken angekommen, wirft er nur einen flüchtigen Blick auf ihn, murmelt ›Moribundus‹ und geht weiter. Einige Jahre später sucht der Mann den Spezialisten auf und sagt ihm: ›Ich wollte Ihnen schon längst für Ihre Diagnose danken. Die Ärzte sagten mir, daß ich Aussicht hätte, mit dem Leben davonzukommen, wenn Sie meine Krankheit diagnostizieren könnten, und im Augenblick, da Sie *Moribundus* sagten, wußte ich, daß ich es schaffen werde.‹ Das lateinische *moribundus* heißt aber ›dem Tode geweiht‹. Der einfache Mann glaubte fest daran, daß seine Krankheit diagnostiziert sei, und ward gesund, weil er blind vertraute. Dabei spielte es keine Rolle, daß er sich gründlich geirrt hatte: sein Glaube hatte ihm geholfen.«

Gefahren durch Leichtgläubigkeit

Leben heißt glauben. Aber nur Toren glauben alles, was ihnen mundgerecht serviert wird.

Heute wollen viele »positiv« eingestellt sein, das Negative wird zu leicht verdrängt nach dem Motto: »Wer wird denn gleich das Schlimmste annehmen?« Auf diese Weise können wir aber unkritisch werden und symptomarme Krankheiten übersehen. Wichtig ist: Wenn es um die Diagnose von Krankheiten geht, dürfen wir uns nicht auf ein Glauben verlassen, sondern nach Möglichkeit alles Wissen sammeln und ausschöpfen. Fachleute müssen zu Rate gezogen werden. Wir kennen alle den »eingebildeten« Kranken, vergessen jedoch, dass der »eingebildete« Gesunde gefährlicher lebt.

Höchst fahrlässig und leichtgläubig verhalten wir uns auch, wenn wir einer wenig bekannten Glaubensgemeinschaft oder Gruppe beitreten, ohne sie zuvor auf Herz und Nieren geprüft zu haben. Andernfalls projizieren wir unsere Wünsche und unseren Glauben auf sie und werden blind und taub für kritische Betrachtungen: Wir können schnell das Opfer unserer ehrlichen, lauteren Wünsche werden, wenn wir unkritisch vorgehen. Wie viele Sektenmitglieder fühlten sich nach dem Rausch der ersten Stunde als Gefangene ihrer Situation – verzweifelt, deprimiert und hoffnungslos?

Wer seinen Glauben unbedingt neu verankern will, sollte sich bei Fachleuten und kompetenten, lebensklugen Menschen erkundigen, auf was er sich konkret einlassen will. Zu viele Menschen schenken leichtfertig ihr Vertrauen und auch ihr Geld einer Gemeinschaft, ohne sich innerlich, meditativ zu fragen, was sie selbst davon haben, geschweige denn, was die anderen davon haben. »Prüfet aber alles, und das Gute behaltet«, empfahl schon vor langer Zeit der erfahrene Kosmopolit Paulus.

Reflexionen

»Ob das Objekt deines Glaubens wahr oder falsch ist – du wirst doch dieselben Wirkungen damit erzielen.« *(Paracelsus)*

»Wer in Glaubenssachen den Verstand befragt, kriegt unchristliche Antworten.« *(Wilhelm Busch)*

Segnen

Vor einem Wettkampf machen zahlreiche Sportler das Glaubenszeichen des Kreuzes. Zeichen heißt im Lateinischen *signum*, davon leitet sich das Wort Segen ab. Wer früher etwas segnete, war davon überzeugt, dass Segnen Lebenskraft bringt, damit auch Glück, Erfolg und Gesundheit. Man wusste, dass von Worten und Symbolen Kraft ausgeht.

Obschon nur Gott uns segnen kann, dürfen wir es in seinem Namen tun, beispielsweise mit den Worten »Gottes Segen sei mit dir«, wenn beispielsweise jemand aus der Familie verreist. Oder beim Abschied von den Enkelkindern, die zu Besuch waren, legen die Großeltern den Kindern die Hände auf den Kopf und sagen: »Gott befohlen« oder »Gott segne dich«.

Im Alltag heißt es nicht selten: »Meinen Segen hast du.« Doch da die Betonung auf »meinen« liegt, haben wir es hier mit keinem echten Segensspruch zu tun.

Im Alltag wünschen wir auch eine »gesegnete Mahlzeit«. Das klingt ganz anders, als wenn wir jemandem ein knappes »Mahlzeit!« an den Kopf knallen – und es wirkt auch anders. Ein bewusst ausgesprochener Segenswunsch löst eine positive psychosomatische Reaktion aus, zum Beispiel durch ein Gefühl der Dankbarkeit. Das Segnen wirkt – genauso wie das Beten – auch als Wachstumsreiz in der Natur; überall auf der Welt wissen Gärtner und Bauern, die die alten Traditionen hochhalten, um diese Zusammenhänge.

Wir können Menschen und Vorhaben segnen, gleichzeitig sollten wir uns auch fragen, ob wir selbst ein Segen sind – für die eigene Familie, die Freunde oder Berufskollegen. Wir sollten uns fragen, ob wir etwas besser machen könnten, ob wir genügend verantwortungsbewusst sind. Wird das, was wir tun, von den anderen ohne weiteres »abgesegnet«?

Die Macht der Erwartung

Eine gläubige Erwartungshaltung zeitigt Wirkung, ob wir nun an etwas Falsches oder an etwas Richtiges glauben. Nicht selten lesen wir in Illustrierten von großartigen Heilungsergebnissen durch neue Medikamente, beispielsweise durch ein neues Krebsmittel. Krebskranke, denen von Fachleuten nicht oder vermeintlich nicht ausreichend geholfen werden konnte, sehen dann in diesem neuen Mittel einen Hoffnungsschimmer. Auf mancherlei Umwegen lassen sie sich die Arznei für viel Geld zuschicken. Aufgrund ihres verzweifelten Glaubens könnte das Mittel dann sogar Wirkung zeigen.

Als ich für das Rote Kreuz arbeitete, musste ich zahlreichen hilfesuchenden Krebskranken solche »Wundermittel« aus allen möglichen Ländern besorgen. Die Anfangserfolge waren meist gut, aber von einer Heilung hat niemand berichtet, schon gar nicht, wenn in der Presse kurz darauf Richtigstellungen erfolgten. Dann kam es oft zu einem dramatischen Zusammenbruch.

Solche Fixierungen können sogar in Besessenheit ausufern. Selbst dem Partner oder erfahrenen Ärzten gelingt es dann nicht, diesen gefährlichen Zustand zu durchbrechen. In meinem Buch *Einfach entspannen* habe ich von einem jungen Arzt berichtet, der glaubte, er habe sich mit Polio infiziert. Die medizinische Kunst war gegen diese fixe Idee machtlos, und der junge Mann starb nach nicht einmal 24 Stunden.

Sind Gesundheit und Krankheit demnach lediglich das Produkt unseres Glaubens und unserer Gedanken? Für viele Erkrankungen trifft das tatsächlich zu. Doch müssen wir hinsichtlich beispielsweise der Autoimmun- und der Infektionskrankheiten oder der Erbkrankheiten differenzieren. Auch Krankheit bei Kleinkindern lässt sich nicht so eingleisig erklären. Haben sie etwa an Negatives oder gar an Krankheiten geglaubt? Wir dürfen also die Erkenntnisse der Wissenschaft und medizinische Tatsachen nicht ignorieren, auch wenn wir die Macht des Glaubens anerkennen – und nutzen, zum Beispiel bei der Einnahme von Medikamenten.

Ein Glaubensmuster kann in Bezug auf ein Medikament entweder eine negative oder eine positive Wirkung erzeugen. Zahlreiche Apotheker unterstützen die Wirkung der Medikamente durch beiläufige Affirmationen wie: »Das ist ein ausgezeichnetes Mittel«, »Diese Tabletten haben sich gut bewährt« oder »Ich höre nur Gutes davon«, sodass die Arzneiwirkung dadurch suggestiv verstärkt wird.

Arzneien ohne wirksame Substanzen (Placebos) erzielen durch den hoffnungsvollen Glauben des Patienten, durch seine positive Einstellung und Erwartungshaltung eine positive Wirkung. Umgekehrt können erprobte Mittel durch die Zweifel des Patienten, durch seine negative Erwartungshaltung und Voreingenommenheit jegliche Wirkung verlieren.

Was wir vertrauensvoll erwarten, tritt ein. Wer bei schweren Krankheiten Medikamente einnehmen muss, ist also immer gut beraten, ihre Wirkung durch eine positive Erwartungshaltung zu verstärken. Das kann geschehen, indem man sich während der Tage der Arzneieinnahme bildhaft vorstellt, dass die Gesundheit schon eingetreten ist. Zusätzliche Vorsätze, die wir uns bei der verordneten Tabletteneinnahme geben können, sind: *»Ich vertrage das Medikament gut. Jede Stunde wirkt das Mittel in jeder Hinsicht besser und besser.«*

Reflexionen

Der 1906 geborene Theologe Dietrich Bonhoeffer zählte zu den Menschen, deren tiefen Glauben an Gott und innere Stärke wir bewundern dürfen. Wegen seiner Zugehörigkeit zur Widerstandsbewegung wurde er 1943 verhaftet und am 9. April 1945 im Konzentrationslager Flossenburg hingerichtet. Aus seinen ermutigenden, im KZ niedergeschriebenen Gedanken *(Widerstand und Ergebung)* stammen folgende Zitate:

»Ich glaube, daß Gott aus allem, auch aus dem Bösesten, Gutes entstehen lassen kann und will. Dafür braucht er Menschen, die sich alle Dinge zum Besten dienen lassen.«

»Ich glaube, daß Gott uns in jeder Notlage soviel Widerstandskraft geben will, wie wir brauchen. Aber er gibt sie nicht im voraus, damit wir uns nicht auf uns selbst, sondern allein auf ihn verlassen. In solchem Glauben müßte alle Angst vor der Zukunft überwunden sein.«

»Ich glaube, daß auch unsere Fehler und Irrtümer nicht vergeblich sind und daß es Gott nicht schwerer ist, mit ihnen fertig zu werden, als mit unseren vermeintlichen Guttaten.«

»Ich glaube, daß Gott kein zeitloses Fatum ist, sondern daß er auf aufrichtige Gebete und verantwortliche Taten wartet und antwortet.«

Im KZ wurde Bonhoeffer von einem italienischen Mitgefangenen gefragt, warum er sich als Pfarrer aktiv am Widerstand beteilige. Er antwortete: »Wenn ein Wahnsinniger auf dem Kurfürstendamm sein Auto über den Gehweg steuert, so kann ich als Pastor nicht nur die Toten beerdigen und die Angehörigen trösten; ich muß hinzuspringen und den Fahrer vom Steuer reißen, wenn ich eben gerade an dieser Stelle stehe.«

Aus seinem bekanntesten Gedicht sei der beruhigende und entspannende letzte Vers zitiert, den wir als Gebet oder Vorsatz sagen können: *»Von guten Mächten wunderbar geborgen, erwarten wir getrost, was kommen mag. Gott ist mit uns am Abend und am Morgen und ganz gewiß an jedem neuen Tag.«*

Geborgenheit

Die heilsame, entspannende und beruhigende Empfindung der Geborgenheit beruht vor allem auf

- dem Vertrauen auf Gott,
- dem Gefühl und Wissen, dass ich mich auf meine Mitmenschen verlassen kann, auch auf mich selbst, auf die Situation, auf einen »Ort der Zugehörigkeit« (Rousseau),
- der Tatsache, dass meine Gesundheit einigermaßen in Ordnung ist und dass mir im Notfall geholfen wird,
- der Sicherheit, dass ich von Freunden und Nachbarn akzeptiert werde,
- meiner Liebe für die Menschen und die Natur und dem Wissen, dass ich geliebt werde.

Geborgenheit ist ein außerordentlich subjektives Gefühl, das ich sogar im Faltboot auf dem Atlantik unter meiner Spritzdecke verspürte. Es beruhte damals vor allem auf meinem festen Glauben sowie auf der immer wieder kehrenden Vorstellung, dass alles gut enden werde: Ich wusste mich beschützt und getragen. Dagegen kann fehlende Geborgenheit – das Gefühl, ausgeliefert zu sein – zu schwerem Stress führen. Dahinter steht Angst.

Die positiven Gesundheitsimpulse, die von dem Gefühl der Geborgenheit ausgehen, betreffen den ganzen Menschen. Glaube an die eigene Kraft und Verbundenheit ist die Basis des tiefen Selbstvertrauens.

Ermutigung

In der Bibel finden Sie eine Fülle von Ermutigungen, die Ihr Selbstvertrauen stärken können. Hier eine kleine Auswahl:

- Vertrauen Sie Ihrer Lebenskraft, denn Gott »ist mein Licht und mein Heil: Vor wem sollte ich mich fürchten?« (Psalmen 27,1)

- Vertrauen Sie Ihrem Mut und Ihrer Entschlossenheit, »denn Gott hat uns nicht einen Geist der Verzagtheit gegeben, sondern den Geist der Kraft, der Liebe und der Besonnenheit«. (2. Timotheus 1,7)
- Vertrauen Sie Ihrer Glaubensstärke, denn Gott hat jedem Menschen »das Maß des Glaubens« zugeteilt. (Römer 12,3)
- Vertrauen Sie Ihren Fähigkeiten, denn »alles vermag ich durch ihn, der mir Kraft gibt«. (Philipper 4,13)
- Vertrauen Sie Ihrem Kampf gegen das Negative, denn Gott, »der in euch ist, ist größer als jener, der in der Welt ist«. (1. Johannes 4,4)
- Vertrauen Sie Ihrer Gelassenheit: »Werft alle eure Sorgen auf ihn, denn er kümmert sich um euch.« (1. Petrus 5,7)
- Vertrauen Sie darauf, dass Sie ein neuer (ganz anderer) Mensch werden können: »Wenn also jemand in Christus ist, dann ist er eine neue Schöpfung: Das Alte ist vergangen, Neues ist geworden.« (2. Korinther 5,17)
- Vertrauen Sie Ihrer Unabhängigkeit: »Der Herr aber ist der Geist, und wo der Geist des Herrn wirkt, da ist Freiheit.« (2. Korinther 3,17)
- Akzeptieren Sie ruhig auch Ihre »Schwachheit«, denn »der Herr ist die Kraft meines Lebens« (Psalmen 27,1), und Gottes Gnade »erweist ihre Kraft in der Schwachheit. Viel lieber also will ich mich meiner Schwachheit rühmen, damit die Kraft Christi auf mich herabkommt.« (2. Korinther 12,9)
- Vertrauen Sie Ihrer Weisheit: »Daher betete ich, und es wurde mir Klugheit gegeben; ich flehte, und der Geist der Weisheit kam zu mir.« (Weisheit 7,7) Und: »Den Menschen ist sie unterschiedlich zugeteilt; er spendet sie denen, die ihn fürchten.« (Jesus Sirach 1,10)

- Vertrauen Sie auf Ihre individuelle Religiosität, denn »im Haus meines Vaters gibt es viele Wohnungen … Ich gehe, um einen Platz für euch vorzubereiten.« (Johannes 14,2)

Von Jesus stammt das Wort »Ich habe gesagt: Ihr seid Götter.« Die Bibel sieht in uns keine Schwächlinge oder Versager, das tun nur wir allein, wenn uns das Selbstvertrauen fehlt. Daher sollen wir Gott kindhaft wie unserem Vater vertrauen.

Selbstvertrauen erhöht die Lebensqualität

So wie ein Kind sich naturgemäß anfangs bedingungslos an den Eltern ausrichtet, an deren Macht und Autorität, an deren Glauben und Liebe, so sucht der schwache Mensch Kraftzuwachs durch die Macht Gottes, Glaubenszuwachs in der Kirche, Selbstsicherheit durch die Erkenntnisse der Wissenschaft oder Bestätigung in seiner Partei.

Selbstvertrauen wird in Kindheit und Jugend ausgesät und reift erst in den Lehrjahren. Zwischen »Ich bin der Größte« und »Ich bin das Letzte« schwanken Jugendliche hin und her, um sich später dann irgendwo in der Mitte dieser Selbsteinschätzungen anzusiedeln. Jedoch einige brauchen dabei Hilfe.

Vernünftig gelehrte Religion ist Hilfe: »Ich vermag alles durch Jesus Christus, der mich stark macht« oder: »Mir geschehe nach meinem Glauben«. Das heißt nicht mehr und nicht weniger als die Tatsache, dass ich meine Lebensaufgaben mit göttlicher Unterstützung bewältigen kann. Ich schaffe es. Wenn ich Glauben habe, wird mir nichts unmöglich sein. Ich kann mich aus meiner Schwachheit befreien, wenn ich mich ehrlich bemühe.

Unsere eigenen Bemühungen sind notwendig, erst dann erhalten wir Hilfe. »Hilf dir selbst, dann hilft dir Gott.« Wir alle sind in diesem Sinn Zuarbeiter. Eigenbemühungen plus Vertrauen, das ist das Rezept der Erfolgreichen in aller Welt.

Sobald wir in uns selbst vertrauen, wird es uns wohl ergehen – weil wir Lebenskraft empfangen. Wer nicht vertrauen kann, bleibt blockiert. Ein nach positiven Grundsätzen ausgerichtetes Leben wird belohnt. Menschen mit viel Vertrauen zu sich selbst und ihrem Schicksal leiden weniger unter stressigen Spannungen und Disharmonien. Daher rauchen und trinken sie weniger, essen gesünder und werden dementsprechend älter als die Durchschnittsbevölkerung.

Ein negatives Selbstbild kann auch zur Entstehung von chronischen Krankheiten führen. Eltern sollten daher darauf achten, dass ihre Kinder ein gutes Selbstvertrauen und ein positives Selbstbild aufbauen. Wir alle sind auf der Suche nach Anerkennung, Wertschätzung und Beliebtheit. Aber wir vergessen meist, dass wir erst ein Gefühl von Selbstwert erlangen können, wenn wir Gott und die Welt achten und in dem Bewusstsein leben, dass wir trotz all unserer Fehler von Gott bedingungslos angenommen werden.

Wenn wir in unserem Beruf etwas leisten, werden wir geachtet und wertgeschätzt. Daher versuchen viele Menschen, ihr Selbstvertrauen allein aus beruflicher Leistung zu beziehen. Sie übersehen aber, dass Gott weniger auf unsere Leistungen sieht als vielmehr auf den guten Willen. Wer Erfolg im Leben haben möchte, muss an sich selbst glauben und verschiedene innere Einstellungen wie auch praktische Vorgehensweisen entwickeln, zum Beispiel:

- *Ich danke:* Jedes Vorhaben beginnt mit einem Dank an den Schöpfer.
- *Ich kann* viel mehr, als ich ahne; aber ich kann dennoch nicht alles.

- *Ich will* vieles, aber nicht alles gelingt mir. Ich brauche Willenskraft und Konzentration auf mein Vorhaben.
- *Ich konzentriere* mich in allen Einzelheiten auf das schon visualisierte Ergebnis. Ich muss beispielsweise so tun, als ob ich schon gesund bin.
- *Ich schaffe es:* Ich muss durch Vorsätze meine Ausdauer und Zuversicht immer wieder stärken, denn Erfolge stellen sich nur langsam ein.

Reflexionen

»Ich bin berufen, etwas zu tun oder zu sein, wofür kein anderer berufen ist; ich habe einen Platz in Gottes Ratschluß, auf Gottes Erde, den kein anderer hat. Ob ich reich oder arm bin, verachtet oder geehrt bei den Menschen – Gott kennt mich und ruft mich bei meinem Namen.« *(Kardinal John Henry Newman)*

Eine charismatische Ausstrahlung entwickeln

Im Neugriechischen heißt *charä (chari)* unter anderem Gnade, Begnadetheit, aber auch Charme. Paulus versteht unter charismatischen Eigenschaften die den Menschen vom Heiligen Geist verliehenen besonderen Begabungen (»zum Nutzen anderer«) wie Sprachbegabung, Heilkraft, Weisheit, Glaubenskraft, Prophetie. Heute wird unter Charisma meist eine außergewöhnlich positive Ausstrahlung verstanden. Charisma haben jene, die originell und anziehend, reif und weise sind.

Vor allem Selbstsicherheit kann die eigene Ausstrahlung stärken oder vermehren. Charisma ist also auch eine Frage des Selbstbewusstseins und nicht allein eine Gnadengabe. Dazu einige hilfreiche Vorsätze:

- *»Ich bin vollkommen ruhig und gelassen.«*
- *»Ich glaube an mich. Ich glaube an Gott. Ich bin voller Glauben.«*
- *»Ich vertraue auf mein gutes Schicksal. Gott liebt mich.«*
- *»Ich ruhe in meiner Mitte. Ich fühle mich wohl in meiner Haut.«*
- *»Meine positiven Gedanken und Handlungen prägen mich.«*
- *»Ich gehe lächelnd dem Leben entgegen. Ich bin okay, so wie ich bin.«*
- *»Ich bewältige meine Aufgaben voller Freude.«*
- *»Ich bin voller Freude. Freude durchströmt jede Zelle meines Körpers. Ich bin und bleibe voller Freude.«*
- *»Ich gehe aufrecht und entspannt, ich bleibe stets aufrichtig.«*
- *»Ich bin wichtig. Ich bin wertvoll. Ich akzeptiere mich.«*
- *»Ich liebe mich und die Welt. Ich bin voller Verständnis.«*
- *»Täglich bewege ich mich frei und froh in frischer Luft.«*

Selbstvertrauen bringt Lebenserfolg

Ein großer Dichter meinte, dass wir unseren Wert selbst bestimmen. Das ist jedoch nur bei einer geglückten Erziehung zutreffend. Eltern und Beziehungspersonen flößen im Idealfall einem Kind frühzeitig Selbstvertrauen ein. Wenn das nicht geschieht, fällt es schwer, dieses Defizit später auszugleichen.

Selbstvertrauen ist das Fundament des Lebens. Wer sich selbst nichts zutraut, dem traut auch das Leben nichts zu. Anstoß für das Selbstvertrauen ist Mut. Dem Mutigen gehört die Welt; wer wagt, gewinnt. Der Mutige hat darüber hinaus auch Glück.

Unser Organismus ist ganz und gar auf Mut und Vertrauen angelegt: Unentschlossenheit ist für Körper und Seele negativer Stress, wir verlieren dadurch an Gesundheit, an Lebens- und Widerstandskraft. Entscheidungen erfordern Mut, Selbstvertrauen und Entschlossenheit, sonst leidet nicht nur unser Organismus, sondern auch das Gemeinwesen. Während die Intellektuellen diskutieren, schaffen die einfach Strukturierten Tatsachen. Erfolgreiche Manager reden nicht lange, sie schaffen Fakten und hoffen auf ihr Glück, das den Tüchtigen bekanntlich beisteht. Auch für unsere Gesundheit gilt: Ein Mensch voller Selbstvertrauen leidet weniger unter Infekten. Selbstzweifel schaffen Unruhe in der eigenen Körperchemie.

Das Selbstvertrauen stärken

Der Mensch ist ein seltsam unvollkommenes Wesen. So können wir nicht hundertprozentiges Selbstvertrauen haben. In dem einen oder anderen Bereich hat wohl jeder kleine Vertrauensdefizite – und Glaubensdefizite. Das Selbstvertrauen speist sich aus vielen Komponenten:

- Wir können im Leben nur mit den Karten spielen, die uns zugeteilt wurden. Aber der Glaube kann unser inneres und äußeres Erscheinungsbild positiv verändern.
- Wenn wir an uns glauben, dann sind wir »gottbegnadet«; wenn wir nicht an uns glauben, verlieren wir volles Leben, wir bestrafen uns. Vor allem der Dickdarm kann darunter leiden. Lebenskraft gewinnen wir durch die Affirmation: *»Ich bin es wert, geliebt zu werden. Ich bin von Grund auf rein und gut.«*
- Das Bewusstsein, Ebenbild Gottes zu sein, ist wie eine Kommunikationsleitung zu ihm, die wir durch Religion aktivieren können (das heißt durch Beten, Verehrung, Glauben usw.). Wir können durch unseren Glauben etwas von seiner universalen Lebenskraft gewinnen: Religion heißt damit Gewinnbeteiligung an der Fülle des Lebens.

- Gott liebt uns in einer allumfassenden Weise. Wenn wir Menschen dagegen von Liebe sprechen, ist es oft so, als ob Blinde über Farben diskutieren würden.
- Gott sorgt für uns, ohne dass wir es merken. Geben wir Gott eine Chance, und öffnen wir die Tür nach innen zu unserem Herzen. Unser Vertrauen wird mit einem Zugewinn an Gesundheit belohnt. Wer vertraut, fühlt sich sicher.
- Gott kennt unsere Namen. Er kennt uns besser als wir uns selbst, denn er ist mit uns durch den Heiligen Geist verbunden. Das Selbstvertrauen jedes an Gott Glaubenden wird gestärkt, wenn er bei Jesaja liest: »Die aber, die dem Herrn vertrauen, schöpfen neue Kraft, sie bekommen Flügel wie Adler. Sie laufen und werden nicht müde, sie gehen und werden nicht matt.« (40,31) oder: »Fürchte dich nicht, denn ich habe dich ausgelöst (erlöst), ich habe dich beim Namen gerufen, du gehörst mir. Wenn du durchs Wasser schreitest, bin ich bei dir.« (43,1–2).

Gottvertrauen schenkt Gesundheit

Von Urvertrauen spricht der Psychoanalytiker Erik Erikson, wenn sich besonders tiefes Vertrauen während der Schwangerschaft sowie in den ersten Lebensjahren optimal ausgebildet hat – dank verlässlicher Liebe und Fürsorge. Gibt es darüber hinaus noch ein Vertrauen auf Gott, das sich unabhängig von guten oder schlechten Lebenserfahrungen entwickelt?

Wir können davon ausgehen, dass in uns eine Sehnsucht nach Gottvertrauen angelegt ist. Schließlich zählen zu den wirkungsvollen Affirmationen für die Stärkung des Thymos die Worte: *»Ich vertraue auf Gott – Ich bin voller Vertrauen.«*

Gottvertrauen gibt uns inneren Frieden und entspannt unsere Muskeln. Es tritt eine tiefe, heilige Gelassenheit ein, die wir mit Entspannungstechniken selten erreichen. Frieden in unserem äußeren Leben können wir nur finden, wenn wir Frieden in uns haben.

Die große Mehrheit der durch Stress entstandenen Krankheiten wird durch absolutes Gottvertrauen gar nicht erst auftreten. Aber sind wir zu einem solchen absoluten Vertrauen imstande? Der Christ weiß: Ich bin im Leben nicht allein, Jesus Christus ist immer mit mir. Durch diesen Glauben, den wir auch visualisieren können, gewinnt der Gläubige Mut, Zuversicht, Kraft, Vertrauen und damit etwas mehr Gesundheit. Christentum ist eine Religion des Vertrauens.

Das Immunsystem erhält unter anderem belebende Impulse durch folgendes Gebet: *»Großer Gott, ich danke dir für alles. Ich vertraue dir, ich vertraue auf deine Hilfe. Ich vertraue darauf, dass du mich führst und immer unterstützt. Du weißt, wie sehr ich auf dich angewiesen bin. Hilf uns allen. Dank sei dir.«*

Reflexionen

»Mein Herz, lern das Vertrauen, bei Gott hat alles seinen Sinn. Einst wirst du staunend rückwärts schauen und wissen: Alles war Gewinn.« *(A. Bartsch)*

»Vertrau auf Gott, er wird dir helfen, hoffe auf ihn, er wird deine Wege ebnen.« *(Jesus Sirach 2,6)*

»Wer in seinem innersten Selbst den uns unsichtbaren Gesetzgeber aller Dinge erkannt hat und ihm allein vertraut, der hat die Seligkeit erlangt.« *(Manu; für die Inder der »Vater der Menschlichkeit«)*

Lächelnd der Angst begegnen

Die christlichen Kirchen könnten ängstlichen Menschen mehr helfen, als sie ahnen, sonst hätten sie längst Sprechstunden für Ängstliche eingerichtet. Die Bibel ist schließlich voll von Ermutigungen und beruhigenden Worten wie »Fürchte dich nicht«. Jedoch ist andererseits die Anlage zu einer ängstlichen Natur zu einem Teil erblich bedingt und zum anderen Teil vor allem durch frühkindliche Erfahrungen stark geprägt. Wohlmeinende Ratschläge und Hinweise können vor diesem Hintergrund wenig bewirken.

Angst kann zwar durchaus zu Kreativität und Aktivität anregen. Kinder wenden beispielsweise mehr Zeit für die Schulaufgaben auf, oder Erwachsene nehmen aus Furcht vor Krankheiten die angebotenen Früherkennungsuntersuchungen wahr. Starke Ängste wirken in der Regel jedoch lähmend. Zwar gibt es kein Leben ohne Angst und Furcht, aber die übermäßige Furcht, die grundlose Angst, die Panikattacke muss abgebaut werden.

Die vielen (»neurotischen«) Angstkrankheiten von heute sind meist nur ein weiteres Symptom unserer Entwurzelung. Wer jedoch aus der Tiefe lebt, wer sich seiner Wurzeln bewusst ist, bleibt gelassen. Christliches Leben baut auf Gottvertrauen, schenkt Hoffnung und versucht, mit Liebe leichten Lebensängsten entgegenzuwirken. Vorsätze gegen leichte Ängste sind beispielsweise: *»An jedem Ort zu jeder Zeit gibt Gott mir Ruhe und Gelassenheit«* oder *»Ich bleibe vollkommen ruhig und heiter, denn er führt mich. Mit frohem Mut geht's weiter«* oder *»Ich fühle mich ganz wohl in meiner Haut. Ich ruhe in meiner Mitte«*.

Solche Vorsätze sagt man sich mehrfach am Tag voller Konzentration, in speziellen Situationen auch mit kraftvoller Stimme oder ohne Pause mehrfach wiederholt.

Leichten Ängsten kann man auch lächelnd begegnen. Schon ein entspanntes Lächeln wirkt angstlösend und harmonisierend, der Blutdruck sinkt geringfügig, der Herzschlag verlangsamt sich etwas, die Durchblutung von Gehirn und Oberbauch wird angeregt. Es besteht bei dieser »Methode« zwar die Gefahr, dass das Lächeln zu einem oberflächlichen Ritual, zu einer Maske erstarrt. Aber dennoch schenkt das Lächeln Gesundheitsimpulse. Vor allem nimmt es der Angst die Spitze.

Reflexionen

»*Curat non curatur* – Wer sich sorgt, wird nicht geheilt.« *(Inschrift über den Antoninischen Bädern im antiken Rom)*

»Der Herr ist bei mir, ich fürchte mich nicht. Was können Menschen mir antun?« *(Psalmen 118,6)*

Übungen zur fünften Lektion

Vierte komparative Entspannungsübung

Wirkung: Entspannung des Kopfes. Stärkung der Gesundheit und Lebenskraft. Diese vierte Übung fasst die bisherigen Entspannungsübungen der zweiten bis vierten Lektion zusammen.

Übung:

- Sammlung: »*Ich bin ruhig – Ich bin ganz ruhig – Ich bin vollkommen ruhig und gelassen.*«
- Übungsformel: »*Ich bin entspannt – Ich bin ganz entspannt – Ich bin vollkommen entspannt – Der ganze Organismus ist entspannt. Ich spüre die Schwere in den Armen – in den Beinen – im Schulter-Nacken-Bereich.*«
- Übungsformel: »*Handinnenflächen – wenn ich dorthin ausatme – strömend warm. Füße und Hände – wenn ich dorthin*

ausatme, fühle ich die Eigenwärme strömend warm. Der ganze Körper ist angenehm entspannt und wohlig warm.«

- Vertiefung: »*Ich bin ruhig – entspannt – gelassen und heiter. Ich spüre die Eigenschwere von Armen und Beinen*« (zwei- bis viermal wiederholen). »*Ich fühle die angenehme Eigenwärme von Armen und Beinen*« (zwei- bis viermal wiederholen).
- Vorsätze (zum Beispiel): »*Heiter und gelassen ruhe ich in meiner Mitte – Ich fühle mich ganz wohl in meiner Haut.*«
- Übungsformel: »*Ich spüre die Eigenschwere in Schultern und Nacken – Ich fühle die Eigenwärme in Schultern und Nacken – Kopfhaut entspannt – Stirn glatt – Augenlider ruhig – Gesichtszüge entspannt – Unterkiefer locker und gelöst – Der ganze Körper ist entspannt und angenehm warm.*«
- Ich konzentriere mich auf die Leibmitte und gebe mir meine Vorsätze dorthin. Vorsätze: »*Ich bin voller Liebe. Ich bin voller Dankbarkeit. Ich bin glücklich und zufrieden. Ich bin voller Lebensfreude. Ich bin voller Vertrauen. Von guten Mächten wunderbar geborgen, erwarte ich getrost, was kommen mag. Gott ist mit mir am Abend und am Morgen und ganz gewiss an jedem neuen Tag.*«
- Abschluss mit Vorsatz: »*Ich bleibe vollkommen ruhig, gelassen und heiter und mache immer so weiter.*«

Zurücknahme: Recken, strecken, dehnen und gähnen.

Dauer: 6 bis 8 Minuten.

Beachten Sie: Je nach Ziel und Vorgehensweise kann eine Übung auch bis zu 30 Minuten dauern. Genießen Sie das langsame Vorgehen, hetzen Sie sich niemals beim Üben.

Die Heilkraft des Glaubens nutzen

Das Motto könnte ein Satz von Novalis sein: »Aller Glaube ist wunderbar und wunderwirkend. Durch den Glauben können wir in jedem Augenblick Wunder tun für uns und oft auch für andere.«

- Es ist wichtig, zielgerichtet vorzugehen. Definieren Sie Ihr Ziel. Sie müssen darüber hinaus auf das Göttliche in Ihnen vertrauen, was mit Kerngesundheit gleichgesetzt wird. Oder stellen Sie sich Ihren göttlichen Kern auch als inneren Arzt oder Ratgeber bildlich vor. Wenn Ihnen dies schwer fällt, können Sie sich auch auf Glück oder Erfolg einstellen.
- Behalten Sie das gewünschte Ziel fest im Auge, visualisieren Sie bis in alle Einzelheiten Ihren Erfolg. Meiden Sie negative Gedanken von Versagen oder Scheitern, von Zweifeln oder Unsicherheit.
- Empfehlenswert ist, sich dreimal täglich für jeweils etwa 10 Minuten in der Entspannung auf Ihr Ziel zu konzentrieren und dabei in allen Einzelheiten Ihren schon erreichten Erfolg im Auge zu haben.
- Vor jedem Üben oder Gebet konzentrieren Sie sich auf die auch in Ihnen vorhandene Heilkraft des Glaubens. Vertrauen Sie fest auf das Gelingen Ihrer Vorhaben.
- Zeigen Sie Ausdauer, und geben Sie nicht auf, selbst wenn es Wochen dauern mag, bis Sie die ersten kleinen Erfolge erleben.
- Ebenso gut können Sie auch vertrauensvoll zu Gott beten, er möge Ihnen helfen, Ihr Ziel zu erreichen. Jedoch auch beim Gebet sind Ausdauer und Zielgerichtetheit – und nicht zuletzt Gnade – entscheidend.
- Als selbstständige Übung, aber auch als Verstärkung Ihrer Bitte um Gesundheit können Sie meditativ visualisieren. Stellen Sie sich beispielsweise vor, Jesus würde Sie in Ih-

rem Krankenzimmer besuchen: Schauen Sie in seine leuchtenden Augen. Fühlen Sie die Ruhe, die von ihm ausgeht. Nehmen Sie das Licht wahr, das Ihren Raum plötzlich erhellt und das Ihr Zimmer erwärmt. Spüren Sie seine Liebe, die Sie plötzlich erfüllt und durchdringt. Glauben Sie fest an Ihr ganz persönliches Glaubenswunder... Üben Sie mindestens 10 und bis zu 30 Minuten; die Konzentration lässt dann nach. Man findet dadurch allemal Ruhe, Erleichterung und Frieden. Wer in psychiatrischer Behandlung ist, sollte jedoch nicht meditieren oder es nur in Absprache mit seinem Therapeuten oder seiner Therapeutin tun.

Hilfe bei leichten Ängsten

- Durch Atemübungen (siehe Seite 59ff.): Angst ausatmen, Mut einatmen.
- Entspannung (zum Beispiel autogenes Training), Hobbytätigkeit, Singen.
- Bewegung (Tanzen, Wandern, Spielen usw.).
- Ablenkung (Konzentration auf die aktuelle Tätigkeit, auf die Gegenwart).
- Beten. Meditieren. Leitsprüche wie: *»Fürchte dich nicht, ich bin bei dir, weiche nicht«*, *»Fürchte dich nicht, glaube nur«* oder *»Die vollkommene Liebe vertreibt die Furcht«*.
- Sich mit Todesfurcht auseinander setzen, sie verschlimmert die Angst.
- Schauspielernd so tun, als ob man bereits mutig oder gelassen sei.
- Mit der Familie oder mit Freunden rechtzeitig über die Probleme sprechen.
- Ein verhaltenstherapeutisches Training beginnen.
- Vorsätze wie *»Ich bin ganz ruhig und gelassen«* oder *»Ich bin voller Liebe«*.

- Befürchtungen (= negative Autosuggestionen) gedanklich sofort in Affirmationen verwandeln.
- Sich sagen: »Ich habe keine Zeit zum Kranksein.« Nicht einmal daran denken, dass man krank werden könnte. Je klarer und positiver die eigenen Gedanken sind, desto besser für den Organismus.

Gebete

- *»Herr, mache mich zu einem Werkzeug deines Friedens, daß ich Liebe übe, wo man sich haßt, daß ich verzeihe, wo man sich beleidigt, daß ich verbinde, wo Streit ist, daß ich Hoffnung erwecke, wo die Verzweiflung quält, daß ich ein Licht anzünde, wo die Finsternis regiert, daß ich Freude bringe, wo der Kummer wohnt. Ach Herr, lass du mich trachten, nicht daß ich getröstet werde, sondern daß ich tröste, nicht daß ich verstanden werde, sondern daß ich verstehe, nicht daß ich geliebt werde, sondern daß ich liebe. Denn wer da hingibt, der empfängt, wer sich nicht selbst sucht, der findet, wer verzeiht, dem wird verziehen, und wer da stirbt, der erwacht zum ewigen Leben. Amen.«* (Franz von Assisi)
- *»Herr, lass mich heute das Lachen (die Freude) nicht vergessen.«*
- *»Herr Jesus, gib Acht auf mich, lass mich nicht untergehen, denn die Welt ist so groß und ich bin so winzig. Stärke meine Zuversicht, schenke mir Lebenskraft. Dank dir.«*

Schließen wir mit dem wichtigsten Gebet um mehr Gesundheit, und leben wir in vollem Vertrauen auf seine Aussage: *»Gott, ich danke dir, dass ich gesund bin und dass alles gut ist.«*

Sechste Lektion
Hoffnung

Hoffnung ist Leben

Stellen Sie sich vor, Sie säßen in der Klemme und wüssten nicht mehr ein noch aus. Wie würde Ihre Reaktion darauf aussehen? Welche innere Haltung würden Sie einnehmen?

Dann stellen Sie sich vor, man habe Ihnen ein wunderbares Angebot gemacht. Wie würde Ihnen jetzt zumute sein? Die Hoffnung wird Sie zweifellos leicht und beschwingt machen. Voller Freude und guter Stimmung werden Sie sich erhoben fühlen. Hoffnung ist ein Lebensaufheller.

Wer hofft, ruft eine Fülle von Gesundheitsimpulsen wach. Hoffnung ist eine Hauptquelle der Lebenskraft und damit der Heilkraft. Wenn es jedoch an Glauben und Vertrauen fehlt, kann die Hoffnung unterminiert oder gar zunichte gemacht werden.

Hoffnung bringt Freude und erwartungsvolle Anspannung – den notwendigen positiven Stress. Wir sind ganz und gar auf Hoffnung angelegt. Ob im Fall von Krankheit oder Unfall, Missgeschick oder Vereinsamung – es ist die Hoffnung, die uns weiterleben lässt und die uns an das Leben bindet.

Hoffnung kann ihre Wurzel im christlichen Glauben haben, sie kann aber auch rein weltlich geprägt sein. Je nach Persönlichkeit oder Temperament kann sie energiegeladen und überschäumend sein oder nur ein kümmerliches Rinnsal darstellen. Sie kann sich auf realistische oder utopische Ziele beziehen; sie kann jedoch auch lähmendes oder gefährliches Wunschdenken sein.

Hoffnung bestimmt jedes Leben. Die Geschichte der Menschheit ist auch eine Geschichte der Hoffnung auf Verbesserung ihrer Situation. Der Optimist ist unerschütterlich davon überzeugt, dass Hoffnung besteht und sich bewahrheitet, während der Pessimist meint, dass jeder Tag nur voller

Schwierigkeiten ist. Er wagt erst gar nicht, auf etwas zu hoffen.

Eine hoffnungsvolle Haltung einzunehmen ist in der Regel mit einem Zuwachs an Gesundheit verbunden und zieht meist ein angenehmeres Leben nach sich. Eine hoffnungsvolle Einstellung ist die Quelle einer psychosomatischen Kraft, die vor allem mit der Schilddrüse zusammenhängt. Wenn uns jedoch alles zu viel wird und wir die Hoffnung verlieren, leiden die Schilddrüse und das Immunsystem bis hin zur Krebsentstehung. Hoffnungskraft belebt dagegen den Organismus und erhöht die Zahl der Abwehrzellen im Blut.

Psychologisch gesehen ist Hoffnung von der lebensfördernden Spannung der wichtigsten vegetativen Regelkreise begleitet. Hoffnung ist also ein heilsamer, lebensnotwendiger positiver Stress (Eustress). Wenn ich keine Hoffnung habe, fehlt die gesunde Spannung, sodass das Abwehrsystem keine Impulse mehr bekommt.

Ein Beispiel: Eine junge Studentin heiratete einen erfolgreichen Akademiker. Seine Arbeit interessierte sie, sie ging völlig darin auf, und sie identifizierte sich mit ihrem Mann und seinem Beruf. Später wurde ihr Mann psychisch krank und konsultierte einen Psychotherapeuten. Im Lauf der Behandlung ließ er sich von ihr scheiden. Für sie brach eine Welt zusammen; sie glaubte, keine Zukunft mehr zu haben. Mit 36 Jahren starb sie an Magenkrebs.

Hoffnungslosigkeit ist vielleicht der gefährlichste psychische Stressfaktor, den es überhaupt gibt. Ein Gefühl der Aussichtslosigkeit und Hoffnungslosigkeit geht jedem Suizid voraus und lässt sich in der Vorgeschichte von vielen Erkrankungen, insbesondere von Krebs, nachweisen, auch bei vielen kriminellen Delikten.

Reflexionen

»Wenn die Hoffnung uns verläßt, geht sie, unser Grab zu graben.« *(Carmen Sylva)*

»Glauben, lieben, hoffen macht den Himmel offen.« *(Hausinschrift)*

»Mit der Hoffnung zu reisen ist besser, als das Ziel zu erreichen.« *(R. L. Stevenson)*

»Es gibt, so denke ich, schlechthin nur einen einzigen wirklichen Lebensantrieb – die Hoffnung.« *(Luise Rinser)*

Christliche Hoffnung

Für christliche Gläubige sind Jesu Worte immer Hoffnung, die das Heute wie das Morgen beeinflussen. Hoffnungslosigkeit ist daher vom christlichen Standpunkt gesehen eine Trennung von Gott, ein Zurückweisung seiner Liebe, ein Missachten seiner ausgestreckten Hand.

Im Fall einer endogenen Depression, einer schweren psychischen Krankheit, bei der die Betroffenen weder glauben noch hoffen können, reicht es allerdings nicht, auf der Ebene des Glaubens helfend zu argumentieren. Hier ist eine Behandlung durch erfahrene Psychiater notwendig.

Unsere Hoffnung kann sich verdichten zum Glauben; Glaube kann sich verdichten zum Vertrauen. Vertrauen kann sich verdichten zum Wissen; Wissen kann sich verdichten zur Liebe – damit sind wir auf dem Weg des Christen angelangt, auf dem wir, von unserem Ich befreit, zu mehr Gesundheit fortschreiten können. Dieser religiöse Weg oder Lebensentwurf ist in uns angelegt, und die Kluft zwischen unseren Möglichkeiten und dem tatsächlichen Zustand kann uns schmerzlich bewusst werden. Nicht wenige leiden unter dieser Diskrepanz. So klagt ein Dichter: »Traurig grüßt der, der ich bin, den, der ich sein könnte.«

Christliche Hoffnung meint immer Gott. Wir hoffen auf ihn, aber auch er hofft auf uns, was im Gleichnis vom barmherzigen Vater ausgedrückt wird. Hoffen ist in ausweglosen Situationen die stärkste Überlebenskraft, wie wir aus zahlreichen Berichten von Menschen, die Gefahren oder Notlagen entkommen konnten, lernen. Christliche Hoffnung sollte so stark sein, dass die vielen Enttäuschungen des Alltags leicht aufgewogen werden. Doch jeder Mensch, auch der gläubige, verliert manchmal die Hoffnung, wenn die äußeren Bedingungen erdrückend zu sein scheinen.

Das Ritual des Herzensgebetes (siehe auch Seite 174f.), das zugleich auch ein Heilsgebet ist, flößt uns heil machende Hoffnung ein, wenn dabei fortwährend wiederholt wird: »Jesus Christus, Sohn Gottes, erbarme dich meiner.« Die Wirkung wird vor allem durch das ständige Aussprechen des Namens erzeugt: Jesus bedeutet im Aramäischen »Gott heilt«.

Jesus ist also für den Christen die heilende, die heil machende und alles umfassende Hoffnung. *»Durch seine Leiden bin ich geheilt.«*

Hoffnung bewahren

»Noch am Grabe pflanzt er die Hoffnung auf« – diese Worte Friedrich Schillers spiegeln auch die Lebenseinstellung des Dichters wider. Schillers Leben war voller Schwierigkeiten: Seine große Familie wollte versorgt sein, eine soziale Absicherung gab es damals nicht. So war er gezwungen, aus seinem von Tuberkulose geschwächten Körper das Letzte herauszuholen. Die Triebfeder seiner Schaffenskraft war seine tiefe moralische Überzeugung, sein Idealismus. Obwohl er als Arzt seinen Zustand erkannt haben musste, arbeitete er unermüdlich, ohne sich zu schonen. Aus Erfahrung wusste er, dass die Hoffnung aus dem Unglück schnell aufkeimt. »Es ist der Geist, der sich den Körper baut«, schreibt er in *Wallensteins Tod*. An einen Zuwachs an Gesundheit kann er dabei nicht gedacht haben, denn sonst hätte er seinen ausgezehrten Körper nicht so sehr überfordert. Er starb mit 46 Jahren.

Ein Leben ohne Hoffnung gibt es nicht, das wäre ein Widerspruch, denn Leben ist Hoffen. Hoffnung hängt nicht vom Bildungsgrad oder vom sozialen Status ab, sie setzt sich aus zahlreichen Faktoren zusammen. Aber es gibt natürlich ein Leben ohne große Chancen, vor allem bei Menschen, die sich gehen lassen, die unflexibel sind oder die an schwersten Behinderungen leiden. Das gilt besonders auch für psychisch Labile. Krebskranke im fortgeschrittenen Stadium hoffen oftmals wider alle Prognosen auf Besserung oder gar Heilung. Bei ihnen lässt sich manchmal erahnen, dass eine solche aus der Tiefe aufsteigende Hoffnung im Transzendenten wurzelt.

Reflexionen

»Hoffnung ist ein gutes Frühstück, aber ein schlechtes Abendbrot.« *(Francis Bacon)*

»Auf der Wiese der (unrealistischen) Hoffnung weiden viele Narren.« *(Russisches Sprichwort)*

»Hoffnung ist im allgemeinen ein schlechter Führer, aber eine angenehme Gesellschaft für unterwegs.« *(G. S. Halifax)*

»Hoffen und Harren macht manchen zum Narren.« *(Ovid)*

»Die Hoffnung ist ein viel größeres Stimulans des Lebens als irgendein Glück.« *(Friedrich Nietzsche)*

»Im Elend bleibt kein anderes Heilmittel als Hoffnung nur.« *(William Shakespeare)*

Ist Hoffnungslosigkeit Selbstmord?

Zu allen Zeiten wusste man, dass Hoffnung die Menschen am Leben erhält. Die gefährlichen Gegenspieler der Hoffnung sind Verzweiflung, Schwarzseherei und Freudlosigkeit. Hoffnungslosigkeit bewirkt eine Lähmung der Lebenskräfte, in deren Gefolge Krankheiten auftreten können, besonders Krebs. Kranke ohne jegliche Hoffnung verurteilen sich selbst zum Tod. Die Dichterin Elisabeth Langgässer äußerte beispielsweise nach Beendigung ihres letzten Buches *Märkische Argonautenfahrt*: »Das Buch ist fertig, aber leider ich auch.« Vier Wochen später starb sie.

Nach Erreichen eines großen und lang ersehnten Ziels kommt es zu einem gefährlichen Entlastungsstress – wenn man nicht bereits eine neue Aufgabe ins Auge gefasst hat. Wer sich dann auch noch vor Erschöpfung psychisch fallen lässt, der stürzt in ein doppelt tiefes Loch. Bei der erwähnten Dichterin war dieser Umstand umso gravierender, da sie sich als chronisch Kranke (sie litt an Multipler Sklerose) nur auf geringe körperliche Kraftreserven stützen konnte.

Der lebensfrohe Dichter Max Dauthendey war davon überzeugt, dass das Schicksal immer das Beste für uns weiß. 1915 geriet er in Indonesien in niederländische Gefangenschaft, und obwohl er ein tiefgläubiger Christ war, verlor er in den nächsten Jahren immer mehr die Hoffnung, seine geliebte Frau und sein Zuhause wiederzusehen. Schließlich hatte er im August 1918 sich selbst und sein Leben aufgegeben. In der Gefangenschaft muss er sehr einsam gestorben sein. Offenbar stand ihm niemand zur Seite, der ihm Lebensmut und Lebenskraft schenken konnte.

Auch der Tod nach einer Tabuverletzung lässt sich durch die gleichen psychosomatischen Mechanismen erklären: Bei vielen Naturvölkern der Welt bekommen manche Menschen noch heute bei ihrer Geburt ein Tabu mit auf den Weg, beispielsweise eine bestimmte Nahrung niemals zu essen. Wer dagegen verstößt, muss nach dem Glauben seines Stammes sterben. Falls dieses Tabu gebrochen wird, stirbt der Betroffene tatsächlich, und zwar an Hoffnungslosigkeit, wie ich ausführlich in dem Buch *Einfach entspannen* geschildert habe.

Ähnlich gefährlich ist es auch in unserer Kultur, wenn jemand von der fixen Idee besessen ist, er müsse an einem bestimmten Tag sterben. Meist stirbt er tatsächlich dementsprechend »termingerecht«. Vergleichbares geschieht bei schweren Krankheiten oder bei der endogenen Depression, durch die zahlreiche lebensentscheidende Regelkreise gehemmt werden und der Lebenswillen gefährlich blockiert wird. Hoffnungslosigkeit kann somit zu einem Synonym für Selbstmord werden.

Doch nicht nur wir Menschen leben von der Hoffnung. Auch Tiere scheinen ähnliche Impulse zu empfangen. Der Schweizer Psychiater und Psychoanalytiker Edgar Heim berichtet von einem Lama-Paar in einem amerikanischen Zoo, das außerhalb seines Käfigs von einem Schneesturm überrascht wurde. Es hatte dreizehn Jahre unzertrennlich zusammengelebt. Das männliche Tier geriet in Panik und ließ sich nicht mehr einfangen. In einem sinnlosen Gewaltakt wurde es erschossen. Das weibliche Tier erstarrte, näherte sich dann langsam dem toten Partner, sank auf die Knie, legte den Kopf auf dessen Körper und ließ sich nicht mehr zum Aufstehen bewegen. Binnen weniger Minuten verschied es. Fühlte es keine Hoffnung mehr? Selbst wer Hemmungen haben sollte, in diesem Fall den Begriff Hoffnung anzuwenden, wird sicherlich zustimmen können, wenn wir ein hoffnungsähnliches Verhalten unterstellen.

Vielleicht kennen auch Sie vergleichbare Beispiele. Das

führt zu der Frage, ob auch Pflanzen »hoffen«. Ich bin sicher, dass sich dafür ebenfalls passende Beispiele finden lassen. So hieße Leben immer auch Hoffen, wie es das lateinische Wort besagt: »*Dum spiro spero* – Solange ich atme, hoffe ich« oder »Solange ich atme, solange hofft es in mir«.

Hoffnung nähren und vermitteln

Ein guter Nährboden der Hoffnung sind eine beispielgebende Erziehung und tiefes Gottvertrauen. Darüber hinaus können große Persönlichkeiten und Vorbilder Hoffnungsträger für die gesamte Menschheit sein, zum Beispiel Helen Keller, Albert Schweitzer oder Mutter Teresa.

Auch an bestimmten Orten können wir Hoffnung schöpfen, zum Beispiel in einer Kirche, auf einem Kreuzweg, an Wallfahrtsstätten wie Lourdes oder Santiago de Compostela oder auch an Orten, die mit schönen persönlichen Erinnerungen verbunden sind.

Worte können ebenfalls Hoffnung schenken. Für einen Priester war einfach das Wort Abba das ermutigendste Gebet. Einige Bücher schenken Hoffnung, allen voran die Bibel oder andere Weisheitsbücher wie die Bhagavadgita. Auch zwei Abenteuerbücher seien in diesem Zusammenhang erwähnt: *Es war, als sängen die Engel* (James Whittacker) sowie *Allein über den Ozean*, von dem Therapeuten mir vielfach sagten, es habe ihren Patienten wieder Hoffnung geschenkt.

Zudem sollte jedes private Treffen auch Freude und Hoffnung vermitteln, denn wir alle brauchen sie, um den Alltag bewältigen zu können. Jemandes Hoffnung stärken heißt, das Göttliche im Menschen zu Reaktionen wie Begeisterung, Gesundheit, Freude, Lebenskraft zu aktivieren.

Reflexionen

Martin Buber erzählt eine Geschichte, die uns hoffen lässt: »Zu Rabbi Elimelech kommt ein Ratsuchender: ›Rabbi! Werde ich in das Reich Gottes eingehen?‹ Der Rabbi: ›Hast du die Thora studiert?‹ – ›Nein.‹ – ›Hast du viel gebetet?‹ – ›Nein.‹ – ›Hast du viele Kranke besucht?‹ – ›Nein.‹ Der Rabbi: ›Du wirst in das Reich Gottes eingehen, denn du bist ehrlich.‹«

»Heute schon gelebt?«

Wir eilen oft durchs Leben und vergessen unsere Bestimmung: die Lebensfreude. Da jeder von uns aus vielfältigen Anlässen und Gegebenheiten Freude schöpft, werden auch die Antworten auf die Frage, was wir mit dem Begriff Freude verbinden, sehr unterschiedlich ausfallen. Hier sind einige spontan geäußerte Antworten aus einem »Freudeseminar«: spielen, Geburtstag, Sonntag, Wochenende, Arbeitsschluss am Freitag, Familienfeste, Familienausflüge, Urlaub, tanzen, Sport treiben, im Garten arbeiten, Tiere beobachten, Musik hören, musizieren, singen, lesen, mit den Kindern oder mit Freunden zusammen sein. Ganz selten kommen Antworten wie: in der Bibel lesen, von guten Taten hören oder lesen, eine schwierige Arbeit erfolgreich abschließen.

Aus einer journalistischen Befragung stammen folgende Antworten: »Meine größte Freude wäre, wenn ich wieder in meinem Beruf tätig sein könnte.« – »Da muss ich natürlich zuerst an Gesundheit denken: dass man sich wohl fühlt und die kleinen Freuden des Alltags miterleben kann.« – »Ich tue nur das, was ich mag. Und was ich tue, das mag ich. So einfach ist das mit der Lebensfreude.« – »Ich freue mich, wenn ich zeichne oder wenn ich am Strand Muscheln und bunte Steine sammle.« Ein Querschnittsgelähmter antwortete: »Vielleicht schockiert es Sie, wenn ich sage: Ich bin die Lebensfreude selbst. Aber in meiner Situation genießt man die kleinsten Dinge, und man ist dankbar dafür.«

Freude ist eine Dankes- und Liebeserklärung positiv eingestellter Menschen an das Leben. Daseinsfreude ist unsere erste und ursprünglichste Äußerung gegenüber Gott. Anderen dazu zu verhelfen und Freude zu verbreiten, das ist unsere Aufgabe.

Reflexionen

»Dies ist der Tag, den der Herr gemacht hat; wir wollen jubeln und uns an ihm freuen.« *(Psalmen 118,24)*

»Der Bedrückte hat lauter böse Tage, der Frohgemute hat ständig Feiertag.« *(Sprichwörter 15,15)*

»Macht euch keine Sorgen, denn die Freude am Herrn ist eure Stärke.« *(Nehemia 8,10)*

»Kein Mensch taugt ohne Freude.« *(Walther von der Vogelweide)*

Freude ist ein Lebenselixier

Freude ist eine gehobene Stimmung und Gestimmtheit, die als Lebensfreude auch bei Schicksalsschlägen noch still durchleuchtet und die mit den Jahren zur tiefen Daseinsfreude reift. Frohsinn dagegen blitzt nur kurzzeitig auf, plätschert fröhlich dahin und versiegt meist schnell. Heiterkeit ist einerseits ein Ausdruck von Freude, andererseits aber auch eine Lebenseinstellung.

Auf der körperlichen Ebene erweitert das Empfinden von Freude die Blutgefäße (»Da wurde mir ganz warm ums Herz«). Wer sich freut, hat meist kein blasses Gesicht. Er ist in der Regel seltener krank als der Freudlose; seine Genesung verläuft etwas schneller. Vieles spricht dafür, dass das Immunsystem auf Impulse durch Freude angewiesen ist. Durch Unlust oder Mangel an Freude kommt es – als eine Art Revolte oder Aggression des eigenen Körpers gegen die »Chefetage« – häufiger als üblich zu (Sport-) Verletzungen oder Unfällen. Ein Zustand der Freude erhöht die Muskelleistung. Auch die Psyche reagiert stabiler.

Der Meridian der Freude ist der Dünndarmmeridian. Er wird geschwächt durch Kummer, Leid und Niedergeschlagenheit. Geeignete Affirmationen sind *»Ich bin voller Freude«* und *»Ich hüpfe vor Freude«*.

Man kann sich krank ärgern, aber man kann sich auch gesund freuen. »Eine Freude vertreibt hundert Sorgen«, hieß es früher in China. Freude erleichtert das Lernen, sei es in der Schule, sei es im Leben. Sie beflügelt zu besseren Leistungen. Freudlosigkeit bereitet meist den Boden für Ausschweifungen aller Art. Freude dagegen steigert das Wohlbefinden; sie führt zu Gelassenheit und hilft, Stress abzubauen. Dass sich Freude in der Körperhaltung sowie in leuchtenden Augen und einer gut durchbluteten Haut zeigt, wird jeder auch schon bei sich selbst bemerkt haben. Wir sprechen dann von innerer Schönheit.

Freude ist eine Tugend des Menschen, die sich positiv auf seine Umgebung auswirkt. Frohe Menschen sind anziehend und haben viele Freunde. Zeigen wir also unser heiteres Gesicht. Tiefe Freude verschenkt sich. Jede Begegnung, jedes Treffen sollte auch Freude bringen. Selbst Tiere spüren unsere Freude.

Innere Freude

»Die beste Freude ist Wohnen in sich selbst«, sagte Goethe. Wer in sich selbst ruht, ist ruhig und gelassen. Er hat sich selbst verwirklicht, wenn sein Denken und Handeln deckungsgleich geworden sind und wenn er sich überdies selbst akzeptiert. Ergänzend dazu sollten wir das Wort von Nietzsche beherzigen: »Man darf nichts denken und tun, was einem nicht gemäß oder zuwider ist. Höchste Ehrlichkeit zu seinem eigenen Wesen ist die Devise.« Wir dienen unserer Gesundheit, wenn wir authentisch bleiben. Dem »Wohnen in uns selbst« kommen wir näher, indem wir

- uns in der Entspannung Vorsätze geben: *»Ich fühle mich ganz wohl in meiner Haut; ich bin ganz Freude« – »Ich bin bei mir selbst zu Hause; ich ruhe in mir« – »An jedem Ort zu jeder Zeit mehr Ruhe und Gelassenheit«.*
- nett zu uns selbst sind und uns über unsere Schwächen lustig machen.
- uns eine positive Grundstimmung angewöhnen oder antrainieren, um mit Gott und der Welt in Frieden und Harmonie zu leben.
- stets nach dem Motto leben: »Was du nicht willst, das man dir tu, das füg auch keinem anderen zu.«
- uns auf das Gegenwärtige konzentrieren.
- die Vergangenheit loslassen und auf unser gutes Schicksal vertrauen.

Sich selbst finden

Ein koreanischer Arzt bei Albert Schweitzer hat folgendes Jesuswort in mein Bordbuch eingetragen: »Wer sein Leben retten will, wird es verlieren, aber wer sein Leben um meinetwillen verliert, der wird es retten.« (Lukas 9,24)

Wer für sich erkannt hat, dass Christus sein Weg ist, der ist dabei, der zu werden, der er ist. Diese Art der Selbstfindung zeichnet sich durch Freude und Gelassenheit aus, denn wir werden erwartet – auch von uns selbst. Selbstfindung ist also Selbsterwartung und im besten Fall schließlich Selbsterfüllung.

Wir gewinnen Heiterkeit und Gelassenheit, wenn wir den Weg zu unserem Lebensziel gefunden haben. Jeder gelungene Schritt wird dann die Lebensfreude vermehren. Der Weg garantiert Freude. Diese Erkenntnis kommt einer Erleuchtung gleich, einer Lösung unserer Ungewissheit, einer Erlösung. Der »neue« Mensch empfindet auch die Außenwelt beglückender, friedvoller und heiterer. Die Steigerung solcher Erfahrungen werden im Christlichen Einheitserlebnisse (Unio-Erlebnisse) genannt. Im Yoga spricht man von Samadhi, im Zen von Satori. Es handelt sich um seltene, sehr kurze, flüchtige Gipfelerlebnisse.

Aus der Tiefe aufsteigende Wünsche sind manchmal Äußerungen des Unbewussten, die man nicht immer ignorieren kann. Das Ausmalen unserer Herzenswünsche, die unser inneres Potenzial widerspiegeln, kann ebenfalls zur Freude führen.

Reflexionen

»Mensch, alles, was du willst, ist schon zuvor in dir. Es liegt nur an dem, daß du's nicht wirkst hierfür.« *(Angelus Silesius)*

»Vor jedem steht ein Bild, dess', das er werden soll, und eh er das nicht ist, ist nicht sein Friede voll.« *(Friedrich Rückert)*

»Nach innen geht der geheimnisvolle Weg. In uns – oder nirgends ist die Ewigkeit mit ihren Welten, die Vergangenheit und die Zukunft.« *(Novalis)*

»Unsere Wünsche sind Vorgefühle der Fähigkeiten, die in uns liegen, Vorboten desjenigen, was wir zu leisten imstande sein werden.« *(Goethe)*

Freude schöpfen

In der Natur

Der Kontakt mit der unverfälschten Natur kann uns große Freude schenken. Der Aufenthalt in frischer Luft macht uns frei ums Herz und vermittelt eine freudige Stimmung, wobei jeder Mensch ein ganz bestimmtes Klima und eine bestimmte Landschaft bevorzugt, in denen er sich wohl fühlt. In der Natur werden wir still. Eile und Hektik gleiten von uns ab, um der natürlichen Freude Platz zu machen.

Mit anderen

Anderen Freude spenden heißt, Freude zurückzuerhalten. Hinzu kommt, dass geteilte Freude doppelte Freude ist. Ein Mensch ohne Freude verfehlt sein Leben; Pflichtgefühl allein darf nicht unser Motor sein. Wir sollten uns täglich eine kleine Freude machen oder uns etwas gönnen, was uns und anderen Freude bereitet. Freude verschenken macht reich, ein Mensch voller Freude hat viele Freunde. Ein Griesgram dagegen tut sich schwer; er sollte wissen, dass Miesmacherei der Umgebung Kraft, also Gesundheit, raubt.

Durch Arbeit und Leistung

Goethes Weisheit »Wer freudig tut und sich des Getanen freut, ist glücklich« ist in gewisser Weise zeitlos gültig. Eine ungeliebte Arbeit beeinträchtigt unsere Stimmung und Gesundheit. Wer meint, sein Leben sei arm an Freude, der sollte nach Möglichkeit arbeiten und seine Aufgaben gut erledigen. Dieser Ansicht war auch Benjamin Franklin: »Eine Stunde konzentrierter Arbeit hilft mehr, deine Lebensfreude anzufachen, deine Schwermut zu überwinden und deinen Schritt wieder flott zu machen als ein Monat dumpfes Brüten.«

Vielleicht machen Sie einmal ein ganz persönliches Experiment, und versuchen Sie einen ganzen Tag lang nach der Einstellung zu leben und zu arbeiten: *»Ich bin ganz Freude«* oder *»Ich bin voller Freude«*.

Unsere Arbeit sollen wir mit Freude tun, »als wäre sie für den Herrn« (Paulus), weil das Gesundheitsimpulse gibt.

Durch Bewegung und Sport

Das Wort Sport stammt aus dem lateinischen *disportare*, das »sich zerstreuen, sich vergnügen« bedeutet. Durch Sport, Spiel und Bewegung blühen wir auf. Wir sind in der Lage, Belastungen und Sorgen zu vergessen. Hilfreich sind deshalb auch Vorsätze wie: *»Wenn ich etwas Schönes seh', tut mir mein Knie nicht mehr weh«* oder *»Weil ich meinem Körper Freude mach', verschwindet Schmerz aus meinem Gemach«*.

Der weise Heraklit hielt den Wettstreit für den Vater aller Dinge. Daran hat sich in den letzten 2500 Jahren nichts geändert – es sei denn, dass viele im Zuge der Zeit seinen Satz mit »Der Krieg ist der Vater aller Dinge« übersetzen. Rekorde – ob im Sport oder in Wissenschaft und Technik – sind dazu da, dass man sie übertrifft. Dieses Prinzip, der Kräftigste oder Schnellste sein zu wollen und andere zu übertreffen, findet sich in der ganzen Natur. Man mag heute zwar von einer Rekordsucht sprechen, aber mit ihr eng verknüpft ist doch immer auch eine gewisse Vorfreude. Zudem ist in dem Begriff Rekord das lateinische Wort *cor* für Herz, Gemüt enthalten. Vorfreude belebt; sie ist positiver Stress. Wer ohne Lust und Liebe vorgeht, schafft keinen Rekord.

Durch Religion und Glauben

Aus dem religiösen Glauben lässt sich leicht Freude schöpfen. Manchen erscheint es nur schwierig, ihren Glauben auch zu zeigen und zu bekennen. Die Bibel, speziell das Evangelium könnte die tiefgründigste Botschaft der Freude sein, wenn wir danach zu leben verstünden. Lassen Sie sich inspirieren:

- »Freue dich innig am Herrn! Dann gibt er dir, was dein Herz begehrt.« *(Psalmen 37,4)*
- »Ich verkünde euch eine große Freude.« *(Lukas 2,10)*
- »Freut euch zu jeder Zeit!« *(1. Thessalonicher 5,16)*
- »Freut euch, daß eure Namen im Himmel verzeichnet sind.« *(Lukas 10,20)*

Wir können also die alte Erkenntnis bestätigen: »Das Reich Gottes, das inwendig in uns ist, ist Friede und Freude.«

Ein Tagebuch der Freude

Wer voller Freude ist, dem geht alles leichter von der Hand als dem Freudlosen. Wer seine Arbeit nur lustlos tut, wird niemals von seinem Frust loskommen. Kreativität entsteht auch auf dem Fundament der Freude; Erfindungsgabe setzt auch Freude und Begeisterung voraus. Es liegt an Ihnen selbst, ob Sie sich für die Freude öffnen wollen. Gründe, sich zu freuen, gibt es zuhauf. Es geht nicht so sehr darum, was Sie tun müssen, als vielmehr darum, wie Sie sich innerlich einstellen und öffnen, damit die Freude Sie dauerhaft beflügelt.

Manchmal blockiert die bewusste Absicht das Erreichen des Zieles. Gehen Sie Ihr Ziel, mehr Freude in Ihr Leben zu bringen, also gelassen an. Eine gute Methode ist, ein Tagebuch der Freude zu führen. Dort können Sie regelmäßig eintragen, warum und worüber Sie sich während der letzten 24 Stunden gefreut haben, und sich über verschiedene Fragen klarwerden, zum Beispiel:

- Kann ich einige der freudvollen Situationen wiederholen, verlängern oder auf andere Situationen übertragen?
- Bin ich dankbar auch in alltäglichen Angelegenheiten?
- Bin ich voller Liebe, um zu verzeihen und mich zu versöhnen?
- Bin ich positiv genug eingestellt, um bösartige Bemerkungen zu überhören?
- Habe ich mir den Sinn für das Komische, Besondere oder Außergewöhnliche bewahrt?
- Wie kann ich meinen Sinn für Humor noch mehr kultivieren?
- Habe ich schon genügend Distanz zu mir selbst, zu meinen Bedürfnissen gefunden?

Machen Sie sich klar, dass innere Freude umso näher ist, je weniger Sie unnötigen Dingen nachjagen. Eine alte Weisheit besagt: »Wenn ich mir selbst genüge, gehört die Freude mir.«

Kultivieren Sie die Freude zu Ihrem ureigensten Lebensgefühl, denn: »Die höchste Vollkommenheit der Seele ist die Fähigkeit zur Freude.« (Vauvenargues)

Reflexionen

»Es gibt so viel Freude in unseres Herrgotts Welt; man muß sich nur aufs Suchen verstehen und das Kleine nicht verschmähen.« *(Frau Goethe an ihren Sohn Johann Wolfgang)*

»Schuf nicht der Schöpfer der Welt alles zur Freude?« und »Wer sich freut, erfüllt der Schöpfung Zweck.« *(J. G. Herder)*

»Niemand kann glücklich leben, der nur auf sich selbst sieht und alles nur zu seinem Vorteil wenden will. Man muß für andere leben, wenn man sein Glück sichern will.« *(Seneca)*

»Die Heiterkeit der Seele ist der wahre und allein angemessene Zustand. Er bildet Inhalt und Fundament jeder religiösen

Verkündigung, da jede Religion auf Freude, Beglückung und Vervollkommnung des Menschen abzielt.« *(O. S. Marden)*
»Seit es Menschen gibt, hat der Mensch sich zu wenig gefreut. Lernen wir uns besser freuen, so verlernen wir am besten, einander wehe zu tun.« Und: »Wer viel Freude hat, muß ein guter Mensch sein.« *(Friedrich Nietzsche)*

Freude auch in schwieriger Zeit

Durch meinen Beruf sowie durch meine wiederholten Krankenhausaufenthalte habe ich zahlreiche Schwerbehinderte kennen gelernt. Auffallend war bei den meisten, dass sie sich nach einer Phase der vorübergehenden psychischen Desorientierung gleich nach ihrem Unfall oder Kranksein wieder gefangen hatten. Und meist freuten sie sich dann mehr als zuvor am Leben. Einige waren sogar davon überzeugt, dass sich hinter ihrem Unglück letztlich ihr Glück verbarg und nun zum Vorschein kommen konnte. Nur wenige fanden sich mit ihrem schweren Los nicht so schnell ab, zumal es in den meisten Kliniken kaum Ansprechpersonen gibt, die den Patienten helfen, ihre Situation besser zu verarbeiten.

Ich muss gestehen, dass auch ich wochenlang psychisch »in der Luft schwebte«, nachdem ich als Fußgänger von einem Auto überfahren worden war. Erst nach und nach bekam ich wieder Boden unter die Füße. Immer wieder überlegte ich, ob ich nicht besser sterben sollte, doch meine religiöse Verankerung war stärker. Heute ist meine Freude tiefer denn je, weil ich endlich Frieden mit den Schmerzen und Behinderungen schließen konnte.

Als früherer Sportler und Gesundheitserzieher war ich auf einen gesunden Körper fixiert, sodass mir damals die Umstellung schwer fiel. Jetzt weiß ich, dass man gewisse Behinderungen überspielen kann und nur so weit wie nötig von ihnen Notiz nehmen muss. Wer als Benachteiligter oder Kranker Freude sucht, darf keine Vergleiche anstellen, sondern muss nach vorn blicken.

Zahlreiche Querschnittsgelähmte haben ihren Unfall bewundernswert gut verarbeitet, ihr Schicksal angenommen und die Freude nicht aus ihrem Leben verbannt. In diesem Sinn fragte mich einmal ein Schwerstbehinderter: »Ist Freudlosigkeit nicht Undank gegenüber dem Leben? Ist sie nicht oftmals ein Zeichen einer psychischen Behinderung?« Diese Gedanken müssen wir uns ins Bewusstsein holen, wenn uns scheinbar einmal die Freude am Leben verloren gegangen ist.

Unter Umständen kann es zudem helfen, sich daran zu erinnern, dass Liebe und Freude auch über Haut und Sinne vermittelt werden – dass wir uns über die Natur freuen können, über das gute Wetter, die Sonne, dass wir nicht hungern müssen, dass es inspirierende Fernsehsendungen oder Bücher gibt, dass uns gute Freunde und Ansprechpartner zur Seite stehen und dass wir in Gott einen liebevollen Begleiter haben, der immer auf uns wartet und dem wir uns jederzeit zuwenden können.

Reflexionen

»Ich habe viele glückliche Menschen kennengelernt, die es nur sind, weil sie ganz sind. Auch der Geringste, wenn er ganz ist, kann glücklich und in seiner Art vollkommen sein.« *(Goethe)*

»Der Mensch ist nicht zum Vergnügen, sondern zur Freude geboren.« *(Paul Claudel)*

»Lust und Liebe zum Ding macht alle Müh' und Arbeit gering.« *(Sprichwort)*

Lachen ist die beste Medizin

Lachen ist die beste Medizin, weil es das Immunsystem anregt. Zudem werden neben anderen positiven chemischen Veränderungen auch »Glückshormone« freigesetzt. Schon der antike Philosoph Demokrit stellte fest: »Heiter macht heil. Von Natur aus ist Arzt, wer andere erheitern kann.« Clowns sind demnach »Naturärzte«. Dem entspricht auch, dass humorvolle Mütter und die von ihnen gestillten Neugeborenen seltener an Atemwegsinfektionen erkranken, weil sie über mehr Abwehrstoffe verfügen (Ergebnisse einer Studie am Universitätsspital Zürich von 1993).

Lachen oder Lächeln ist die leichteste Anstrengung mit dem größten Gewinn an Wohlbefinden, die schon von Aristoteles als »eine körperliche Übung von großem Wert für die Gesundheit« bezeichnet wurde. Dabei musste er wohl an das »homerische« Gelächter (Zwerchfelllachen) gedacht haben. Herzhaftes Lachen ist eine echte Bauchgymnastik, durch die der ganze Organismus eine wohltuende Belebung erfährt.

»Kann man denn nicht auch lachend sehr ernsthaft sein?« fragte Lessing. Und deswegen haben einige Kinderkrankenhäuser in den USA die Stelle eines »therapeutischen Clowns« (»Dr. Clown«) geschaffen, um die Heilkraft des Lachens auszunutzen.

Ein Mensch, der gern lacht und der auch über sich selbst lachen kann, ist auf dem rechten Pfad zur Gesundheit. Lachen kurbelt durch die Dämpfung von Stresshormonen nicht nur immunologische Prozesse an, sondern stärkt in einem ganzheitlichen Sinn die Lebenskraft und Lebensbejahung, den Lebensmut und die Lebenslust, das Lebensgefühl und die Lebensqualität. Alle Lebensgeister werden geweckt.

»Ein fröhliches Herz tut dem Leib wohl«, heißt es. Entdecken wir wieder das Lachen, und verordnen wir uns täglich eine reichliche Portion davon. Wir werden dadurch nur gewinnen. Lachen ist und bleibt das wichtigste und gesündeste Stressventil des Lebens, deswegen gibt es in einigen Kliniken »Lachzimmer«.

Reflexionen

»Der Himmel hat den Menschen als Gegengewicht gegen die vielen Mühseligkeiten des Lebens drei Dinge gegeben: die Hoffnung, den Schlaf und das Lachen.« *(Immanuel Kant)*

»Herr, schenke mir Sinn für Humor. Gib mir die Gnade, einen Scherz zu verstehen, damit ich ein wenig Glück kenne im Leben und anderen davon mitteile.« *(Thomas Morus)*

Übungen zur sechsten Lektion

Die Heilkraft der Hoffnung

Glaube, Hoffnung und Liebe bringen uns in andere Dimensionen, sodass es zu wunderbaren Besserungen und Gesundungen kommen kann. Wissenschaftliche Untersuchungen haben eine alte Erfahrung bestätigt: Kurz vor dem Geburtstag ist die Sterblichkeit besonders niedrig, kurz danach erhöht. Leben braucht Hoffnungsfreude.

Vom Umgang mit Krankheit und Kranken

Vonseiten des Patienten: Empfehlenswert ist, vor jedem Gespräch mit Ärzten und Therapeuten oder vor Operationen, Eingriffen und Untersuchungen für gutes Gelingen und größtmögliche Umsicht aller Beteiligten zu beten.

Jede therapeutische Anwendung, auch eine Massage oder Krankengymnastik, sollte von dem Patienten durch bildhafte Vorstellungen (Visualisierung) von bereits eingetretener Gesundheit unterstützt werden. Dabei sollte man sich nicht durch belanglose Plaudereien ablenken lassen. Die Visualisierung sollte mit der Atmung verbunden werden, zum Beispiel:

- Mit der Einatmung: *»Heilkraft rein.«*
- Mit der leicht verlängerten Ausatmung: *»Ungesundes raus.«*

(Mehrfach wiederholen, dabei kann man in der Vorstellung zu der schmerzenden Stelle oder Problemzone gehen.)
Ein Apotheker in Hessen hat vor etwa 150 Jahren – wohl auch als Memento für seine Nachkommen – folgenden Satz in seine Waage eingravieren lassen: »Füge jeder Arznei einen Tropfen Hoffnung bei.« Einen solchen Hoffnungsimpuls sollten sich Kranke bei jeder Einnahme von Medikamenten geben – der Gesundheit zuliebe.
Erinnert sei auch noch an den großartigen P. E. Coué, Apotheker aus Nancy, der die Psychologie der Vorsatzgebung und Autosuggestionen begründete. Sein Satz *»Jeden Tag in jeder Hinsicht geht es mir besser und besser«* kann Leiden erträglicher machen, wenn man ihn sich immer wieder »einverleibt«.

Vonseiten des Therapeuten: Niemals negativ besetzte, Energie raubende Wörter benutzen wie »unheilbar«, »hoffnungslos«, »aussichtslos«. Stattdessen lieber Formulierungen wählen wie »… aber Sie können es schaffen« oder »… aber verloren ist nur, wer sich selbst aufgibt« usw.
Beim Verschreiben von Arzneien beiläufig erwähnen, dass das Medikament sich bewährt hat, dass es bei wissenschaftlichen Studien besonders gut abschnitt usw. Natürlich wissen Therapeuten das alles, nur einige vergessen, es ihren Patienten auch mitzuteilen.

Affirmationen, um die Hoffnung zu stärken

Der Meridian der Schilddrüse ist der Meridian der Hoffnung (»Dreifacher Erwärmer«). Affirmationen wirken wie Vorsätze:

- *»Ich bin hoffnungsfroh.«*
- *»Ich bin voller Hoffnung.«*
- *»Ich bin immer voller Hoffnung.«*
- *»Ich bin leicht und beschwingt.«*
- *»Ich bin immer beschwingt und hoffnungsfroh.«*

Negative Gefühle, die den Meridian der Hoffnung (Schilddrüse) schwach reagieren lassen, sind reaktive Depressionen im Sinn von Niedergeschlagenheit, Hoffnungslosigkeit, Verzweiflung, Mutlosigkeit, Verlorenheitsgefühle, Trauer und Einsamkeit verbunden mit schwerer Antriebslosigkeit. Aber schon ein Gefühl der Bedrücktheit, beispielsweise nach einer enttäuschenden Auskunft, kann eine Schwächung des Meridians zur Folge haben. Symptome sind unter anderem allgemeine Schlaffheit und Abfall der Temperatur am Morgen.

Die genannten Affirmationen zur Stärkung der Hoffnung helfen für kurze Zeit; sie müssen tagsüber mehrmals wiederholt werden. Besser noch: Aus den Affirmationen wird eine Lebenseinstellung, zum Beispiel: *»Hoffe auf den Herrn, und sei stark! Hab festen Mut, und hoffe auf den Herrn!«* (Psalmen 27,14)

Von der Heilkraft der Freude

Eine originelle, ja paradoxe Möglichkeit, Freude zu finden, nennt der Nobelpreisträger für Literatur G. B. Shaw: »Ich habe gelernt, vom Leben nicht viel zu erwarten. Das ist das Geheimnis aller (meiner) echten Heiterkeit und der Grund, warum ich immer angenehme Überraschungen statt trostloser Enttäuschungen erlebe.« Es gibt offenbar unzählige Wege, Freude in sich zu entdecken.

Mehr Freude durch die richtige Vorsatzgebung

Am besten geben Sie sich geeignete Vorsätze in der Entspannung. Projizieren Sie gedanklich die Vorsätze mit der verlängerten Ausatmung in die Gegend des Sonnengeflechts (hinter den Magen), als wollten Sie alle Angst aus dieser Gegend wegpusten:

- *»Ich fühle mich ganz wohl in meiner Haut.«*
- *»Ich bin ganz Freude.«*
- *»An jedem Ort zu jeder Zeit mehr Freude und Gelassenheit.«*
- *»Ich bin und bleib' ganz ruhig und heiter und mache mein Leben lang so weiter.«*
- *»Viel mehr Freude und mehr Heiterkeit führen zu meiner Selbstsicherheit.«*
- *»Frisch, fromm, fröhlich, frei, so bleib' ich stets high.«*
- *»Ich habe Liebe und Vertrauen, keiner kann meine Freude klauen.«*
- *»Ich habe Freude und Vertrauen, darauf kann ich mein Leben bauen.«*
- *»Froh im Herzen – frei von Schmerzen.«*
- *»Ich schlafe gut und tief und ohne Sorgen und erwache frisch und voll Freud' am Morgen.«*
- *»Ich bleibe froh und heiter und mache immer so weiter.«*
- *»Ich genieße den Alltag und freue mich jeden Tag.«*

Wer Freude und Entspannung braucht, kann die Atmung noch differenzierter zu Hilfe nehmen und sich vorstellen:

- Mit der Einatmung in die Bauchmitte und hinter den Magen: *»Ich bin ganz Freude.«*
- Langsam mit der verlängerten Ausatmung: *»Ich bin ruhig und gelassen.«*

  Oder:
- Mit der Einatmung: *»Ich bin voller Freude.«*

- Langsam mit der Ausatmung: *»Ich lasse los und vertraue.«*
  Oder:
- Mit der Einatmung: *»Befreit entlaste ich mich.«*
- Langsam mit der Ausatmung: *»Alle Lasten werfe ich voll Freude auf dich.«*

Beachten Sie: Nach der Ausatmung stets eine kurze Pause machen.

Freude muss zu unserer anderen Natur werden, dabei ist unsere gesamte Lebenseinstellung wichtiger als einige Vorsätze. Beobachten Sie sich, und korrigieren Sie sich selbst – und verzagen Sie nicht. Verbesserungen kann jeder von uns erzielen, vor allem wenn Sie zusätzlich noch um Unterstützung bitten. Für kleine positive Veränderungen müssen Sie sich etwa drei Wochen intensiv bemühen. Das heißt: immer wieder daran denken und den Vorsatz wiederholen, in der Gegenwart leben, Rückfälle akzeptieren, wiederholen, nicht aufgeben, neu beginnen und sich über kleine Erfolge freuen.

Probieren Sie es im Urlaub: »Eine Woche Fröhlichkeit, plus eine Woche Heiterkeit, plus eine Woche Beschwingtheit, macht den Urlaub zur Seligkeit.«

Gesundheitsmeditation

Wirkung: durch Hingabe (Selbstverleugnung) an Lebensenergie und Gesundheit gewinnen.

Dauer: etwa 10 Minuten.

1. Vorbereitung

Sie lesen die folgenden Texte und »unterlegen« das Gelesene mit Gefühlen.

Sie sitzen aufrecht (Pharaonenhaltung, siehe Seite 109) oder liegen und entspannen sich mit Hilfe der verlängerten Ausatmung (Seite 61f.). Sie erinnern sich, dass der Heilige Geist auch in Ihnen ist. Dieser innerste Kern ist »kerngesund«, und von diesem göttlichen Kern gehen übernatürliche Impulse aus, wenn wir darum bitten oder es visualisieren.

2. Phase des Lobes und des Hilferufens

Herr, du kennst mich, du weißt, wie wenig ich dein Wirken und dein Handeln durchschauen kann. Du weißt, wie gedankenlos ich deine Werke übersehe. Du hast vor Millionen Jahren unseren »Geschwistern im Meer«, den Walen und Delfinen, das Radar geschenkt. Du hast vor noch längerer Zeit den Tintenfischen den Rückstoßantrieb (»Düsenantrieb«) geschenkt. Du hast den Vögeln und Schildkröten der Meere vor unvorstellbar langer Zeit Navigationsinstrumente zur Verfügung gestellt. Herr, wer bin ich, dass du dich meiner erinnerst, dass du meinen Namen kennst? Erbarme dich meiner Mängel und Schwächen. Erbarme dich meiner Fehlerhaftigkeit und Unvollkommenheit. Mein Herz schreit nach Vervollkommnung. Ich leide unter meiner geistigen Blindheit. Ich ächze unter dem Druck meines selbst gemachten Stresses. Meine Seele verzehrt sich nach dir, nach deiner Wärme, nach deiner Gesundheit.

3. Phase des Bittgebetes

Herr, erhöre mein Flehen. Du bist unermessliche Liebe; lass etwas mehr Liebe in meine Seele fließen. Du bist absolute Gesundheit; lass etwas mehr Gesundheit in meinen Organismus strömen. Du verkörperst die kosmische Ordnung; lass etwas mehr Ordnung mich durchdringen. Deine Weisheit überschreitet menschliches Denken; lass etwas mehr Weisheit in meinem Leben durchscheinen. Herr, von dir geht das Heil aus. Unterstütze meine Bemühungen, auf dass ich mich vervollkommne. Mein Körper schreit nach mehr Gesundheit. Meine Seele verzehrt sich nach Liebe und Heilung. Sende nur einen Impuls, und ich bin gesund. Sende nur einen Funken, und es zündet bei mir.

4. Phase des Dankens

Herr, um deine Gnade bitte ich dich. Durch die Leiden von Jesus Christus bin ich geheilt. Ich vertraue auf dich. Ich vertraue auf dein Wort, denn dein Wort ist ein Versprechen für ewig. Ich danke dir, dass ich voller Hoffnung sein kann. Ich danke dir, dass ich dir glauben darf. Mein ganzer Organismus schäumt über vor Dankbarkeit; Freude sprüht aus mir. Ich danke dir, dass sich jede Zelle meines Körpers erneuert. Ich danke dir, dass alle Zellen meines Körpers von deiner Liebe erfüllt sind. Lass deine Weisheit sich widerspiegeln in der Weisheit meines Organismus.

Herr, schütze mich davor, dass ich nicht selbst deine Bemühungen sabotiere. Herr, ich glaube an dich. Ich vertraue auf dich. Ich liebe dich. Ich bin voller Dankbarkeit für alles. Amen.

Gebet

Unsere Hoffnung auf Gesundheit gipfelt nach wie vor in dem Gebet: *»Herr, ich danke dir, dass ich gesund bin und dass alles gut ist.«*

Siebte Lektion

Werte und Tugenden

Sich zu Werten bekennen

Unsere Wertvorstellungen ändern sich in der heutigen Erlebnisgesellschaft naturgemäß schnell, ohne dass das Werteniveau deshalb niedriger liegen muss als früher. Aber haben Werte heute noch den Einheit stiftenden Charakter wie früher? Wir Individualisten pflegen unsere persönlichen Wertvorstellungen und bewerten täglich unsere Welt auf die verschiedenste Weise. Die Aussage, dass alles relativ ist, wird dabei ganz einfach von der Physik auf das Alltagsleben übertragen. Aber wenn das Bekenntnis zu den tieferen, beständigen Werten und zur Gesamtethik fehlt, geraten einige leicht in die Nähe anarchischer Denkweisen.

Manche Tugenden sind nicht relativ, sondern von absoluter Gültigkeit. Unser Anliegen sollte es sein, sich auf diese Werte zu konzentrieren, die vor allem auch der Gesundheit förderlich sind. Die göttlichen Tugenden – Glaube, Hoffnung und Liebe – verbinden uns geheimnisvoll und unerklärlich mit einer höheren Macht und mit dem Strom des Lebens. Sie lösen »übernatürliche« Wirkungen in uns aus.

Bereits 1936 war der Psychologe H. C. Link nach einer groß angelegten Studie an 73 000 amerikanischen Arbeitslosen zu dem Schluss gekommen, dass das Hauptproblem dieser Menschen in einem Mangel an Werten, an Glauben sowie an Lebenszielen bestand. Er empfahl ihnen, zur Persönlichkeitsreifung regelmäßig die Kirche zu besuchen und die Bibel zu lesen. Und zwar mit dem Ziel, ihre verkrampfte Ichbezogenheit aufzulockern und extravertierter, aber zugleich rücksichtsvoller zu werden. Außerdem beklagte er die Tendenz zur Über-Erziehung mit zu viel Theorie und zu wenig Praxis.

Echte Werte sind immer sozial und gesundheitsfördernd; sie wirken dynamisch. Tugenden zu pflegen gehört zur moralischen Gesundheit, die wie die körperliche Gesundheit ein kostbares Gut ist. Wer die sozialen Pflichten würdigt und ihnen nachkommt, humanisiert die Gesellschaft und gewinnt individuelle Gesundheit.

Doch leider sind wir oft blind und blockiert, wenn es um geistige, also um unvergängliche Werte geht. Das Diktat gewisser Medien verführt leicht zu Unkultur und Werteverflachung. Eine Haltung der Gleichgültigkeit aus einem Mangel an familiärer und an schulischer Erziehung ist jedoch ein Missstand, der nur eins fördert: das Negative. Gefühle allgemeiner Wertlosigkeit rauben uns Gesundheit und können auf Dauer gesehen gefährliche Auswirkungen haben – sozial und individuell. Wer sich wertlos fühlt, ist zu allen möglichen Taten fähig, nur um Anerkennung zu erlangen. Sich andererseits den Tugenden verpflichtet fühlen heißt, sich und die Welt verbessern zu helfen. Wer Werte und Tugenden vorlebt, trägt zur Würde des Menschseins bei.

Werteverfall ist genauso wie Machtverfall immer mit Korruption und Glaubenskrisen verbunden. Daran hat sich im Lauf der Geschichte bis heute nichts geändert. Aber heute gilt mehr denn je, dass Tugenden zum gesunden Menschsein gehören. Tugenden tun uns gut – oder sie sind keine Tugenden. Liebe ist immer noch das tragende Fundament aller Tugenden, ja des ganzen Lebens.

Werte ohne einen Bezug zu Gott führen zu Egoismen wie Gewinnsucht, Rücksichtslosigkeit oder Eigensucht. Unsere Ellenbogengesellschaft ist voll von ihnen: Sie erhebt das rabiate Sichdurchsetzen zum Beifall heischenden Wert. Tugenden jedoch sind immer leise und unscheinbar.

Wer also spricht heute noch von Werten oder gar Tugenden? »Total veraltet«, höhnen die einen. Lieber spricht man von »normativen Verhaltensweisen«. Tugenden seien doch nur Luxusbegriffe aus der Antike, hörte ich einmal. Mit dieser Missachtung von Werten geht oft konform, dass einigen Menschen auch das Gefühl für die eigene Würde fremd ist. Oft werden nicht einmal die Gefühle und Bedürfnisse des eigenen Körpers richtig wahrgenommen. Es ist nicht ganz leicht, solchen Menschen klarzumachen, dass ihr Organismus im Grunde genommen ein Werte-Verwerter ist, ein Werte-Umwandler. Damit ist gemeint, dass Werte und Tugenden in uns reflexähnlich Gesundheitsimpulse auslösen, die meist unterschwellig wirken, jedoch von Empfindsamen auch körperlich wahrgenommen werden. Wir werden dann daran erinnert, dass Körper und Psyche eine untrennbare Einheit sind.

Überdies führen solide Wertvorstellungen nachgewiesenermaßen zu einem Gewinn an Lebenskraft. Das gilt insbesondere für die Wahrheit. Unser Körper reagiert eindeutig negativ auf Lügen. Das Göttliche in uns macht sich bemerkbar; es protestiert gegen Lügen, indem wir Lebensenergie verlieren. Wir sehnen uns im Tiefsten nach Wahrheit, weil Gott auch in uns ist.

Aber wir sind frei. Wir können lügen und uns somit von Gott und damit von uns selbst entfernen und abkehren, was auch heute noch manchmal Sünde genannt wird. Lebenslügen können uns ein Leben lang stressen, quälen, verfolgen und schließlich krank machen. Sie sind ein Dauerleck, durch das Energie und Gesundheit entweichen.

Jesus empfiehlt uns ein Lebensmotto, das zeitlos gültig ist: »Verschafft euch einen Schatz, der nicht abnimmt, droben im Himmel, wo kein Dieb ihn findet und keine Motte ihn frißt. Denn wo euer Schatz ist, da ist auch euer Herz.« (Lukas 12, 33–34) Mit diesem Schatz, nämlich der Beachtung der ewigen Gebote, können wir unser eigenes Haus mit Kostbarem anfüllen. Er kann uns von einer hektischen und möglicherweise durch Vergnügungssucht oder Drogenkonsum geprägten äußeren Suche abhalten. Wer seinen Schatz in sich selbst gefunden hat, der wird dafür auch noch Gesundheitsimpulse erhalten – in Gestalt von innerer Freude und Ausgeglichenheit.

So ist Sucht eine Flucht vor der Leere in uns. Sobald wir uns jedoch glaubend an die absolute Macht anbinden, beginnt das Vertrauen auf Gesundung. Sucht kann aber auch eine Reaktion auf tiefe Verzweiflung sein, ein Schrei um Hilfe: Wenn keiner uns hilft, neigen wir durchaus dazu, den Teufel mit dem Beelzebub auszutreiben. Und weil wir mit uns selbst zu beschäftigt sind oder glauben, keine Zeit für andere erübrigen zu können, nehmen wir unsere Chance nicht wahr, als Engel zu fungieren.

In jedem Leben gibt es verpasste Chancen, so können wir beten: *»Herr, lass mich die Zeichen der Not frühzeitig erkennen. Lass mich frei werden von mir – dir zu Ehren.«*

Reflexionen

»Man muß das Gute tun, damit es in der Welt sei.« *(Marie v. Ebner-Eschenbach)*

»Gott ist die Wahrheit. Wer die Wahrheit sucht, der sucht Gott, ob es ihm klar ist oder nicht.« Und: »Meine Sehnsucht nach der Wahrheit war ein einziges Gebet.« *(Edith Stein)*

»Denn sie (die Weisheit) lehrt Maß und Klugheit, Gerechtigkeit und Tapferkeit, die Tugenden, die im Leben der Menschen nützlicher sind als alles andere.« *(Weisheit 8,7)*

»Keine Dummheit ist zu gering, sie zu begehen; keine Tugend zu gering, sie zu übersehen.« *(Chinesisches Sprichwort)*

Tugenden erwerben

Hippokrates ließ nur solche Ärzte zur Ausbildung zu, die das damalige Wertesystem respektierten. Entsprechendes galt überall auf der Welt auch für die Ausbildung von Schamanen (»Naturärzten«), die jahrelang transpersonale Erfahrungen sammeln und besondere Tugenden entwickeln mussten, ehe sie schließlich die Erlaubnis zur Behandlung von Kranken erhielten.

Das Wort Tugend ist verwandt mit dem Altgriechischen *tychanein* und bedeutet »gelingen«, »ins Ziel treffen«. Tugend – das mag für einige veraltet klingen. Die schlichten Tugendregeln unserer Großeltern wie Sparen, Arbeiten, Maßhalten, Pünktlichkeit haben sich gewandelt. Aber mit Tugenden setzen wir uns heute nach wie vor auseinander, nur erscheinen sie in anderem Gewand.

Bei den alten Griechen zählten Gesundheit und Schönheit zu den Tugenden. Für uns sind Werte und Tugenden in erster Linie Regulierungskräfte für das soziale Leben. Aber nicht zu vergessen ist, dass Tugenden auch unser Wohlbefinden und unsere Gesundheit beeinflussen. In Körperhaltung und Aussehen spiegeln sich unsere »Tugendhaftigkeit« und Selbstachtung sowie unser inneres Wertesystem wider.

Es ist fraglich, ob ein Mensch, der alle Tugenden und Werte verdammt, in der Lage ist, sich selbst und seiner eigenen Arbeit Wert beizumessen. Kann er je tiefe Genugtuung und Freude empfinden? Er darf sich nicht wundern, wenn er in seinem Leben Leere verspürt. Ein solches Vakuum verlangt allerdings danach, aufgefüllt zu werden – oftmals mit Essen, Alkohol, Nikotin und anderen Drogen oder mit Gewalt. Bedauernswert sind die Menschen, denen in ihrer Jugend keine Werte vermittelt wurden. Die Suizidgefährdung dieser Gruppe ist hoch, denn sie achtet ihr scheinbar wertloses Leben zu gering.

Die Wörter Tugend, tüchtig und taugen haben denselben Wortstamm. Tugenden können somit auch als das Reife- und Tauglichkeitszeugnis für das Leben angesehen werden. Jedoch erst Liebe und Humor machen Tugenden auch attraktiv. Ihre Einübung setzt eine gewisse Reife voraus. »Wer in den kleinsten Dingen zuverlässig ist, der ist es auch in den großen, und wer bei den kleinsten Dingen Unrecht tut, der tut es auch bei den großen« – das ist eine biblische Wahrheit, die nicht immer Anklang findet.

Doch hüten wir uns auch bei der Pflege von Tugenden vor Übertreibungen, denn wer beispielsweise zu viel glaubt, kann im Aberglauben landen. Wer immer nur hofft, kann konkrete Chancen übersehen. Wessen Liebe sich blind auf alle erstreckt, kann böse hereingelegt werden. Auch die Tugenden müssen klar definiert und umgrenzt werden, damit »Vernunft nicht zum Unsinn, Wohltat nicht zur Plage wird« (Goethe).

Die sieben Todsünden

Vor den von Thomas von Aquin formulierten sieben Todsünden sollten wir uns auch im Hinblick auf unser körperliches Wohlbefinden hüten, denn diese Todsünden rauben uns Lebenskraft und damit Gesundheit. Es sind (1) Hoffart oder Hochmut, der vor dem Fall kommt, Anmaßung, Arroganz, Dünkel, (2) Gier, (3) Wollust, (4) Neid, (5) Zorn – unser Organismus unterscheidet automatisch zwischen dem vor allem für das Herz negativen Zorn und der ehrlichen Empörung als dem heiligen Zorn, der Stärke verleiht, (6) Völlerei und (7) Trägheit.

Reflexionen

»Vor die Tugend haben die Götter den Schweiß gesetzt.« *(Sprichwort)*

»Tugend besteht, Schönheit vergeht.« *(Sprichwort)*

»Es gibt nichts Gutes, außer: man tut es.« *(Erich Kästner)*

»Gesundheit ist so etwas wie eine Tugend, die man täglich üben und immer neu erwerben muß.« *(Aristoteles)*

»Über den Tugenden steht eines: das beständige Streben nach oben, das Ringen mit sich selbst, das unersättliche Verlangen nach größerer Reinheit, Weisheit, Güte, Liebe.« Und: »Es gibt Tugenden, die man wie die Gesundheit nicht eher schätzt, als bis man sie vermißt.« *(Goethe)*

»Auf die Füße kommt unsere Welt erst wieder, wenn sie sich beibringen läßt, dass ihr Heil nicht in neuen Maßnahmen, sondern in neuen Gesinnungen besteht.« *(Albert Schweitzer)*

»Was dich an Gutem trifft, ist von Gott. Und was dich an Schlechtem trifft, ist von dir selbst.« *(Koran)*

Respekt vor der Gedankenkraft

Unser Verstand arbeitet ununterbrochen. Hier werden – beeinflusst durch unsere Wünsche, Ängste und Begierden – Gedanken geformt, deformiert und blockiert.

Jeder Gedanke ist Tat im Sinn einer elektrochemischen Reaktion und zugleich auch Ursache von etwas. Er ist messbare energetische Kraft, die nach Verwirklichung drängt. »Hüte dich vor deinen Gedanken, sie könnten Wirklichkeit werden«, heißt es so weise.

Es gibt heillose und heilvolle, heilsame Gedanken. Kein Gedanke kann sich im Nichts verlieren, und meist ist der Körper das Medium, über das Gedanken vor allem unbewusst zum

Ausdruck kommen. Negative Gedanken können letztlich auch den Körper beeinträchtigen und zu Gesundheitsstörungen führen.

Ein Beispiel: Kurz vor meinem sechzigsten Geburtstag hatte mich ein Kollege gefragt: »Wie lange wollen Sie denn noch weitermachen?« – »Am liebsten würde ich heute noch aufhören«, antwortete ich ihm, da ich noch genügend andere Arbeit vor mir wusste. Am Abend wurde ich dann nach einer Übungsstunde von einem sehr schnellen Auto vor der Universität überfahren. Zahllose Knochenbrüche und Behinderungen waren die Folgen.

Hüten Sie sich also vor voreiligen Wunschgedanken. Sie könnten sich schneller und vor allem anders als geplant verwirklichen. Am besten ist es, Gesundheit zu erwarten.

Viele glauben, sie seien positiv eingestellt, jedoch innerlich sind sie mit sich uneins. Das heißt, sie glauben an das Gute, aber zugleich erwarten sie auch Schlechtes, sodass sie unbewusst sowohl Angenehmes als auch Unangenehmes in ihr Leben ziehen. Das Wirken solcher Anziehungskräfte oder Resonanzen darf nicht unterschätzt werden. Wir sollten uns daher bemühen, ausschließlich Gutes zu denken und zu erwarten, damit uns Positives begegnet. Enttäuschungen dürfen nicht unter die Haut gehen. Sobald Negatives in uns einzufließen beginnt, sollten wir einen Schutzmechanismus einschalten: Halt! Saboteuren ist der Zutritt verboten!

Wir können uns sagen: *»Ich bin und bleibe positiv. Klare und gute Ziele haften. Ich bin ganz Liebe. Ich habe Frieden mit mir und der Welt. Göttliches wirkt in mir und in jedem Menschen. Ich bin und bleibe gesund und friedliebend.«*

Selbstverständlich werden wir, wenn sich ein Hauch von Negativem in uns bemerkbar macht, nicht gleich Schaden erleiden. Es geht vielmehr um unsere Grundhaltung; sie verwirklicht sich im Körper und im Schicksal. Deshalb ist »gesundes Denken« auch für Heraklit die größte Tugend. Weisheit bestehe darin, zu erkennen, dass die Welt von dem göttlichen Gesetz regiert wird.

Sicher ist die Welt im Großen und Ganzen nicht schlechter als früher. Nur wird uns heute durch die Medien jedes Verbrechen, jeder Gewaltakt, wo auch immer in der Welt er geschehen ist, frisch auf den Tisch serviert. Horrormeldungen sind jedoch Gift für den Organismus; sie beeinträchtigen die Gesundheit. »Was sich nicht schickt zu tun, das hör und sieh dir auch nicht an.« Diesen Rat gibt uns nicht ein moderner medienfeindlicher Pädagoge, sondern der Dichter Menander, der im dritten Jahrhundert vor Christus lebte.

Vergessen wir nicht: Gedanken sind fließende Energien, die Kraftfelder aufbauen und zu Veränderungen führen. Sie erfüllen sich selbst. Was an Gutem zu uns gehört, strömt uns zu, während Negatives auch Negatives anzieht. Es gibt folglich zahlreiche Krankheiten, deren Ursachen in uns selbst liegen, genauer: in unseren negativen Gedanken. Unkenntnis, Nachlässigkeit, Sorglosigkeit, Mangel an Liebe, Leichtsinn – all das sind Risikofaktoren, die bei unglücklicher Konstellation Unfälle und Erkrankungen nach sich ziehen können.

Wir müssen also auf unsere Gedanken achten, weil sie der Grundstein unseres Daseins sind. Auch die alten Griechen wussten, dass falsches Denken der Gesundheit schaden kann. Daher strebten sie nach Besonnenheit, die neben Weisheit, Gerechtigkeit und Tapferkeit zu den Kardinaltugenden zählte. Je klarer das Denken, desto besser für den Organismus und unseren Lebensweg. Hilfreiche Vorsätze sind: *»Meine Gedanken sind klar und positiv. Ich achte mich und die anderen. Mein Gedächtnis ist gut. Mein Gedächtnis ist hervorragend. Ich bin voller Liebe und Vertrauen.«*

Reflexionen

»Unser Leben ist das, wozu unsere Gedanken es machen.« *(Marc Aurel)*

»Allen gehört, was du denkst; dein eigen ist nur, was du fühlst. Soll es dein Eigentum sein, fühle den Gott, den du denkst.« *(Friedrich Schiller)*

»Der Gedanke will Tat, das Wort will Fleisch werden … Der Gedanke ist die unsichtbare Natur, die Natur der sichtbare Gedanke.« *(Heinrich Heine)*

»Bei allzu langem Nachdenken kommt man nicht auf den richtigen Gedanken.« *(Japanisches Sprichwort)*

Sich gesund denken

»An sich ist kein Ding weder gut noch böse; das Denken macht es erst dazu«, wird eine alte östliche Weisheit in Shakespeares *Hamlet* zitiert. Gute Gedanken zu pflegen, das ist eine Tugend mit weitreichender Wirkung. Gute Gedanken sind unter anderem ein Gesundheitsfaktor ersten Ranges. Sie geben jeder Körperzelle positive Impulse. Je klarer und geordneter die Gedanken, desto gesunder und kräftiger fallen diese Gesundheitsimpulse für den Körper aus.

Negative Gedanken stören hingegen nicht nur im Mikrokosmos Mensch die Gesundheit, sondern beeinträchtigen auch die Harmonie auf makrokosmischer Ebene. Wer beispielsweise nach einem Streit schlecht über einen anderen denkt, sollte seine negativen Gedanken sofort transformieren. Erinnern wir uns daran, dass unsere Gedanken immer zugleich Taten sind. Sie bewirken nicht nur etwas in uns selbst, sondern auch in der Welt.

Auf Gedanken und damit verbundene Gefühle wie Bedauern, Kummer und Enttäuschungen sowie Grübeln und Befürchten reagiert unser ganzer Organismus. Immer sind Gehirn, Muskeln, Organe, Abwehrsystem usw. mitbetroffen. Blutuntersuchungen zeigen ganz klar, dass sich die körperlichen Reaktionen auf unser Denken und Fühlen nicht nur auf die weißen Blutkörperchen erstrecken, auf das Immunsystem, sondern auf den gesamten Organismus mit seinen vielen Regelkreisen, sogar auf die Zusammensetzung der Drüsenabsonderungen. Man kann sich demnach auch krank denken. Was wir säen, das werden wir auch ernten.

Als eine Journalistin den legendär reichen John Rockefeller interviewte, war er 53 Jahre alt und sah aus wie der Tod. Sie sagte ihm, wenn er sich nicht bald ändere, werde er das kommende Jahr nicht mehr erleben. Rockefeller krempelte zur großen Verwunderung vieler Amerikaner sein Leben völlig um: Sein Hauptanliegen wurde nicht mehr, Geld an sich zu raffen, sondern Geld für soziale Zwecke auszugeben. Das wurde seine große Leidenschaft, die ihm Genugtuung, Freude und Gesundheit bescherte: Er wurde 98 Jahre alt.

Doch jeder von uns kennt auch Situationen, in denen wir infolge von inneren Widerständen das Gegenteil von dem tun, was wir eigentlich als richtig und gut erkannt haben. Manchmal ist es extrem schwer, das Böse durch das Gute zu überwinden, dennoch sollten wir uns bemühen. Im Talmud wird uns folgender Rat gegeben:

»Achte auf deine Gedanken, denn sie werden zu deinen Wünschen.

Achte auf deine Wünsche, denn sie werden zu deinen Worten.

Achte auf deine Worte, denn sie werden zu deinen Werken.

Achte auf deine Werke, denn sie werden zu deinem Schicksal.«

Reflexionen

»Was wir sind, ist die Folge unserer Gedanken ... Sprechen und handeln wir mit reinem Herzen, so folgt uns die Glückseligkeit wie unser Schatten.« *(Buddha)*

»Die Ehrfurcht vor dem Leben gibt mir das Grundprinzip des Sittlichen ein, daß das Gute in dem Erhalten, Fördern und Steigern von Leben besteht und das Vernichten, Schädigen und Hemmen von Leben böse ist.« *(Albert Schweitzer)*

»Der Mensch muß das Gute und Große wollen. Das Übrige hängt vom Schicksal ab.« *(Alexander von Humboldt)*

»Wer heute einen Gedanken sät, erntet morgen die Tat, übermorgen die Gewohnheit, danach den Charakter und endlich sein Schicksal.« *(Gottfried Keller)*

Maßhalten ist die Devise

Das griechische Wort Askese bedeutet Übung, Training, aber zugleich auch ein vernünftiges Maß an Verzicht. Wer nach mehr Reife und Vervollkommnung strebt, wird sein Ziel ohne eine gewisse Einschränkung und Konzentrierung nicht erreichen. Ohne Maßhalten und Ausdauer können wir nichts Großes im Leben erreichen. Eine moderate Askese gehört einfach zum Leben dazu; ohne manche Verzichtleistungen kann keine Liebe, keine Freude, kein Sport, keine Gesundheit auskommen.

Uns ist oft nicht bewusst, dass das Maßhalten sich auch auf moralische Einstellungen und Tugenden bezieht. Eiferer, Zwanghafte, Ängstliche, Starrköpfige oder Eigenwillige versuchen oft, einen falschen oder zu steilen Pfad der Tugend zu erklimmen, sodass sie abstürzen. Zu hohe moralische Ansprüche lassen uns also durchaus auch einmal stolpern, was die Mitmenschen umso weniger verzeihen werden, je lauter wir uns vorher als Tugendbolde präsentiert haben.

Sogar die Suche nach sich selbst kann fehlschlagen, wenn sie ohne Maß betrieben wird. Viele Menschen wollen im Zuge von Selbsterfahrung oder Selbstverwirklichung nur »loslassen« – ihre Vergangenheit, ihre Krankheiten. Sie vergessen jedoch, als Ausgleich eine feste Bindung einzugehen, und zwar mit Gott, der Frieden und Harmonie gibt.

Für ein konstruktives maßvolles Leben können wir uns zunächst grundsätzlich an dem zweiten delphischen Leitspruch orientieren: »Nichts im Übermaß«. Darüber hinaus gilt:

- Verantwortungsvoll mit seinem Wohlstand umgehen.
- Ein systematisches Gesundheitstraining wählen; Übung macht gesund.
- Lebenslang lernen: sich privat und beruflich weiterbilden, sich neue Interessengebiete erschließen.
- Eine befriedigende Arbeit tun.
- Eine gesunde Selbstkritik üben; und wenn man einmal einen Sieg über sich selbst errungen hat, ihn maßvoll feiern.
- Bedürfnisse maßvoll begrenzen, was letztlich zufrieden und oft auch dankbar macht.
- Individuell das rechte Maß von Spannung und Entspannung, Anpassung und Unnachgiebigkeit, Entsagung und Bedürfnisbefriedigung, Ordnung und kreativem Durcheinander, Freude und Sorge finden.
- Erkennen, dass Verzicht meistens Gewinn und auch Freiheit bedeutet.

Der beste Arzt ist jederzeit die eigene Mäßigkeit. Nur in einem dürfen wir maßlos sein: in der Liebe zu Gott.

Glück haben und glücklich sein

Die Lebensaufgabe des Menschen sei es, so Epikur, sein einziges und einmaliges Leben mit Glück zu füllen. Wer von uns strebte nicht nach Glück?

Wer sich glücklich fühlt, hat naturgemäß mehr Glück als der, der sich in seiner Haut nicht wohl fühlt. Glücklich sind wir auch, wenn wir den Mut und die Kraft aufbringen, so zu tun, als seien wir bereits glücklich – nicht mit Kampf und Krampf, sondern mit Geduld und gelassener Selbstbeobachtung.

Glück hat man, glücklich ist man – welch ein Unterschied! Im Glücksspiel kann man Glück haben und für kurze Zeit glücklich sein. Meist jedoch ist Glückhaben nicht gepaart mit Glücklichsein. Wie viele Menschen sind glücklich und haben in ihrem Leben selten Glück gehabt!

Glück wünschen wir uns zu vielen Gelegenheiten. Wir meinen damit das unverdiente, das überraschende Glück, das gerade uns treffen soll. Glückhaben geht auf Kosten anderer, meinen dann die zahlreichen Neider. Glücklich sein kann man meist nur mit anderen – oder allein, wenn man sich in Gott geborgen weiß.

Die Stoiker sahen im Glück und Unglück schicksalhafte Gegebenheiten. Bei den Germanen spielte das aktive Bemühen um Glück eine entscheidende Rolle. Unter Glück versteht man je nach Epoche und Kultur etwas sehr Verschiedenes. Demzufolge gibt es auch unterschiedliche Empfehlungen, sein Glück zu finden und glücklich zu sein.

Glück haben kann bedeuten, sich satt essen zu können oder den passenden Partner zu finden oder eine Arbeitsstelle zu bekommen. Glücklich sein hängt aber nicht vom Reichtum ab, auch nicht von guter Gesundheit. Wer erkennt, dass innerer Frieden und Harmonie stets in uns liegen, der hat Glück und kann sich glücklich schätzen.

Manches Glück wohnt unbemerkt in unserem Haus, wir erkennen es erst, wenn es uns wieder verlässt. Wer das Glück im Äußeren sucht, verpasst es meist. Wir können das Glück wie die Lebensfreude nur in uns selbst finden.

Gleichwohl, ob Glück oder Freude – beide Gefühle werden von einer vermehrten Ausschüttung von »Glückshormonen« begleitet. Endorphine sind die chemischen Entsprechungen des Glücksgefühls. Wer dem Glück entgegengeht, verändert seine Körperchemie positiv. Glücksgefühle sprechen den Lebermeridian an, während das Gefühl der Lebensfreude den Dünndarmmeridian positiv beeinflusst.

Reflexionen

»Jeder ist seines Glückes Schmied.« *(Sallust)*

»Tätigkeit, etwas treiben, womöglich etwas machen, wenigstens etwas lernen, ist zum Glück des Menschen unerläßlich.« *(Arthur Schopenhauer)*

»Was ist die Bestimmung des Menschen? Gott zu erkennen. Worin besteht des Menschen Glück? Eben darin.« *(J. Calvin)*

»Deine erste Pflicht ist, dich selbst glücklich zu machen. Bist du glücklich, so machst du auch andere glücklich.« *(Ludwig Feuerbach)*

»Buddha sagt, das Glück bestehe darin, dem anderen soviel Gutes als möglich zu tun. Bei oberflächlicher Betrachtung erscheint das einem sonderbar. Aber Glück ist nur möglich unter der Bedingung, daß man sich von allem persönlichen egoistischen Glück lossagt.« Und: »Das Glück besteht nicht darin, daß du tun kannst, was du willst, sondern darin, daß du auch immer willst, was du tust.« *(Leo Tolstoi)*

Sein Glück machen

Bei der Definition von Glück halte ich es mit den Bootsbauern: Wenn beim Bootsbau die Luke dicht war und kein Wasser durchkam, dann *ge-lückte* ihnen die Arbeit; sie hatten Glück. Diese Wortherkunft von Luke hat sich im Englischen als *luck*, im Deutschen als Gelück oder Glück niedergeschlagen. Glück ist also der Lohn für die gelungene verantwortungsvolle Arbeit, über die auch andere dankbar und glücklich sind. Demgegenüber wird heute oftmals die möglichst schnelle Befriedigung der uns suggerierten Konsumwünsche als Glücklichsein verstanden. Einkaufsvergnügen, das ist das moderne Glück vieler Menschen, ebenso Genussmittelkonsum. Zahlreiche Menschen greifen zum Alkohol, wenn sie ihre Stimmung aufhellen wollen.

Glücksgefühle können sich jedoch jederzeit einstellen, wenn wir uns ins Leben einbringen. Als ich 72 Tage im Faltboot auf dem Meer paddelte und niemals aufstehen konnte, war ich bei günstigen Passatwinden durchaus glücklich. In den letzten beiden Wochen dieser »unmöglichen Fahrt« (das Magazin *Life* vom 22. Juli 1957) fühlte ich mich mehrfach »mit dem Rest der Welt« glücklich vereint. Dieses seltene Unio-Gefühl kann uns überall überraschen.

Aus Befragungen von älteren Leuten hat sich ergeben, dass für sie die Zeiten des Glücks jene Jahre waren, in denen sie besonders viel leisten mussten. Hingebungsvolles und verantwortungsvolles Arbeiten ist eine Wurzel von Zufriedenheit und Glück. Besitz erschwert es, glücklich zu werden. Unter verwöhnten Menschen finden wir keine wirklich glücklichen.

Wer glücklich sein möchte, der tue seine Pflicht und entfalte seine Talente so gut er kann. Dem entsprechen die wunderbaren Zeilen des großen Tagore:

»Ich schlief und träumte, das Leben wär' Freude.
Ich erwachte und sah, das Leben war Pflicht.
Ich handelte – und siehe, die Pflicht war Freude.«

Das heißt auch, dass es Glück bringt und glücklich und zufrieden macht, wenn wir unserer Berufung folgen. So meinte Aristoteles: »Seine Trefflichkeit welcher Art sie auch sei, ungehindert üben zu können, ist das eigentliche Glück.« Beim Spielen und Arbeiten alle seine Fähigkeiten aufbieten bringt Lebensfreude. Doch solches Glücksgefühl erleben viele nur bei ihrer Hobbytätigkeit, da sie nicht ihrer Berufung folgen konnten und keinen Beruf ausüben, sondern nur einen Job haben.

Zu jeder Art von Glück gehört also auch Beherztheit, das heißt Liebe und Entschlossenheit. Ohne Liebe, ohne Verantwortungsgefühl und ohne ein mutiges Leben in der Gegenwart können wir das Gefühl des Glücks kaum spüren. Andererseits brauchen wir auch Förderung und Verständnis durch die Umgebung. Doch letztlich liegt es immer an uns selbst, ob wir uns glücklich fühlen wollen oder nicht. Glück folgt nicht nach der Befriedigung von Wünschen, sondern nach dem gewissenhaften Tun des Notwendigen. Wir schulden es dem Leben, glücklich zu sein.

Unglück können wir manchmal veredeln zu Glück. Fremdes Glück neiden ist Missgunst – eine schwere Untugend, die Gesundheit raubt und das Leben anderer gefährdet. Die meisten Menschen warten allerdings auf das Glück, anstatt ihm entgegenzugehen. Auf der Suche nach dem besonderen großen Glück missachten sie die vielen kleinen Glücksfälle des Alltags.

Am leichtesten fühlen wir uns zudem glücklich, wenn wir für andere da sind und ihnen in irgendeiner Form helfen. Im Übrigen zeigt die Erfahrung, je bescheidener des Menschen Bedürfnisse sind, desto zufriedener und glücklicher ist er.

Glücksgefühle und Gesundheit

Der Wunsch nach Glückseligkeit beeinflusst unser ganzes Leben. Physiologisch ist das auch notwendig: In einer gehobenen Stimmung erschließt sich uns die Welt und das, was sie hält und trägt. Auch unsere kleine Welt, unser Organismus, ist auf eine glückliche Grundstimmung und deren Entspannungsimpulse angewiesen, wie vor allem jeder Sportler weiß. Missmutige verletzen sich beispielsweise leichter als glückliche.

Mehrere amerikanische Langzeituntersuchungen ergaben, dass ein ausgeglichenes Naturell Gesundheit, Glück und Erfolg begünstigt. In gewisser Weise ist Glück also eine erlernbare Tugend. Den Stress des Alltags können wir bewusst mit Abstand und Gelassenheit angehen und somit die Grundlage für Wohlbefinden und ein glückliches Leben schaffen.

Lassen wir uns in dieser Hinsicht von dem weisen Demokrit belehren: »Die Glückseligkeit besteht in der heiteren Ruhe des Gemüts, die der Mensch nur durch Herrschaft über seine Begierden erlangen kann. Mäßigkeit und Reinheit des Herzens, verbunden mit Bildung des Geistes und Entwicklung der Intelligenz, geben jedem Menschen die Mittel, trotz aller Wechselfälle des Lebens dieses Ziel zu erreichen. Wer das Gute, ohne durch Furcht oder Hoffnung bewegt zu sein, um seines eignen Wertes willen tut, ist des inneren Lohnes sicher. Die Götter geben den Menschen nur Gutes. Das Beste ist es, sich soviel als möglich zu freuen, und so wenig als möglich zu betrüben.«

Wenn wir nach Glücksgefühlen streben, müssen wir zudem im Hier und Jetzt leben; das allein kann uns von Sorgen oder Ärger ablenken und so die Gesundheit stabilisieren. Unglückliche Menschen leben nicht in der Gegenwart; ängstliche Menschen leben in der Zukunft.

Jeder von uns ist außerdem einzigartig, und wir müssen die werden, als die wir geplant wurden. »Werde, der du bist«, haben die alten Griechen zum Glücklichsein empfohlen. Wer in die Haut seines Vorbildes schlüpfen will, muss enttäuscht werden. Wenn wir uns jedoch von uns selbst ein idealisiertes Bild schaffen, in das wir langsam hineinwachsen wollen, dann kann jeder Schritt bei dieser Art von Selbstverwirklichung zu unserem Glücksgefühl entscheidend beitragen.

Unser Organismus – nicht der Verstand – unterscheidet sehr wohl zwischen den Gefühlen von Glück, Freude, Zufriedenheit, Harmonie und Frohsinn, die einige Berührungspunkte haben. Freude stimuliert den Dünndarm-, Zufriedenheit den Magenmeridian. Der Lebermeridian empfängt durch Affirmationen des Glücklichseins positive Impulse, zum Beispiel: *»Ich bin glücklich – Ich bin fröhlich – Ich habe Glück – Ich mache mich und andere glücklich.«*

Um jedoch gesund zu werden, bedarf es einer längeren positiven Einstellung und zusätzlicher Einflüsse aus anderen Bereichen.

Glücklich macht zum Beispiel eine tiefe Freundschaft mit einem positiv eingestellten, liebenswerten Menschen; sie kann psychische Unebenheiten glätten sowie Hoffnung schenken. Oder: den Augenblick genießen, sich auf Wichtiges im Leben konzentrieren, auch bei kleineren Arbeiten immer sein Bestes tun, genügsam sein, anderen helfen, die eigenen Grenzen respektieren.

Reflexionen

»Es beruhen neun Zehntel unseres Glücks auf der Heiterkeit und besonders auf der Gesundheit. Mit ihr wird alles eine Quelle des Genusses, hingegen ist ohne sie kein äußeres Gut – welcher Art es auch sei – genießbar ... Hieraus folgt, daß die größte aller Torheiten ist, seine Gesundheit aufzuopfern, für was es auch sei.« *(Arthur Schopenhauer)*

»Wie es aber eine Pflicht zum Leben gibt, gibt es auch eine zum Glück.« *(Golo Mann)*

»Du bist mein Herr, mein ganzes Glück bist du allein.« *(Psalmen 16,2)*

Dankbarkeit

Früher lebten die Menschen einfach und bescheiden. Man war sich bewusst, dass sehr viel im Leben – Heim, Erziehung, Schulbildung – »ein Geschenk des Himmels« war. Deswegen dankte man für alles, zum Beispiel vor oder nach jeder Mahlzeit. Heute ist dagegen alles scheinbar selbstverdient oder schwer erarbeitet. Viele haben das Danken nicht gelernt, damit entgeht ihnen auch das Gefühl der Freude und des Kraftgewinns, das mit dem Danken verbunden ist. Wer nicht danken kann, kann auch nicht lieben. Wer dankt, ist liebenswert; er ist nicht nur auf sich selbst fixiert.

Bei dem Jesuiten Alfred Delp, der kurz vor Kriegsende im KZ Plötzensee hingerichtet wurde, fand man einen Zettel, auf dem stand: »Beten, glauben, danken.« Diese Worte könnten ein Vermächtnis für jeden Christen sein. Jede dieser drei Handlungen kann uns mehr Kraft schenken.

Wenn wir bedenken, was wir alles im Leben empfangen haben, werden wir auch dankbar. Daher hielt Cicero die Dankbarkeit für die Mutter aller Tugenden. Wem reife Liebe zuteil wurde, dessen Herz wird dankbar sein. Er sollte laut und vernehmlich danken, denn ein zurückgehaltenes und verschwiegenes Dankgefühl zeugt nicht von tiefer Wertschätzung.

Psychologisch ist das Danken ein Nachdenken und Akzeptieren und damit auch ein Entspannungsimpuls. Physiologisch empfangen wir Gesundheitsimpulse, wenn wir danken. Wir sollen nach Paulus Gott loben und ihm für jede Situation in unserem Leben danken, auch wenn sie uns unverständlich erscheint, denn nach christlicher Auffassung hat Gott einen vollkommenen Plan für unser Leben.

Chronische Schmerzen und Leiden können manchmal durch das Danken Impulse zur Linderung bekommen, zum Beispiel: *»Großer Gott, der du auch in mir bist, ich danke dir für alles. Du kennst meine Leiden. Lass mich deren Ursprung erkennen, damit ich mich ändere. Ich danke dir, dass du immer mein Bestes im Auge hast. Ich danke dir für deine Treue zu uns.«*

Reflexionen

»Wenn du Gott wolltest Dank für jede Wohltat sagen, du fändest keine Zeit, noch über Weh zu klagen.« *(Angelus Silesius)*

»Verschiebe die Dankbarkeit nie. In der Schrift steht: ›Lasset die Sonne nicht über eurem Zorne untergehen.‹ Lass dasselbe für die Dankbarkeit gelten. Bezeuge sie an dem Tag, an dem du sie empfindest.« Und: »Jeden Tag denke ich unzählige Male daran, daß mein äußeres und inneres Leben auf der Arbeit der jetzigen und der schon verstorbenen Menschen beruht, daß ich mich anstrengen muß, um zu geben im gleichen Ausmaß, wie ich empfangen habe und noch empfange.« *(Albert Einstein)*

Demut

Demut ist ein oft missverstandenes Wort, das ursprünglich »Mut zum Dienen« (Dien-Mut) bedeutete. Heute sind wir wohl nur noch mutig, wenn es um das Ver-dienen geht.

Im alten Griechenland wurde die Demut hochgeschätzt, denn man brachte sie mit Frömmigkeit und Maßhalten in Verbindung. Der Demütige ist realistisch. Er vertraut seine Schwachheit Gott an und empfängt Kraft und Zuversicht. Im Christentum überträgt er die Last seiner Fehler und Schwächen auf Jesus Christus und fühlt sich befreit. Der Demütige respektiert die Würde jedes Menschen und zeigt Wohlwollen und Freundlichkeit gegenüber jedermann.

Selig sind die Demütigen, die Gutmütigen, die Sanftmütigen, die Toleranten, die nicht streiten und dennoch »das Erdreich besitzen werden«. Von der Bedeutung der Demut im Alltag zeugen mehrere Bibelstellen:

»Durch Demut achte einer den anderen höher denn sich selbst.«

»Wo aber Demut ist, da ist auch Weisheit.«

»Vor dem Sturz ist das Herz des Menschen überheblich, aber der Ehre geht Demut voran.«

»Alle aber begegnet einander in Demut.«

»Strebt nach Gerechtigkeit, strebt nach Demut.«

Auch Laotse schätzte eine demütige Haltung hoch ein: »Ergib dich in Demut, dann kann man darauf vertrauen, daß du für alle Dinge sorgen wirst.«

Alle Demut, die nicht aus dem Herzen kommt, ist nicht aufrichtig. Irgendwo zwischen den Extremen der sklavischen Gesinnung und der geheuchelten Demut finden wir einen Hauch von echter Bescheidenheit und Selbsteinschätzung. Kein Mensch kann uns demütigen, nur wir selbst können es tun.

Ichbezogene Menschen sind völlig blind für den Wert der Demut. Dennoch wird es immer demütige Menschen geben, die einen Dienst tun, zum Beispiel die vielen freiwilligen und ehrenamtlichen Helfer, ohne die es um unsere Gesellschaft in vieler Hinsicht schlechter bestellt wäre.

Der Lungenmeridian ist der Meridian der Demut. Negative Verhaltensweisen wie andere verachten, bewusst kränken, verhöhnen, gering schätzen, ablehnen, erniedrigen oder Gefühle des Hochmuts, der Überheblichkeit, des falschen Stolzes oder der Selbstgefälligkeit schwächen den Lungenmeridian und beeinträchtigen die Gesundheit. Der demütige Mensch hingegen lebt stress- und aggressionsarm und damit gesünder. Wer wirklich demütig ist, hat echtes Selbstbewusstsein, denn Demut setzt Selbstvertrauen und Natürlichkeit voraus: Er braucht weder zu prahlen noch zu heucheln.

Reflexionen

Von Filippo Neri (1515–1595), dem heitersten unter den katholischen Heiligen, weiß die Legende viele lustige Geschichten zu erzählen. Einmal bat ihn die Oberin eines Klosters in der Nähe von Rom um Klarheit über eine angeblich mystisch begnadete Ordensfrau. Neri prüfte sie auf folgende Weise: Nachdem er sich auf dem Weg absichtlich seine Schuhe schmutzig gemacht hatte, begab er sich in das Kloster und wünschte die betreffende Nonne zu sprechen. Als sie vor ihm stand, begrüßte Neri sie nur kurz und bat sie dann, ihm die beschmutzten Schuhe zu reinigen. Verwundert starrte die Nonne ihn an und erwiderte schließlich gereizt, dazu sei sie nicht gekommen. Lachend nahm darauf Neri seinen Hut, ließ der Oberin melden, die Prüfung sei negativ verlaufen, und ging.

Nur Mut!

Mut haben heißt frei sein, nicht blockiert sein, in seiner Mitte ruhen. Leben erfordert täglich Mut. In allen möglichen Alltagssituationen benötigen wir Mut oder Courage, Entschlossenheit, Selbstvertrauen, Festigkeit, Wahrheitsliebe oder in welchem Gewand Mut noch auftreten mag. Mut ist keine Eigenschaft nur der Jungen, Starken. Im Gegenteil: Zivilcourage, Tapferkeit finden wir vor allem bei »schwachen« Frauen. Sogar aus Angst, Verzweiflung sowie auch aus Unkenntnis oder Gleichmut kann man scheinbar mutig sein. Mut zur Aggression haben außerdem viele, aber Mut zum Leben in Aufrichtigkeit ist schwieriger und komplizierter.

Unser Organismus fordert klare Verhältnisse: Wenn wir nicht die Wahrheit akzeptieren, verlieren wir an Gesundheit. Unaufrichtigkeit blockiert und behindert uns. Jede »Hasenherzigkeit« schadet unserem Immunsystem. Mut zur Wahrheit und zum Leben ist für uns ein Erfolgs- und Gesundheitsmittel. Wer Mut zeigt, der wird zum Beispiel mit Erfolg im familiären und beruflichen Bereich belohnt. Dem Mutigen gehört die weite Welt, dem Mutlosen nur eine virtuelle Welt.

Mangelnden Mut finden wir als Ursache bei psychischen Schwierigkeiten und Misserfolgen. Vor allem im Alter kommt es zu Unfällen durch Angst, Schwindel und Unsicherheit aufgrund von mangelndem Lebensmut.

Vielleicht ist es nicht nur Lebensmut, sondern Überlebensmut, wenn wir imstande sind, wider alle Vernunft zu hoffen, zu glauben, zu lieben. Zivilcourage ist höchster Mut, wenn wir uns gegen die vielen Ungerechtigkeiten im Leben zu wehren versuchen. Entschlossenheit erfordert es auch, Fehler einzugestehen und umzukehren.

Mut hat, wer seine eigene Schuld bekennt und sich nicht hinter anderen versteckt. Sich schuldig fühlen ist Stress, der das gesamte Leben beeinträchtigen kann. Katholiken können die persönliche Ohrenbeichte ablegen, bei der vom Beichtvater die Absolution ausgesprochen wird, die Vergebung Gottes. Die Beichte als reumütiges Bekennen von Sünden erfordert Mut, sie wirkt außerordentlich befreiend, entlastend, erleichternd und bringt gleichzeitig Hoffnungskraft für einen

Neuanfang. Eine generelle Beichte, wie sie in einigen Kirchen vorgesprochen wird, kann in der Regel nicht die tiefere Wirkung der Ohrenbeichte erreichen.

Mut hat zahlreiche Gesichter und noch mehr Anwendungsmöglichkeiten. Mangel an Mut bedeutet Mangel an Lebensfülle und Wohlbefinden. Goethe erkannte: »Niemand weiß, wie weit seine Kräfte gehen, bis er sie versucht hat.« Deshalb müssen wir uns beherzt große Lebensziele geben: *»Ich träume …« – »Ich möchte …« – »Ich will …« – »Ich kann …« – »Ich schaffe es, denn ich werde geliebt und unterstützt. Ich vertraue auf mein gutes Schicksal.«*

Angstüberwindung geschieht durch Akzeptieren, Entspannung, Lebenskonzepte, zielgerichtete Bewältigungsstrategien, Liebe, Lebenslust, Fachkompetenz, Freundschaftspflege und vieles andere mehr.

Mut verloren, alles verloren?

Mut ist keine stets gleich bleibende Eigenschaft. Im Gegenteil, es gibt zahlreiche mutige Menschen, deren Herz in die Hose rutscht, wenn sie zum Beispiel eine Rede halten müssen. Rundum mutig ist kaum ein Mensch. Mut ist oft Folge eines Spezialwissens: Ich weiß, wie ich eine bestimmte Situation bewältigen kann.

Mut und Angst schlafen in einem Bett. Dem Mutigen hilft Gott, heißt es; jedoch dem Schwachen hilft er genauso, wenn er seine Verbindung zu Gott offen hält.

Stress sowie nahezu alle Krankheiten können unsere Aktivität und unsere Entschlossenheit dämpfen. Wir alle verlieren zuweilen den Mut, ohne dass wir deswegen gleich für immer Verlierer sein müssen. Dass man in gewissen Situationen Angst zugibt, zeugt von Ehrlichkeit, die wiederum Mut erfordert. Ebenso brauchen wir Mut, unser Leben mit den Schwachen zu teilen. Mut speist sich aus den verschiedensten Bereichen, auch aus Verzweiflung, aus berechtigtem Zorn, aus Angst um einen geliebten Menschen oder aus Notwehr. Der wertvollste Mut jedoch ist und bleibt die verantwortungsvolle Bewältigung des Alltags, denn jeden Tag müssen wir uns für etwas entscheiden, das Mut erfordert.

Es heißt, Worte, die uns helfen, können wir uns nicht selbst geben. Wir aber machen uns Mut mit kraftvollen Worten, zum Beispiel: *»Ich bin voller Mut. Ich schöpfe Mut aus der Quelle allen Seins. Sie steht mir frei zur Verfügung. Ich bin mutig. Ich bin immer und überall guten Mutes. Jeden Tag, in jeder Hinsicht, bin ich mutiger und couragierter.«*

Solche oder ähnliche Sätze müssen wir uns mehrmals täglich etwa zwanzigmal in der Entspannung laut sagen, um sich ihre Botschaft wirksam einzuverleiben.

Reflexionen

»Lasset uns deklinieren: Der Mut, des Mutes, Dem(m)ut.« *(Werner Finck)*

»Risiko ist die Bugwelle des Erfolges.« *(Carl Amery)*

»Unentschlossenheit ist für die Seele, was Folter für den Körper ist.« *(Nicolas Chamfort)*

»Mut besteht nicht darin, daß man die Gefahr blind übersieht, sondern daß man sie sehend überwindet.« *(Jean Paul)*

»Die ganze Welt ist voll armer Teufel, denen mehr oder weniger angst ist.« *(Goethe)*

»Wer seine Sünden verheimlicht, hat kein Glück, wer sie bekennt und meidet, findet Erbarmen.« *(Sprichwörter 28,13)*

»Alle Bücher, die ich gelesen, haben mir den Trost nicht gegeben, den mir das Wort der Bibel gab: ›Ob ich schon wanderte im finstern Tal, fürchte ich kein Unglück, denn Du bist bei mir.‹« *(Immanuel Kant)*

Die Religion der Freiheit

Freiheit kann als Chance, als Aufgabe, als Wagnis und Abenteuer, als Schicksal und Glückssache verstanden werden. Täglich bewusst Entscheidungen zu treffen ist ein Hauptkennzeichen von Freiheit und Verantwortung.

Freiheit ist das Wertvollste, zugleich aber auch das Gefährlichste, das Gott den Menschen geschenkt hat. Gott greift nicht in des Menschen Freiheit ein, er stellt sie nicht infrage. Nur wir Menschen sehen die Freiheit des anderen nicht als heilig an. Deswegen gibt es Mord und Totschlag, deswegen gibt es viel Leid.

Wir sind keineswegs die Marionetten Gottes. Mit unserer Freiheit sind wir jedoch Gefährdete. So wird Gott bei all unserer Entscheidungsfreiheit mit unvergleichlicher Sanftheit immer wieder versuchen, uns auf den rechten Weg zu führen. Allerdings sind wir in diesem Bereich oft nicht ansprechbar, unsere Verbindung zu Gott und damit zum vollen Leben ist dann blockiert. Wir können Gott verleugnen oder ihn verspotten – trotzdem begrenzt er unsere Freiheit auch dann nicht, wenn wir ins Verderben gehen. Wenn wir jedoch unsere Freiheit konstruktiv nutzen und Verantwortung übernehmen, gewinnen wir Würde und können unabhängiger, ruhiger, gelassener und zuversichtlicher werden.

Wir sollten auch die Freiheit unserer Mitmenschen respektieren. Doch wenn wir anderen zu viel Freiheit einräumen, ist das genauso verantwortungslos. Freiheit ohne Verantwortung kann ins Chaos führen. Jeder Mensch braucht Grenzen.

Schwer verständlich ist für einige Menschen die Vorstellung, sie könnten nur in oder mit Gott frei sein. Sie vergessen, dass alles, was wir gegen Gott tun, sich auch gegen uns selbst richtet, denn Gotthaftes ist ja auch in uns. Seneca formulierte es so: »Der Gottheit zu gehorchen ist Freiheit.« Das heißt: Wir sind nur dann frei, wenn wir das tun, was für uns bestimmt ist.

Freiheit finden wir vor diesem Hintergrund auch durch das Befolgen von Gesetzen und religiösen Geboten. Denn nach Cicero binden wir uns an Gesetze, um frei zu sein.

Der Weg zu Freiheit führt über den Glauben. Freiheit ohne Glaube ist leer. Wer wirklich glaubt, kreist nicht mehr um sich selbst. Er vergeudet keine Zeit mehr mit den widerstrebenden Kräften in sich, sondern kann sie konstruktiv nutzen.

Frei sind wir zudem erst, wenn uns unser Besitz nicht einschränkt. Genauso wie die Angst um Materielles uns unfrei machen kann, werden wir unfrei, wenn wir für alles, was uns misslingt, einen Sündenbock suchen und meist auch finden. Das gilt auch für jene Fälle, bei denen wir für menschliche Versäumnisse allein Gott die Schuld geben oder anlässlich von Unfällen und Missgeschicken Gott zürnen.

Freiheit verlangt eine gewisse Selbstdisziplin. Triebe und Begierden beherrschen ist Freiheit. Zahlreiche Abhängige haben sich beispielsweise unter dem Einfluss der Anonymen Alkoholiker Gott verschrieben und sind erst dann trocken und damit frei geworden. Durch konzentriertes Beten in der Entspannung haben viele ihre (noch leichte) Drogenabhängigkeit verloren. Göttliche Kraft wird in unserer Schwachheit mächtig, wenn wir fest daran glauben oder wenn wir sie zusätzlich noch visualisieren.

Die Zehn Gebote

Alle Völker haben sittliche Gebote gekannt, die das Zusammenleben erleichtern. Für Christen sind die Zehn Gebote eine »Gebrauchsanweisung« für das Leben. Sie schützen und lenken auch die, die gegen sie verstoßen, denn sie sind Wegweiser für eine sichere Rückkehr in unseren Heimathafen. Die Zehn Gebote geben uns bei ethischen Herausforderungen im Sturm des Lebens Halt. Sie führen zu mehr Mitmenschlichkeit, aber auch zu mehr Freiheit und Gesundheit.

Nach einer Befragung im Jahr 1990 waren die Zehn Gebote für mehr als die Hälfte der Deutschen bindend. Je jünger die Befragten, desto mehr Schwierigkeiten hatten sie, die Zehn Gebote generell anzuerkennen. Die Zehn Gebote:

1. Ich bin der Herr, dein Gott. Du sollst nicht andere Götter haben neben mir.
2. Du sollst den Namen des Herrn, deines Gottes, nicht missbrauchen.
3. Du sollst den Feiertag heiligen.
4. Du sollst deinen Vater und deine Mutter ehren, auf dass du lange lebst auf Erden.
5. Du sollst nicht töten.
6. Du sollst nicht ehebrechen.
7. Du sollst nicht stehlen.
8. Du sollst kein falsch Zeugnis reden wider deinen Nächsten.
9. Du sollst nicht begehren deines Nächsten Weib.
10. Du sollst nicht begehren deines Nächsten Hab und Gut.

Ich bin ein freier Mensch

»Ich will unter keinen Umständen ein Allerweltsmensch sein. Ich habe ein Recht darauf, aus dem Rahmen zu fallen – wenn ich es kann. Ich wünsche mir Chancen, nicht Sicherheiten. Ich will kein ausgehaltener Bürger sein, gedemütigt und abgestumpft, weil der Staat für mich sorgt. Ich will dem Risiko begegnen, mich nach etwas sehnen und es verwirklichen, Schiffbruch erleiden und Erfolg haben. Ich lehne es ab, mir den eigenen Antrieb mit einem Trinkgeld abkaufen zu lassen.

Lieber will ich den Schwierigkeiten des Lebens entgegentreten, als ein gesichertes Dasein zu führen: lieber die gespannte Erregung des eigenen Erfolgs statt die dumpfe Ruhe Utopiens. Ich will weder meine Freiheit gegen Wohltaten abgeben noch meine Menschenwürde gegen milde Gaben. Ich habe gelernt, selbst für mich zu denken und zu handeln, der Welt gerade ins Gesicht zu sehen und zu bekennen, dies ist mein Werk. Dies alles ist gemeint, wenn wir sagen: Ich bin ein freier Mensch.« *(Albert Schweitzer)*

Reflexionen

»Der Mensch lebt aus dem Geist, nicht aus dem Körper. Wer das weiß und sein Leben nicht in den Körper, sondern in den Geist verlegt, der ist, auch wenn man ihn hinter Eisengittern in Ketten schließt, freier als die Vielen, die ungefesselt durchs Leben zu gehen glauben.« *(Leo Tolstoi)*

»Der Mensch ist verurteilt, frei zu sein.« *(Jean-Paul Sartre)*

»Freiheit bedeutet Verantwortlichkeit. Das ist der Grund, weshalb die meisten Menschen sich vor ihr fürchten.« *(George Bernard Shaw)*

»Nur der verdient sich Freiheit wie das Leben, der täglich sie erobern muß.« *(Goethe)*

»Niemand ist frei, der nicht über sich selbst Herr ist.« *(Matthias Claudius)*

»Abhängigkeit von Gott ist die einzige Unabhängigkeit.« *(Sören Kierkegaard)*

»Wo der Geist des Herrn wirkt, da ist Freiheit.« *(2. Korinther 3,17)*

Vollkommenheit

Die Wege Gottes sind vollkommen, unsere sind es nicht. Auch mit zunehmenden Jahren wird sich unser Traum nach Vollkommenheit nicht von selbst erfüllen. Allerdings fällt es uns im Alter leichter, diesem alten Menschheitswunsch ein wenig näher zu kommen, wobei Vollkommenheit im Sinn von Vervollkommnung verstanden wird. Tiere sind in ihrer Art vollkommen, der Mensch muss sich hingegen lebenslang um Vollkommenheit bemühen.

Benedikt von Nursia, der Gründer des Benediktinerordens, empfahl, dass in allem Tun Gott verherrlicht werden sollte. Die geringste Aufgabe sei so gut wie nur möglich zu verrichten. Vervollkommnung erscheint hier als liebevolles, verantwortliches Tun, als Hingabe zur Selbstverwirklichung.

Versuchen Sie einmal ganz bewusst, nur einen Tag lang absolut wahrhaft zu sein und zu handeln. Ganz neue Quellen der Freude werden sich Ihnen eröffnen. Nur eins dürfen Sie nicht tun: sich ärgern, wenn Sie Ihre Zielvorstellungen nicht ganz erreicht haben. Korrigieren Sie sich lieber, und zwar mit Humor und Liebe. Schnell erkennen wir Unvollkommenes in den Menschen, Vollkommenes nur sehr schwer.

»Gott nötig haben ist des Menschen höchste Vollkommenheit«, erklärte Sören Kierkegaard. Das heißt, je mehr Vollkommenheit in uns ist, desto leichter erkennen wir Gott in und um uns, aber desto mehr Schwächen entdecken wir auch in uns. Vervollkommnung erreichen wir nur durch bedingungslose Liebe; sie allein kann unser unvollkommenes Ich besiegen. Der Weg zur Vollkommenheit führt auch im Buddhismus über ein Leben in Weisheit, über inneren Frieden, Herzensgüte und Liebe.

Das Gute in der Welt schlägt keine Wellen. Es ist einfach da und wirkt unauffällig. Das Schlechte hingegen provoziert emotionales Erdbeben. Allein beim Hören oder Lesen und viel mehr noch beim Sehen von Negativem leidet unser Organismus. Unsere Lebenskraft nimmt etwas ab; das Immunsystem empfängt negative Impulse. Daher ist es im Sinne unserer Vervollkommnung und Gesunderhaltung elementar wichtig, sich der Liebe zuzuwenden, die uns ganz macht.

Je weiter wir auf dem Weg zu mehr Ganzheit und Vervollkommnung vorankommen, desto stabiler wird unsere Gesundheit. Dazu gehören Bemühungen um Lebensfreude, Friede mit sich, seinem Gott und seiner Umgebung sowie Zufriedenheit, Ausgeglichenheit, Übernehmen von (Selbst-) Verantwortung. Wichtig sind auch frische Kost und regelmäßige Bewegung. Negativer Stress sollte grundsätzlich als Chance gesehen und der Lebenswillen kultiviert werden. Wer sich auf diese Weise um ganzheitliches Leben bemüht, erreicht nach Langzeituntersuchungen in den USA ein höheres Alter und ist erfolgreicher als Gleichgültige, die nur punktuell gesund leben.

Reflexionen

»Ich habe erkennen müssen, je göttlicher ich bin, desto menschlicher werde ich.« Und: »Ich folge immer nur dem Gesetz in mir. Nur in äußeren Dingen folge ich dem Gesetz des Staates, darüber hinaus aber nur dem göttlichen Gesetz in mir.« *(Sokrates)*

»Menschen ohne Schwächen sind schrecklich, denn man hat keine Möglichkeit, auch ihre guten Seiten ins Feld zu führen.« *(Anatole France)*

»Die Vollkommenheit liegt gerade im Ertragen der Unvollkommenheit des Nächsten – und dies aus Liebe.« *(Aus den Regeln von Taizé)*

In Frieden und Eintracht leben

Innerer Frieden ist vom Blickpunkt der Gesundheit von allergrößter Wichtigkeit, denn er stabilisiert gegen Stress. Sehr viele Krankheiten entstehen durch Stress wie Streitigkeiten, Disharmonie, Entfremdung, Mobbing. Stress ist auch Unfrieden, denn er raubt dem Menschen die innere Ruhe. So heißt es auch im Volksmund: »Frieden ernährt, Unfrieden verzehrt.«

Seelenfrieden erlangen wir, wenn wir beispielsweise unsere Begierden unter Kontrolle haben, wenn unsere Gedanken uns nicht beunruhigen, wenn wir sowohl mit unserer engsten als auch weiteren Umgebung in Harmonie leben, wenn wir eine Arbeit haben, die uns befriedigt oder wenn unsere finanzielle Situation gesichert ist.

Unseren inneren Frieden stören am meisten wir selbst. Natürlich »kann der Frömmste nicht im Frieden bleiben, wenn es dem bösen Nachbarn nicht gefällt« (Schiller), aber viel häufiger sind wir selbst die Schuldigen. Vor allem die vielen überflüssigen Sorgen, die unseren Frieden stören, sollen wir uns abgewöhnen, empfiehlt uns unzählige Male die Bibel.

Eine Quelle des Friedens ist unser gutes Verhältnis zum Schöpfer und zur Mitwelt. Sobald wir uns davon entfernen, verlieren wir Gesundheitsimpulse: Wir fühlen uns nicht mehr so wohl in unserer Haut; uns beunruhigt etwas tief im Innern; wir sind nicht mehr eins mit unserem wahren Selbst.

Unsere innere Stimme lässt sich nur erkennen, wenn wir Frieden haben und halten. Das heißt, sobald wir im Widerspruch zum Göttlichen leben, kommt es zu Selbstentfremdung und Unfrieden. Für ein bewusstes Leben in Einklang mit der göttlichen Ordnung können Sie sich jederzeit entscheiden. Wichtig ist:

- Sich zur Eigenverantwortung bekennen, damit auch Kinder daraus lernen.
- Die Hilfsbereitschaft kultivieren, sich fragen: Wo kann ich helfen? Auch Ihr Selbstvertrauen wird dadurch gewinnen.
- Keine Gelegenheit versäumen, Dankbarkeit zu zeigen – das Immunsystem hat den Nutzen davon. In der eigenen Familie anfangen.
- Allem Leben mit Ehrfurcht begegnen.
- Mutig für die Schwachen eintreten, Unrecht auf friedliche Weise bekämpfen – Sie gewinnen daraus Kraft und Selbstvertrauen.
- Freundlich und höflich bleiben, auch wenn Ihnen nicht danach zumute ist. Leben heißt immer auch: Ich muss mich lebenslang selbst erziehen. Jeder von uns ist für irgendjemanden auch Vorbild.
- Körper und Seele erneuern sich und lernen täglich etwas. Deshalb die freie Zeit – besonders den Sonntag, den Tag der Muße und Entspannung – durch heitere Gesellschaft, freudevoll betriebenes Hobby oder interessante Weiterbildung veredeln. Muße ist eine Tugend, die Kreativität und Intelligenz erfordert, aber viel Kraft spendet.
- Verschwiegen sein, über andere Menschen nur Gutes sprechen. Tolerant und friedlich bleiben.
- Sich selbst und das Leben lieben.
- Sich treu bleiben, dann wird das Leben Sie auch verwöhnen.
- Durch Gutes das Gute anziehen. Gute Taten loben, sich interessiert zeigen.
- Keine Zeit mit negativen und nutzlosen Gedanken verschwenden.

Übungen zur siebten Lektion

Heilmeditation »Berühren von Jesu Gewand«

Wirkung: Kraftvermehrung; Gesundung.

Ausgangspunkt ist eine Bibelstelle im Lukasevangelium (8,43ff.):

»Darunter war eine Frau, die schon seit zwölf Jahren an Blutungen litt und bisher von niemand geheilt werden konnte. Sie drängte sich von hinten an ihn heran und berührte den Saum seines Gewandes. Im gleichen Augenblick kam die Blutung zum Stillstand ...«

Die Berührung der Kleidung von Jesus kann Ihnen auch in der Meditation einen Heilimpuls geben, wenn Sie fest davon überzeugt sind.

Übung:

- Sie sitzen aufrecht (Pharaonensitz, siehe Seite 109) oder liegen.
- Sie gehen in Ihrer Vorstellung in die Zeit von Jesus. Sie sehen vor Ihrem inneren Auge, wie Jesus und sein Gefolge gerade dabei sind, an Ihnen vorbeizugehen. Sie wollen gesund werden oder Liebe von seiner Liebe bekommen.
- Anfangs ist es nötig, diesen Bildvorgaben zu folgen, dann geben Sie sich passiv der Situation hin:
  Was machen Sie? Sprechen Sie Jesus an? Warten Sie wie die scheue Frau in der Bibel, bis Jesus vorbeigeht, um dann nach dem Saum seines Gewandes zu greifen – in der Gewissheit, dass diese unauffällige Berührung Sie gesund macht? Sie sind frei und voller Vertrauen und Zuversicht.

Dauer: etwa 10 Minuten.

Meditation über heilsame Wörter

Wirkung: durch Wörter und damit verbundene Gefühle werden starke psychosomatische Reaktionen ausgelöst, die zur Stabilisierung der Gesundheit beitragen.

Übung:

- Sie nehmen Ihre Entspannungsposition im Sitzen oder Liegen ein.
- Sie konzentrieren sich ein bis zwei Minuten lang auf das Wort *Leben* und die dazu gehörigen positiven Gefühle. Was spüren Sie?
- Sie konzentrieren sich ein bis zwei Minuten lang auf das Wort *Liebe* und die dazugehörigen positiven Gefühle. Was spüren Sie? Können Sie Unterschiede zum Wort Leben feststellen?
- Sie konzentrieren sich zwei Minuten lang auf die Sätze: *Das Leben ist wundervoll – Liebe ist mein Leben – Ich liebe mein Leben – Das Leben liebt mich – Ich werde geliebt – Ich bin voller Liebe* – usw.
- Wie waren Ihre Reaktionen? Was haben Sie gefühlt? Freude? Ermutigung? Optimismus? Natürlich ist das Leben nicht immer wunderbar, aber manchmal können Sie für eine kurze Zeit durch solche Wort-Meditationen ein »Loch« füllen.

Abschlussgebet

»Herr, ich danke dir, dass ich gesund bin. Ich danke dir, dass alles gut ist und dass jede Zelle meines Körpers gesund ist.«

Achte Lektion

Alt werden

Das Ziel hinter dem Ziel

Geborenwerden ist der Startschuss auf dem unausweichlichen Weg in Richtung Krankheit und Tod. Jeden Tag stirbt etwas von uns. Es heißt aber auch, dass wir täglich neu geboren werden, indem wir Altes loslassen.

Leben heißt altern. Von der Entwicklung im Mutterleib bis zum Tod unterliegt alles Leben Sterbe- und Alterungsprozessen. Wir werden uns dessen immer wieder bewusst, wenn wir reifer werden, wenn wir bestimmte Leistungen erzielen – oder wenn Leistungen und Fähigkeiten wieder nachlassen. Leben heißt Unterwegssein in Richtung Tod. Manche versuchen unbewusst, schnell ans Ziel zu gelangen; oft gelingt es ihnen auch.

Zur Welt kommen heißt auch, auf einen wenig ausgeschilderten Weg ausgestoßen zu werden, dessen Endziel wohl nur gefühlt werden kann: »Werde, der du bist.« Wenn wir behaupten, dieses Ziel schnell erreicht zu haben, sprechen wir manchmal von Hybris, Überheblichkeit, die – so die Vorstellung im alten Griechenland – den Zorn der Götter hervorruft. Diese negative Gefühlslage blockiert den wichtigsten Meridian: den Lungenmeridian. Es wundert also nicht, dass in der antiken Lebensphilosophie die Überwindung des Hochmuts, der Hybris, eine ganz wichtige Rolle spielte. Wer meint, dass er in dieser Hinsicht Unterstützung braucht, kann sich mehrfach täglich Vorsätze geben, die kurzfristig den Fluss der Lebenskraft fördern: *»Ich bin und bleibe genügsam. Ich bin und bleibe einfach und bescheiden. Ich bin voller Demut. Dank dir.«* Oder: *»Ich bin kindhaft und einfach. Ich bleibe natürlich. Ich bin demütig.«*

Die Aufgabe des Elternhauses und der Schule ist es, das Fundament für das Leben zu legen. Die Religionen haben daneben die Aufgabe, uns zu lehren, auch das Sterben und den

Tod in das Leben mit einzubeziehen – »auf dass wir klug werden«. Der Tod ist die Erfüllung des Lebens. Hinter dem Lebensziel auch das letzte Ziel zu sehen sollte unsere Perspektive sein. Vor allem Ärzte, Künstler, Philosophen und Seelsorger müssen sich bereits im täglichen Berufsleben damit auseinander setzen.

Gleichgültig, was wir tun – ob wir beten oder Sport treiben, ob wir dahinsiechen oder genesen –, für den bewusst religiös verankerten Menschen ist das Ziel hinter dem Ziel immer auch Gott. Erst im Alter erkennen wir, dass das Leben hinter dem Leben unsere geistige Bestimmung, unsere echte Heimat und wirkliche Welt ist.

Auf Erden haben wir uns jedoch zu bewähren. Im alten Bund Israels hieß es, das Kommen des Reiches Gottes müsse durch ein gottgefälliges Leben vorbereitet werden. Aber von Jesus hören wir: »Wer an mich glaubt, der hat schon auf Erden ewiges Leben.« Was uns im geistigen Fortlebensbereich erwartet, können wir nur ahnen. Es wird – so die Bibel – schöner sein als das jetzige Leben.

Mit einer Lebenspraxis, die durch Selbstverantwortung und Religiosität geprägt ist, werden unsere Wünsche und Ängste mit den Jahren immer kleiner. Das Kindhafte wird zunehmend deutlicher, das Ziel klarer – bis wir wieder in dem aufgehen, aus dem wir gekommen sind.

Reflexionen

»Ob wir leben oder ob wir sterben, wir gehören dem Herrn.« *(Römer 14,8)*

»Das hohe Alter beruhigt sich in dem: der da ist, der da war und der da sein wird.« *(Goethe)*

»Verlasse, was du hast; befreie dich von allen Fesseln.« *(Erich Fromm)*

»Die Zeit, Gott zu suchen, ist dieses Leben. Die Zeit, Gott zu finden, ist der Tod. Die Zeit, Gott zu schauen, ist die Ewigkeit.« *(Franz von Sales)*

Dankbarer Rückblick

Solange wir leben, müssen wir lernen, wie wir richtig leben sollen, erkannte der große Arzt Hippokrates. Das Leben verstehen wir allerdings meist erst in der Rückschau. Wir leben und wir werden gelebt. Jeder von uns kann zwar sagen: »Es ist mein Leben, es sind meine Werke, meine Arbeiten, meine Abenteuer«, aber Gott war immer mit von der Partie. Er hat uns geleitet und getragen, uns zurückgehalten oder ermuntert. Er hat mit uns gelacht und geweint, geliebt und gelitten. Er hat uns angehört und manchmal auch einiges überhört – aber geschwiegen hat er nicht, nur haben wir seine Mitteilungen womöglich nicht wahr- und ernst genommen. Er hat uns mit sanfter Hand beruhigt, uns wie eine gute Mutter geliebt und uns wie ein Vater immer wieder geholfen, und das, obwohl wir uns seiner viel zu selten bewusst wurden.

So erinnere ich mich der Durststrecken in meinem Leben: die Gefangenschaft, die Hungerjahre nach dem Krieg, die Arbeitssuche, die verschiedenen Jobs und Aushilfsarbeiten als junger Arzt. Doch bin ich voller Dankbarkeit – obwohl einem scheinbar nichts geschenkt wird. Dankbar bin ich auch, dass ich zusammen mit meiner Partnerin alt werden durfte. In über vierzig Jahren Ehe hat meine Frau mir immer wieder entscheidend geholfen. Tiefes gemeinsames Leben wächst fest zusammen.

Viele Menschen werden sich fragen, was sie alles in ihrem Leben anders gemacht hätten, wenn sie in jungen Jahren so klug wie heute gewesen wären. Hätten sie sich damals wirklich anders verhalten können?

Aber wir dürfen hoffen: Solange wir uns ehrlich bemüht haben, solange wir einsichtig waren, wird uns verziehen. Die Freude darüber sollte aus unseren Gesichtern sprechen. Endlich dürfen wir unsere Fehler annehmen, und wir müssen es auch tun, denn versäumte Freude im Alter ist doppelt versäumtes Leben.

Erst im Alter werden wir uns bewusst, dass unser Leben meist Freude und Leid zugleich war. In der Rückschau tut das Negative nicht mehr so weh; es schmerzt nicht mehr. Wir nehmen uns selbst nichts mehr übel und schließen Frieden mit unseren Gegenspielern, ja, sogar mit den dunklen Seiten unseres Schicksals. Wir lassen los und werden mit tiefem Seelenfrieden belohnt.

Einen Grundsatz des Lebens erkennen wir jetzt: Wir müssen Gott entgegenkommen – in unserer Arbeit und in unserer Mußezeit, mit unserem gesamten Leben. Wir müssen uns bemühen. Erst dadurch werden wir dem göttlichen Anteil an unserem Leben gerecht. So wie die gelungene Arbeit das Fundament für unser Glücksgefühl ist, so kann ein einigermaßen harmonisches, friedliches Leben im Alter viel Daseinsfreude bringen – ein Grundstein für das Altwerden und Gesundbleiben.

Reflexionen

»Leb, als wolltest du täglich sterben. Schaff, als wolltest du ewig leben.« *(Sprichwort)*

»Schwere Arbeit in der Jugend ist sanfte Ruhe im Alter.« *(Sprichwort)*

Alt werden möchte jeder, alt sein keiner

Wir sollten prüfen, ob wir uns in einem ganzheitlichen Sinn auf das Alter vorbereiten. Im Alter wird man für Nachlässigkeiten früherer Lebensphasen büßen müssen. Gesundes Leben strebt immer nach »ewigem« Leben. Wer lange leben möchte, sollte früh damit beginnen, das ganze Leben zu lieben. Dann kommt es nicht mehr darauf an, wie alt man ist, sondern wie alt man sich fühlt.

Alt werden ist heute meist leicht, dagegen machen die persönlichen Behinderungen sowie die moderne Lebensform es vielen schwer, ihr Alter und ihre Beschwerden zu ertragen. Einige glauben, sie müssten sich vom aktiven Leben zurückziehen, weil ihre schmale Rente keinen anderen Lebensstil zulässt. Andere werden durch ihre Behinderungen gezwungen, ihre letzten Jahre in den eigenen vier Wänden zu verbringen. Ein kleinerer Teil flieht vor dem Leben in ruhelose Betriebsamkeit. Dann heißt es Reisen, Suchen, Genießen – und nur nicht zur Besinnung kommen. Solche Menschen haben Angst, sie könnten noch etwas versäumen.

Es gibt verschiedene Definitionen, wann ein Mensch alt ist. Die menschliche Lebensdauer dürfte genetisch bedingt bei gut 120 Jahren liegen. »Altersgene« sind also eine wichtige Voraussetzung, um alt zu werden. Sie sind jedoch nicht alles entscheidend. So liest man immer wieder einmal von Produkten, die uns ein höheres Alter versprechen. Da diese Produkte meist sehr teuer sind, scheinen wir nicht umhin zu können, an ihre Wirkung zu glauben – und der Glaube kann uns bekanntlich zu vielem beflügeln. Aber allein durch Wundermittel werden wir diese genetisch vorgezeichnete Altersgrenze nicht erreichen, zumal wir Menschen dazu neigen, einen Teil unserer Lebensjahre zu vergeuden oder zu verschenken.

Doch genauso wie man durch negative Einstellungen und Taten sein Leben verkürzen kann, gelingt es bei entsprechender Motivation auch, das eigene Leben zu verlängern. Wer beispielsweise von dem tiefen Wunsch beseelt ist, ein bestimmtes Ereignis noch mitzuerleben, kann es – wie Statistiken zeigen – tatsächlich schaffen, seinen Tod für einige Zeit hinauszuschieben.

Reflexionen

»Das ganze Geheimnis, sein Leben zu verlängern, besteht darin, es nicht zu verkürzen.« *(E. von Feuchtersleben)*
»Kämpfen muß man gegen das Alter wie gegen eine Krankheit. Jedes Lebensalter hat seine Grenzen, nur das Greisenalter nicht.« *(Cato)*
»Die Tragödie des Alters beruht nicht darin, daß man alt ist, sondern daß man jung ist.« *(Oscar Wilde)*
»Herr, lass mich alt werden, aber nicht veralten.«

Gesund alt werden

Langlebigkeit ist nicht allein unser Verdienst. Wir können jedoch viel dafür tun, dass wir unsere Lebensdauer nicht verkürzen – denn nicht am Alter stirbt der Mensch, sondern an Krankheiten und Unfällen. Unser Ziel ist es also, gesund zu leben. Ein hohes Alter kann dann eine Zugabe sein, ein Geschenk, eine Gnade.

Hundertjährige sind in der Regel Frühaufsteher gewesen. Sie hielten sich nicht länger als notwendig im Bett auf. Selbst bei Krankheiten im Alter hat es Vorteile, nur so lange wie ärztlich angeordnet im Bett zu verweilen.

Die Mehrzahl der gesunden alten Menschen schläft gut und

lange. Kultivieren Sie Ihre Schlafgewohnheiten, und stören Sie abends nicht Ihren Tiefschlaf durch Anregungsmittel. Seit langem weiß man, dass das Schlafen in kühlen Räumen von etwa 17 Grad Celsius der Gesundheit förderlich ist.

Im letzten Viertel des Lebens sollte man wissen, was einem gut tut und was stört. Schlafstörungen sind oft Ich-Störungen. Soziale Tätigkeit kann ein sanftes Ruhekissen sein, ebenso das Beten. Bevor Sie die Schäfchen zählen, geben Sie sich lieber Vorsätze bis zum Wiedereinschlafen: *»Ich bin ganz entspannt. Ich bin ganz ruhig und gelassen. Ich spüre die angenehme Bettschwere in Armen …«*

Gesunden Schlaf muss man sich durch körperliche Betätigung verdienen. Durch viel Bewegung, zum Beispiel durch regelmäßiges Wandern in freier Natur, können auch Alterungsprozesse verlangsamt werden. Tennisspielen, Schwimmen oder Fahrradfahren kann ähnlich gute Wirkungen haben.

Im Alter ist es besonders wichtig, für ein harmonisches Verhältnis von Spannung und Entspannung zu sorgen. Alte Menschen ermüden durch Bewegung schnell; geistige Tätigkeit wirkt dagegen weniger erschöpfend. Pausen sollten eingehalten werden. Beim Treppensteigen empfiehlt es sich, tief einzuatmen, damit einem nicht der Atem wegbleibt.

Mit zunehmendem Lebensalter sollte der Urlaub bewusst der Erholung dienen. Die normale Freizeit kann dazu verwendet werden, sich abzuhärten, zum Beispiel:

- Winters wie sommers immer für etwas Bewegung in frischer Luft sorgen.
- In frischer Luft tief atmen, es reinigt Gedanken und Lungen.
- Luftbäder im Schatten, aber warm eingehüllt.
- Nicht zu heiß duschen.
- Kneippsche Güsse, warme und kalte Waschungen oder Bürstenmassagen.

Als generelle Empfehlung für ein langes, gesundes Leben lässt sich Hippokrates zitieren: »Wer stark, jung und gesund bleiben und seine Lebenszeit verlängern will, der sei mäßig in allem, atme reine Luft, treibe täglich Hautpflege und Körperübungen, halte den Kopf warm, die Füße kalt und heile ein kleines Wehweh durch Fasten eher als durch Arzneien.«

Ergänzend ist es ratsam, schon in jungen Jahren die körperlichen Anfälligkeiten und Krankheiten der eigenen Blutsverwandten herauszufinden. Mit einiger Wahrscheinlichkeit hat man selbst die Anlage dazu. Auf diese Weise kann man sich frühzeitig darauf einstellen und vorsorgen – und eine akute Krankheit oft auch verhindern.

Doch machen wir uns auch darauf gefasst, dass sich in die allgemeinen Abnutzungsbeschwerden des Alters psychische Beschwerden »einnisten« können, sodass sich körperliche Schmerzen verschlimmern.

Wichtig ist der gute Kontakt zum (Haus-) Arzt oder Therapeuten, mit dem auch neue Krankheitsanzeichen frühzeitig besprochen werden sollten. Bei einfachen Erkrankungen, wie zum Beispiel Erkältungen, helfen meist einfache Hausmittel am besten. In allen anderen Fällen sollte man nur die ärztlich verordneten Medikamente einnehmen. Medikamente werden im Alter schwerer abgebaut; Beruhigungsmittel können dann unter Umständen Schwindel erzeugen, und die Unfallgefahr erhöht sich. Darüber hinaus sollte jeder die Termine für Vorsorgeuntersuchungen wahrnehmen.

Im Alter braucht man Geduld mit sich selbst – und die Disziplin, aktiv und gesund zu leben und nicht zu vegetieren. Wer den »Ruhestand« wörtlich nimmt, verliert.

Offen und unverkrampft bleiben

Ein 34-jähriger Mann erlitt einen Schlaganfall, als er einmal 500 Meter weit gehen musste. Er hatte starkes Übergewicht, rauchte viel, litt unter hohem Bluthochdruck und hasste jegliche Art von Bewegung. Kurz darauf starb er.

Was denken Sie beim Lesen dieser Krankengeschichte?

Die pathologische Untersuchung zur Abklärung der Todesursache erbrachte Überraschendes: Tod infolge einer angeborenen Gefäßanomalie.

Fazit: Wir ersparen uns viel Ärger, wenn wir grundsätzlich auf Werturteile, Vorwürfe und Beschuldigungen verzichten, denn wir haben niemals den vollen Überblick. Ohne Gnade erreicht keiner sein Ziel. Dennoch lohnt es sich, unverkrampft gesund zu leben.

Altwerden und Ernährung

»Eure Nahrung sei eure Medizin«, empfahl Hippokrates vor 2400 Jahren. Doch vor allem alte Menschen ernähren sich häufig falsch. Die einen (etwa 25 Prozent) sind deutlich übergewichtig, die anderen (etwa 25 Prozent) untergewichtig. Viele sind nicht ausreichend mit Vitaminen oder Mineralstoffen versorgt. Dadurch kann es indirekt zu einer kürzeren Lebenserwartung kommen. Nahrung, die ewig jung hält – Nektar und Ambrosia –, gibt es allerdings nur in der Mythologie.

Hundertjährige sind meist schlank, aber nicht mager. Übergewicht ist leichter Stress. Mit zunehmenden Jahren braucht man erheblich weniger Nahrung. Dadurch wird es schwierig, alle Aufbaustoffe in ausreichender Menge aufzunehmen. Zusätzliche Gaben von Vitaminen und Mineralstoffen können unter Umständen Vorteile bringen. Ihr Arzt weiß Rat.

Es gibt zahllose Ernährungshinweise speziell auch für Ältere, eine »richtige« Ernährung für alle gibt es jedoch nicht. Dennoch kann man pauschal empfehlen, wenig, fettarm und abwechslungsreich zu essen. Zu jeder Hauptmahlzeit sollte auch etwas Rohkost gehören. Ein gutes Frühstück scheint von Vorteil zu sein. Zahlreiche Untersuchungen und die ärztliche Erfahrung sprechen dafür, dass eine karge Kost das Leben verlängert.

Täglich sollten Sie mindestens zwei Liter Flüssigkeit trinken; je nachdem, wie viel Sie geschwitzt haben, kann es auch mehr werden. Empfehlenswert ist mineralstoffreiches Wasser, das den individuellen Bedürfnissen entsprechen muss. In zweiter Linie kommen Kräutertees infrage sowie dünner schwarzer Tee oder Kaffee (Blümchenkaffee) oder auch Leitungswasser.

Verbannen Sie Ihre Lieblingsgerichte oder Leckereien nicht völlig von Ihrem Speisezettel, obwohl es sicher meist kalorienreiche Nahrungsmittel sind, zum Beispiel Kuchen. Beherrschen Sie sich lieber: »Ernährungssünden« kontrolliert zuzulassen ist für viele leichter, als völlige Abstinenz durchzuhalten.

Immer wieder tauchen in den Zeitungen Meldungen auf, wonach irgendwo in der Welt – vorzugsweise in einem fernen, schwer zugänglichen Gebirgsdorf – Menschen deutlich älter werden als bei uns. Die Journalisten suchen dann nach dem Patentrezept. Manchmal sind Aprikosen das Zaubermittel, dann Zwiebeln oder Kartoffeln. Aber die psychischen Werte, die Langlebigkeit begünstigen – wie die soziale und religiöse Verbundenheit, das einfache dörfliche Leben, der Humor, die Freude, die Geborgenheit, das Fehlen von Neid oder Ehrgeiz –, werden in der Regel nicht beachtet.

Altwerden und Bewegung

Leben ist Bewegung. Doch mit dem Alter lassen Muskelkraft, körperliche Wendigkeit, Reaktionsfähigkeit und Schnelligkeit nach. Dann wirkt sich die »Schwerkraft« besonders niederdrückend auf den Körper aus. Körperliche Unsicherheit stellt sich ein; Unfälle nehmen zu. Besonders im Alter und vor allem für die Menschen, die an rheumatischen Erkrankungen leiden, gilt aber: »Wer rastet, der rostet« beziehungsweise »Trainieren oder an Gesundheit verlieren«.

Dem Alter und der Befindlichkeit angepasste Bewegung und Spiele sind Eustress, der Freude und Lebensqualität garantiert. Täglich sollten Sie etwa dreißig Minuten Bewegung einplanen.

Bewegung kann auch Stresstherapie sein, weil die durch Stress bedingten Blutveränderungen auf physiologische Art verschwinden. Es kommt zur schnellen Entstressung – im Gegensatz zum langsamen Stressabbau durch Entspannungsmethoden. Alle psychosomatischen Krankheiten werden außerdem durch Bewegung günstig beeinflusst, zum Beispiel durch Wandern, zügiges Gehen, Schwimmen, Radfahren, Skilaufen, Tanzen, Gartenarbeit.

Körperliche Bewegung stabilisiert vegetative Regelkreise. Blutdruck- und Blutzuckerwerte beginnen sich zu normalisieren. Der Herzmuskel wird gekräftigt. Herz- und Lungentätigkeit verbessern sich. Das Abwehrsystem wird angeregt und vieles andere mehr. Wichtig ist, dass Sie an der körperlichen Bewegung Freude haben. Beginnen Sie langsam. Mit dem Partner oder mit Freunden trainieren macht doppelt Spaß. Genießen Sie Ihre wachsende Tatkraft.

Wenn Sie angenehm ermüdet sind, sollten Sie aufhören oder eine Pause einlegen. Zu starke körperliche Belastung ist negativer Stress und schwächt das Immunsystem. Wettkämpfe sind deshalb nichts für alte Leute, Untrainierte oder Genesende. Während der Übungen sollten Sie noch sprechen können, ohne kurzatmig zu werden.

Doch auch sehr alte Menschen können ihre Muskeln noch trainieren. Ausdauer und Geduld lassen sich jederzeit üben. Tägliches systematisches Trainieren von Muskeln und Gelenken hilft, vor allem Finger, Knie und Hüften beweglich zu halten. »Wer seinen Geist stärken will, der pflege seinen Körper«, empfahl Goethe.

Sich auf das Altwerden einstellen

Im Alter brauchen wir uns nicht mehr zu beweisen. Heiterkeit und Weisheit können sich einstellen, wenn wir gelassen bleiben. Mit den Jahren verbessern und vertiefen sich unser Verantwortungsbewusstsein sowie unsere Zuverlässigkeit, Selbstständigkeit, Urteils- und Gesprächsfähigkeit.

Wenn wir uns schon in jungen Jahren an ein harmonisches Lebensmuster gewöhnt haben, wird es uns helfen, das Alter geistig zu bewältigen. Wenn wir überdies auch noch besonnen und pflichtbewusst leben, werden wir im Allgemeinen älter als der Durchschnitt.

Manche können sich jedoch mit dem Altern ganz und gar nicht abfinden – von ihnen kommt nichts als Ärger, Gereiztheit und Klagen. Aber das Akzeptieren des Lebens ist gefragt, es lindert und hindert die narzisstische Vergrößerung des Leids.

Selbstbeherrschung kann das Leben stressärmer machen. Der meiste Stress im Leben ist hausgemacht. Wir müssen vielmehr unserem guten Schicksal vertrauen, Sorgen und Ärger über Bord werfen, die negativen Gedanken aus der Vergangenheit loslassen, das Alter akzeptieren und uns auf die Gegenwart und auf das Gute konzentrieren.

Außerdem ist Gleichmut gefragt. Studien haben ergeben, dass Krebskranke mehrheitlich ihre Wut oder ihren Ärger heruntergeschluckt haben, statt ihn zu verarbeiten. Das kann zu einer Schwächung des Immunsystems führen. Den Luxus, wütend und ärgerlich zu sein, können wir uns im Alter allerdings nicht mehr oft leisten: Die Reaktionen auf Stress werden schwächer, das Abwehrsystem ermattet, Krankheiten machen sich bemerkbar. Diesen Prozess wollen wir nicht noch fördern. Achten wir lieber auf eine gute innere Balance.

Jedes Ungleichgewicht oder Übermaß verkürzt das Leben. Lassen wir also auch übermäßiges Rauchen, Trinken und Essen sowie jedes andere Zuviel. Jede zu große Risikobereitschaft und auch jede Gleichgültigkeit gegenüber der Gesundheit wirkt sich schädlich aus.

Geistig flexibel bleiben wir durch lernen. Unsere Gehirnzellen müssen wie die Muskelzellen lebenslang in Übung bleiben. Aber auch hier besser nicht zu verbissen vorgehen, sondern mit Spaß, gesunder Neugier und Freude.

Sich täglich, ja stündlich freuen und lachen ist eine gute Medizin für das Alter. Das Leben ist viel zu kostbar, als dass wir es uns selbst schwer machen dürfen. Bleiben wir optimistisch, der Körper dankt es durch die Ausschüttung von »Glückshormonen«. Freude, Lachen und Glücklichsein lockern auf, entlasten den Organismus, besonders das Herz.

Auch im Alter unabhängig bleiben hält gesund. Es lohnt sich immer, für seine Freiheit zu kämpfen und sich zu engagieren. Betriebsame und gebildete Alte leben meist länger als träge. Als Originale kommen wir auf die Welt. Haben wir wirklich alles getan, um sie nicht als Kopien zu verlassen?

Reflexionen

»Wer eine reizende alte Dame werden möchte, der fange mit siebzehn Jahren an.« *(Colette)*

»Je älter ich werde, desto interessanter werde ich für meinen Mann.« *(Agatha Christie, die mit einem Altertumsforscher verheiratet war)*

»Neid und Ärger verkürzen das Leben, Kummer macht vorzeitig alt.« *(Jesus Sirach 30,24)*

»Unser Leben kann sicherlich durch die Ärzte um keinen Tag verlängert werden, wir leben, so lange es Gott bestimmt hat; aber es ist ein großer Unterschied, ob wir jämmerlich wie arme Hunde leben oder wohl und frisch, und darauf vermag ein guter Arzt viel.« *(Goethe)*

Mit dem Leben verbunden bleiben

Mit dem Altwerden ist meist ein dramatischer Rollen- und Funktionswandel verbunden. Krisen, die diese Übergänge oft begleiten, können dann depressive Verstimmungen oder Partnerschaftsprobleme auslösen. Viele Leute verlieren mit zunehmendem Alter auch die Kraft und das Interesse, die Verbindungen mit der Umwelt aufrechtzuerhalten. Durch einen Mangel an Kommunikation wird sich das Altern unter Umständen jedoch beschleunigen. So ist es wichtig, Freundschaften zu pflegen – was Einsatz verlangt, aber auch viel Kraft spendet. Soziale Eingebundenheit ist ein Merkmal der meisten Hundertjährigen. Gemeinschaftlich unternommene Feste, Ausflüge oder andere Unternehmungen wirken sich positiv auf Stimmung und Gesundheit aus. Auch kleine Haustiere können ein einsames Herz erwärmen und indirekt für soziale Kontakte sorgen.

Sich rechtzeitig auf die letzten Lebensjahre einstellen beugt vielen Problemen und Stresssituationen vor. Wichtige Fragen sind zum Beispiel: Ist die Wohngegend attraktiv für mich? Kann ich in meiner Wohnung bleiben? Sind meine Wohnung und Umgebung gegebenenfalls behindertengerecht? Stehen mir im Krankheitsfall Hilfen zur Verfügung? Wie steht es mit der medizinischen, pflegerischen und seelsorgerischen Betreuung? Sind Einkaufsmöglichkeiten leicht erreichbar? Bin ich an das örtliche Verkehrsnetz gut angebunden?

Wenn es möglich ist, sollte man einer geliebten Berufstätigkeit so lange wie möglich nachgehen. Arbeit, aber auch Hobbys halten jung. Um alt und krank machenden Stress auszugleichen, ist Hobbytätigkeit ideal, vor allem solche, die bis zu einem gewissen Grad die ganze Familie erfreut. Es wäre schade, wenn das Hobby Sie zu sehr absorbieren und vom Partner oder von Freunden trennen würde. Das könnte auch gesundheitlich negative Folgen haben.

Daneben kann die Ehe lebensverlängernd wirken. Die Ergebnisse einer mehrjährigen Studie an der Universität von Rotterdam (1996) bestätigten eine alte Erfahrung: Der Lebensstil von Eheleuten ist »solider« als der von Ledigen, deswegen leben Verheiratete länger. Damit hängt auch zusammen, dass regelmäßiger Sex unter anderem durch die Ausschüttung von »Glückshormonen« jung erhält. Wenn jedoch zu wenig Liebe da ist, kann eine Ehe auch zum Stressfaktor werden.

Ordnung schaffen

Je älter wir werden, desto mehr stößt uns in der Rückschau die unbewältigte Vergangenheit auf. Doch wir müssen uns jetzt von negativen Selbstbildern, von gescheiterten Plänen, von manchen unerfüllten Wünschen, von begangenen Fehlern, von materiellen Werten lösen. Wir müssen endlich unsere Schwächen akzeptieren, Frieden finden, geistige Werte gewinnen. Wer sein Geschick mit dem anderer vergleicht, holt sich meist Unruhe und Unfrieden in sein Haus. Auch davon sollten wir uns endlich freimachen. So können wir auch im Alter noch zum Glauben finden und dadurch ruhiger, stressstabiler und zufriedener werden.

Wir haben das Leben aus Gottes Hand erhalten, und wir geben es in seine Hand zurück. Nichts können wir daran ändern, das Alter müssen wir annehmen. Trost ist, dass Gottes Kraft uns Stärke verleiht. Gott verspricht, dass er uns bis ins Alter »tragen« wird.

Manche alte Menschen fürchten das Gottesgericht. Sie vergessen, dass es mit irdischen Instanzen nicht zu vergleichen ist und dass sie auf Gottes Erbarmen vertrauen können.

Einige beten um einen sanften und schnellen Tod – lange bevor Gevatter Tod sich für sie interessiert. Andere wollen lieber bewusst sterben. In jedem Fall wäre es sinnvoll, beizeiten ein Testament zu machen. Die gesetzliche Erbfolge kann unter Umständen ungerecht und unpassend sein. Die Beratung durch Fachleute wird zwar weder Neid noch Auseinandersetzungen unter den Angehörigen, aber lange Erbstreitigkeiten vor Gericht verhindern.

Unser ganzes Leben wird von Regeln und Gesetzen bestimmt, aber Sie haben die Möglichkeit und Freiheit, eigene letzte Wünsche und Vorstellungen durchzusetzen. Zum Beispiel können Sie den Rahmen und Ablauf Ihrer eigenen Trauerfeier und Beerdigung festlegen. Sie selbst können bestimmen, was dabei zum Ausdruck kommen soll: Freude, Trauer, Dankbarkeit, Erinnerung.

Die kleine Schrift *Christliches Sterben* kann Ihnen außerdem helfen, sich Klarheit zu verschaffen, was bei einem Sterbefall alles an bürokratischer Papierarbeit zu erledigen ist. Bei den Verbraucherzentralen ist die Broschüre *Was tun, wenn jemand stirbt?* erhältlich.

In Gesundheit sterben

Ziel eines gesunden Lebens ist es, aktiv zu bleiben, um möglichst bei guter Gesundheit zu sterben. Ist das nicht ein Widerspruch?

Gemeint ist, dass wir alle nach Gesundheit streben sollen, damit wir nach einem erfüllten Leben ohne Beschwerden friedlich heimgehen oder hinübergehen können. Meist gilt: Je älter der Mensch, desto sanfter der Tod. Allerdings garantiert mehr Gesundheit im Alter nicht auch ein verlängertes Leben.

Gelegentlich hört man die Frage, warum wir überhaupt sterben müssen. Doch möchten wir wirklich in einer Gesellschaft von alten und sehr alten Menschen leben? In einem zeitlosen Einerlei ohne Spannung und Bewährung? Die Natur hat vorgesorgt und uns die unser Alter mitbestimmenden Gene geschenkt. Dass Menschen der Industrienationen in den letzten hundert Jahren durchschnittlich erheblich älter geworden sind als ihre Vorfahren, beruht nicht auf Veränderungen in den Genen, sondern auf der Umsetzung moderner Erkenntnisse in Hygiene, Medizin und Naturwissenschaft. Überdies wäre ein ewiges irdisches Leben nur bezahlbar, wenn wir die Ansprüche einer Pflanze hätten. Die Kunst des Lebens wird gekrönt durch die Kunst des Sterbens. Sinn und Würde erhält das Leben auch durch den Tod: »Das Ewige regt sich fort in allen: Denn alles muß in Nichts zerfallen, wenn es im Sein beharren will.« (Goethe)

Im August 1997 starb mit 122 Jahren in Arles Jeanne Calment. Niemand ist nachgewiesenermaßen in der Neuzeit älter geworden. »Geben ist das höchste Vergnügen«, war das Motto von Madame Calment. Erst mit hundert Jahren verzichtete sie auf das Fahrradfahren. Ihrer Heimat, der Provence, ist sie ihr Leben lang treu geblieben. Mit 117 Jahren gab sie das Rauchen auf. Bis zuletzt trank sie abends ein Glas Portwein. In ihren letzten Lebensjahren wurde sie blind und war auf den Rollstuhl angewiesen. »Behalte dein Lächeln und vertraue auf dein Glück«, riet sie Menschen, die ihr nacheifern wollten. Der bislang älteste Mann wurde übrigens 115 Jahre alt.

Warum einige Menschen »viel zu früh« sterben, wissen wir nicht. War es auch aus des Schöpfers Sicht »zu früh«? Wiegt nicht unter Umständen ein früher Tod als Eintritt in das »Paradies« dieses mühselige Leben auf Erden allemal auf? Seneca meinte, hier seien wir »Knechte«, drüben freie Wesen. Modern gesprochen könnten wir auch sagen, dass wir erst jenseits des Todes zur vollen Entfaltung unseres Lebens gelangen.

Hilfe für Sterbende

Jederzeit kann man durch einen Unfall, ein Missgeschick oder Unglück umkommen. Ob jung oder alt, der Tod ist unser Nachbar.

Wir alle wissen auch, dass letztlich jeder allein leidet, jeder allein stirbt. Es bedeutet Glück, wenn wir Leiden und Sterben in Tuchfühlung mit unserem besten Freund (in uns) »teilen« können. Aber die meisten Menschen haben diese Art des Teilens nicht gelernt.

Die Furcht vor dem Sterben nimmt mit abnehmendem Glauben zu. Wer sich jedoch mit der Sterbethematik auseinander gesetzt hat, kann in Frieden den »Weg aller Wege« gehen. Nur wenige Menschen sind aber so gelassen und in sich ruhend, dass sie das Sterben als höchstes Erlebnis ansehen.

Die große Mehrheit stirbt nicht in den eigenen vier Wänden: Etwa 65 Prozent sterben in Krankenhäusern, etwa 20 Prozent in Pflege- und Altenheimen und nur etwa 15 Prozent zu Hause (1995). Doch ob in der Klinik oder im Kreis der Familie – beim Sterben ist die Frage der ärztlichen Betreuung oft weniger entscheidend als die pflegerische Betreuung und persönliche Begleitung. In Würde sterben ist zu Hause eher möglich als im Altenheim oder Krankenhaus. So lässt es sich zu Hause leichter einrichten, dass beispielsweise Lieblingsgegenstände, Fotos oder Bücher griffbereit sind und eine persönliche Atmosphäre geschaffen wird.

Würdevolles Sterben wollen die Mitarbeiter in den vielerorts gegründeten Hospizen ermöglichen. Sie nehmen vorwiegend aufgegebene und »durchtherapierte« Kranke auf. *Hospicium* war im Mittelalter eine christliche Herberge; ein Hospiz ist heute eine Bleibe für Menschen auf ihrem letzten Lebensabschnitt. Die Gründerin der Hospizbewegung, die Ärztin Cicely Saunders, wandte sich dagegen, dass Menschen anonym sterben müssen, wie es oft in Krankenhäusern geschieht. Sie trat außerdem dafür ein, dass Sterbende weitgehend schmerz- und beschwerdefrei bleiben können sowie die Gelegenheit bekommen, letzte Dinge zu regeln und religiöse Fragen zu stellen. Kurz: Sie sollten mitten aus dem Leben sanft, individuell und in Würde sterben können. Dazu ist keine Hightech-Ausrüstung notwendig, sondern guter Wille und eine humane Einstellung. Geschulte Begleiter versuchen, den Sterbenden beizustehen. Mit gutem Erfolg, denn die Hospizgäste leben meist etwas länger als ärztlich vorausgesagt. Je besser die Sterbebegleitung ist, desto friedlicher, natürlicher und vertrauensvoller entschlafen die Kranken.

In Krankenhäusern muss leider das Pflegepersonal oft die psychologische Betreuung der Sterbenden übernehmen. Doch das wäre die Aufgabe der Angehörigen oder von speziell geschulten Begleitern wie in den Hospizen.

Gar nicht selten treten bei Hinterbliebenen schlimmste Schuldgefühle auf, wenn sie glauben, sie hätten sich nicht genügend für die Verstorbenen eingesetzt, sie seien dem Leben etwas schuldig geblieben. Schuldgefühle können die Daseinsfreude ersticken. So wäre es sinnvoll, rechtzeitig um Hilfe zu bitten und den Rat und die Unterstützung von Freunden oder Fachleuten einzuholen, um einem Sterbenden, der aus verschiedenen Gründen auf sich fixiert ist – er schwebt zwischen Erde (Hoffnung) und Himmel (sich einstellen auf die Begegnung mit dem Absoluten) –, beistehen zu können.

Die Würde des Sterbens hängt einerseits davon ab, wie der Betroffene selbst sein Sterben sieht, wie reif und vorbereitet er ist, andererseits in welcher Atmosphäre das Sterben geschieht, wie stark sich die Umgebung mit dem Sterben befasst hat.

Aktive Sterbehilfe ist in Deutschland im Übrigen verboten. Passive Sterbehilfe ist erlaubt, aber wohl verstanden als Hilfe beim Sterben, nicht als Hilfe zum Sterben.

Sterben in Einklang mit Gott

Gläubige Menschen sterben meist gefasst und gelassen. Der Christ weiß, es kann nur besser werden: Christus ist für uns gestorben; wir sind im Leid nicht allein. Für Christen hat der Tod nicht das letzte Wort. So konnte der weise C. G. Jung sagen: »Ich kann um keinen Toten trauern.« Sterben ist Schmerz und Trauer, es ist aber zutiefst auch Freude und Gewinn.

Früher haben Menschen schon in jungen Jahren gebetet, sie möchten, wenn es denn soweit ist, gern in Frieden mit Gott und den Menschen sterben. Doch nur wenige Menschen berichten heute freimütig über ihre Gedanken zum Thema Tod. Eine alte Dame von 97 Jahren machte allerdings keinen Hehl daraus, dass sie seit zwanzig Jahre um einen sanften Tod gebetet hätte. Ein Jahr darauf wurde sie im Schlaf »heimgerufen«.

Man kann dem Tod ins Angesicht schauen, man kann aber auch vor ihm fliehen wie jener sieche Kapuziner, der betete: »Herr, hilf mir, ich bin noch nicht würdig zu sterben.« Der Tod kommt oft sanft, manchmal jedoch schlägt er blitzartig, ja dramatisch zu, selten wütet er wie ein Folterknecht. Oft übersehen wir die Todesankündigungen.

Das »Ableben« von jüngeren Menschen wird von uns als tragisch angesehen; denn sie haben aus unserer Sicht vorzeitig das Zeitliche gesegnet. Kein Wunder, dass viele Menschen angesichts dieses aufrüttelnden oder auch lähmenden Geschehnisses sprachlos sind. Im Alter ist das Sterben in der Regel »sanft«.

Sterben im Einklang mit Gott könnte auch bedeuten, Sterbenden die Wahrheit über ihren Zustand zu sagen. Früher meinte man, das sei ein Kunstfehler, etwa in dem Sinn: »Den Tod verkünden, heißt den Tod geben« (Hufeland). Zahlreiche Schwerkranke wollen nicht wissen, wie es um sie steht. Aber es sind schon Ärzte verklagt worden, weil sie es unterlassen hatten, einen Patienten über seinen Zustand aufzuklären.

Manche Schwerstkranke wollen genau wissen, wie lange sie nach menschlichem Ermessen noch zu leben haben, um ihre Angelegenheiten zu regeln. Ich gehöre zu denen, die es nicht wissen wollen. Gerade das Nichtwissen hat für mich einen gewissen Reiz, während mir das Wissen als welt- und lebensfremd erscheint. Überdies möchte ich nicht das Hochgefühl der Dankesfreude für jeden geschenkten Tag missen.

Vielleicht wollen Sie sich einige Lebensfragen beantworten, die sich aus diesem Buch ergeben:

- Glauben Sie, dass Sie die Gesundheit haben, die zu Ihrer Lebenshaltung passt?
- Glauben Sie, dass Ihre Krankheiten Ihrer Lebensphase und religiös-philosophischen Einstellung entsprechen?
- Wenn Sie unter chronischen Schmerzen leiden: Was lindert die Schmerzen mehr – Medikamente oder die Weisheit Ihres Organismus (Geist, Seele, Körper)?

Die Beantwortung dieser Fragen wird Sie unter Umständen in die Pflicht nehmen: Wir sind mitverantwortlich für unser Schicksal.

Reflexionen

»Komm zu meinem Grabe nicht ohne Trommel, denn bei Gottes Fest ziemt sich kein Kummer. Ich bin Rausch, der Liebeswein mein Ursprung.« *(Rumi)*

»Alles Leben hat einen Beginn, aber kein Ende.« *(Fjodor M. Dostojewski)*

»*Vita mutatur non tollitur* – Das Leben wird (durch den Tod) verändert, nicht zerstört.« *(Inschrift am Dominikanerkloster Walberberg bei Bonn)*

Die Phasen des Sterbens

Die meisten Menschen tun sich im Alter schwer mit dem Leben, sie leiden nicht unter ihren Jahren als vielmehr unter Behinderungen durch Krankheiten. Der Tod befreit sie von ihrem Leiden, der Tod kommt dann als Erlösung. Einige Menschen spüren, wenn es Zeit ist zu gehen. Sie geben ihren Lebenswillen auf, lassen los und sterben dann schnell.

Anders ist es, wenn der Tod unvorbereitet seinen Schatten auf einen Menschen wirft, zum Beispiel wenn plötzlich das fortgeschrittene Stadium einer unheilbaren Krankheit diagnostiziert wird. Die Reaktionen auf die Nachricht, bald an einer Krankheit sterben zu müssen, zeigen nach der Sterbeforscherin Elisabeth Kübler-Ross und ihrem Team oft typische Phasen:

- *Die Phase des Nicht-wahrhaben-Wollens,* des Leugnens, der Isolierung, in der der Patient hofft, dass die Untersuchungsergebnisse vertauscht wurden (»Sie haben doch nichts mit mir zu tun!«). Je unerwarteter die Diagnose den Patienten traf und je unerfahrener die Therapeuten vorgingen, desto deutlicher traten diese Angstsymptome auf. Wahrheit ja, aber immer gepaart mit etwas Hoffnung. Es besteht ein großer Gesprächsbedarf vonseiten des Patienten.
- *Die Phase des Zorns:* »Warum ausgerechnet ich?« Vergleiche werden angestellt, die sich aber niemals im Leben ziemen. Wut steigt auf; Zorn und Groll entladen sich. Es gibt keine Antwort darauf, warum ein aktiver Mensch, ein Kämpfer für das Gute vielleicht, mitten aus dem Leben herausgerissen wird, während zahlreiche Alte jahrelang am Sterben gehindert werden und dahinvegetieren. In diesem Stadium haben es die Angehörigen nicht leicht. Aggressiv kann es dann klingen, wenn der Kranke drohend erklärt: »Noch bin ich nicht tot, da kann noch viel passieren.« Jetzt sind viel Verständnis und Toleranz sowie die Fähigkeit, zuhören zu können, gefordert, dann verraucht auch der Zorn.
- *Die Phase des Verhandelns:* Der Patient versucht das Unvermeidliche hinauszuschieben. Er verhandelt mit Gott:

»Wenn ich bis dann und dann noch lebe, dann spende ich …« Meist verliert er darüber kein Wort, doch manchmal hört ein einfühlsamer Seelsorger von diesem einseitigen Geheimabkommen.

- *Die depressive Phase:* Es kommt die Zeit des Abschiednehmens, in der der Todkranke die Realität akzeptieren muss. Individuelle Verlustsymptome prägen vorübergehend seine Situation. Ermunterung ist in der Regel fehl am Platz. In sehr persönlicher Art und Weise wird der Sterbenskranke von Trauer ergriffen. Eine Frau erklärte einmal, warum ihr Fernseher »bis zuletzt« stets angestellt sei: »Sonst würde ich in Trauer versinken.« Flucht vor dem Alleinsein, vor der Tiefe, vor der Annäherung an Gott prägen diese Phase.
- *Die Phase der Zustimmung:* Das Akzeptieren des Unweigerlichen bringt dem Sterbenden Entlastung, oft auch etwas Gelassenheit, sodass er meist in Frieden und ohne Schmerzen gehen kann. Der feindliche Tod wird so zum »Freund Hein«, der zur letzten Reise abholt. Jetzt brauchen oft die Angehörigen Trost und Hilfe. In dieser Phase stehen Bewahrung der Würde und Integrität noch einmal deutlich im Vordergrund. Doch wie in allen anderen Phasen auch kann es selbst jetzt noch zu Phasen großer Hoffnung kommen, die davon zeugen, dass wir Menschen dazu neigen, bis zuletzt insgeheim auf ein Wunder zu warten. Erst wenn der letzte Hoffnungsfunke erloschen ist, kann man mit einem schnellen Ableben rechnen. Nicht wenige alte Menschen kokettieren andererseits über Jahre hinweg mit dem baldigen Tod, den sie sich angeblich herbeisehnen, aber ihr Alltag zeigt viele Symptome, dass sie am Leben kleben wie jeder andere auch.

Elisabeth Kübler-Ross selbst stellte 1997 nach sechs Schlaganfällen fest: »Ich weiß, dass ich erst sterben kann, wenn ich mich selbst liebe. Aber das kann ich nicht. Ich hasse das leidenschaftlich.« Es ist überraschend zu hören, dass es der berühmten, erfolgreichen Wissenschaftlerin nicht gelingen sollte, zu innerem Frieden und weiser Gelassenheit zu finden.

Auf eine Weise werden wir geboren, auf tausendfache sterben wir vor Angst. Aber Angst raubt Leben. Wer nicht gut zu sterben weiß, weiß auch nicht gut zu leben, meinte Seneca, der auf Geheiß von Kaiser Nero Selbstmord begehen musste.

Der Tod, Eingangstor zur All-Liebe

Der geistige Wesenskern des Menschen ist unsterblich. Ob Sumerer, Ägypter oder Kelten, sie alle haben lange vor Christus an eine Unsterblichkeit des Menschen geglaubt. Jenseitshoffnungen sind Teil wohl aller Religionen. Was wir von Jesus lernen, ist, dass wir mit Gott eine ewige Lebensgemeinschaft eingehen, eine unzerstörbare Einheit, ewiges Leben, das bereits auf Erden beginnen kann, wenn wir an ihn glauben. Wir lernen aber auch, dass Gott Jesu Leben und Tod vorbestimmt hat.

Der Tod ist eine Pforte. Unser irdisches Leben bildet mit dem zukünftigen jenseitigen Leben eine Kontinuität. Diese These wird auch von modernen Physikern vertreten. Nach dem Gesetz von der Erhaltung der Kräfte kann sich unsere psychische Kraft keineswegs in nichts auflösen.

Der Tod ist – die vielen unterschiedlichen Nahtod-Erfahrungen deuten ganz klar darauf hin – nur ein Durchgangstor vom irdischen zum geistigen Leben, von Mühsal, Pein und Pflicht zur All-Liebe, vom stressigen und unerforschbaren irdischen Leben zum unbegreiflichen Leben in der »realen Welt« (M. Planck). Der Tod, der große Gleichmacher, ist – anders gesehen – zugleich der größte Heiler: Er befreit von allen Leiden und Krankheiten, er ist die Wende. Auch wir sind dem Leben noch einen Tod schuldig. Sehen wir ihm deshalb mit positiver Erwartung entgegen.

Mit dem körperlichen Tod beginnt das ewige Leben, das viel liebevoller und interessanter sein wird als unser bisheriges begrenztes irdisches Dasein. Wir werden die absolute und uns erleuchtende Liebe Gottes erfassen können.

Reflexionen

»Er ist heimgekehrt. Wir sind noch in der Fremde.« *(Grabinschrift in Tirol)*

»Ist jedoch der Tod eine Wanderung von einem Ort an einen anderen, was gäbe es für ein größeres Glück.« *(Platon)*

»Nur der Irrtum ist das Leben, und das Wissen ist der Tod.« *(Friedrich Schiller)*

»Wir Menschen leben während unseres Erdendaseins halb; das eigentliche Leben der Seele beginnt erst mit dem Tod des Körpers.« *(Jean-Jacques Rousseau)*

»Der Tod selbst ist keine Vernichtung, keine Rückkehr zum anorganisch Leblosen, sondern der Anfang einer neuen Art von Existenz, die auf dem Wege der Höherentwicklung liegt.« *(Sigmund Freud)*

Nahtod-Erlebnisse

Viermal wäre ich beinahe gestorben, dreimal seltsamerweise jeweils an einem 16. Dezember. Für mich war enttäuschend, dass es dabei nicht zu Nahtod-Erlebnissen kam.

Bei Nahtod-Erlebnissen gewährt das Schicksal einen Einblick in den Vorhof des Todes, in das unvergleichliche Abenteuer des vom Körper befreiten Geistes und in die Erfahrung absoluter Liebe. Dieses nur schwer zu beschreibende Erlebnis veränderte die Betroffenen in der Regel sehr stark.

Echte Nahtod-Erlebnisse machen heil. Ein eindrucksvolles Beispiel des Wissenschaftlers Kenneth Ring aus seinem Buch *Den Tod erfahren – das Leben gewinnen* mag das illustrieren:

Während der Geburt setzten bei der 22-jährigen Ann plötzlich Atmung und Herzschlag aus. Sofort erfolgten elektrische Herzstimulation und künstliche Beatmung. Binnen vier Minuten wurde Ann zurückgeholt. Aber was erlebte die junge Mutter nicht alles während dieser Zeit: Eine starke Kraft zog sie nach oben. Sie befand sich über ihrem Körper, ließ den Kreißsaal hinter sich und trieb in einem Glückszustand von Liebe, Frieden und Sehnsucht weg in die Grenzenlosigkeit. In Blitzesschnelle bewegte sie sich auf »das Licht« zu.

Ann hielt vor dem Licht, das ihr wie ein Fenster erschien. Wortlos übermittelte ihr eine gütige und liebevolle Wesenheit, die scheinbar aus Tausenden von Lichtjahren Entfernung herangeeilt war, dass sie wegen ihres Kindes gekommen sei. Die Mutter war überwältigt von dieser Ehre und wollte diesem »Freund« ihr Neugeborenes bereitwillig und voller Glücksgefühl übergeben. Erst da merkte sie, dass es gar nicht bei ihr war. Der Lichtfreund beruhigte sie und zeigte ihr das Kind. Sofort sah Ann den Operationssaal, wo das Kind gerade gewogen wurde, wobei der Arzt sagte, es würde achtzig Jahre leben. Die Wesenheit jedoch sagte, dass sie das Kind in vier Tagen holen würde.

»Und das erfüllte mich erneut mit großer Freude«, schrieb Ann später. Am liebsten wollte sie auch bei dieser Wesenheit bleiben. Doch der Freund verabschiedete sich: »Für dich ist die Zeit noch nicht gekommen, mit mir zu gehen. Du mußt zurückkehren.« Dann spürte sie plötzlich, wie man ihr auf die Wange schlug, und sie erkannte das Gesicht des Arztes.

Vier Tage später starb das Kind an einer Embolie. An diesem Morgen verspürte Ann wieder die Freude und ruhige Gelassenheit, die ihr die Begegnung mit dem Licht vermittelt hatte. »In den darauffolgenden Wochen war ich überhaupt nicht traurig«, berichtete Ann, »vielmehr taten mir meine Freunde und Verwandten leid, die nicht wußten, wo Tari (das Baby) jetzt war, und die nicht glauben ... konnten, daß meine ›Erfahrung‹ mehr war als nur ein lebhafter Traum.« Absolute Liebe zeigte sich hier als Loslassenkönnen.

Als ich von diesen Erlebnissen von Menschen auf der Schwelle zum Tod das erste Mal las, bestand meine Reaktion als Arzt in Verblüffung und Zweifel: Unvorstellbar, dass beispielsweise bei einem Neugeborenen eine Embolie vorausgesagt werden kann! Aber Gott kann es. Muss man dann nicht akzeptieren, dass er wirklich der Herr über Leben und Tod ist, wie es von Juden, Muslimen und Christen gelehrt wird?

Gottes Liebe ist überwältigend und so ergreifend, dass Ann ihm sogar mit Freuden ihr Kind übergeben wollte. Dürfen wir uns da nicht Hoffnung auf ein besseres Leben nach dem Tod machen, wie es in der Bibel mehrfach angedeutet wird? Aber müssten nicht auch wir, wenn liebe Freunde oder Angehörige sterben, auch etwas Freude aufbringen, dass sie heimgegangen sind, anstatt vor Trauer und Selbstmitleid zu zerfließen? Der Tod könnte doch als Beginn des geistigen und von der Zwangsjacke des Körpers befreiten Lebens verstanden werden.

Mit dem Phänomen der Nahtod-Erlebnisse haben sich Wissenschaftler scheinbar nur flüchtig befasst, denn einige von ihnen vergleichen sie mit den Zuständen während der Hyperventilation (Überatmung). Ich habe jedoch noch nie gehört, dass nach der Überatmung Voraussagen gemacht wurden, die auch eintrafen, oder dass sich Menschen danach zum Guten hin geändert hätten. Völlig abwegig ist die Vermutung, Nahtod-Erlebnisse seien Halluzinationen. Menschen mit Nahtod-Erfahrungen geben uns begründete Hoffnung für die Zukunft.

Entscheidungen treffen

Von beunruhigenden Nahtod-Erlebnissen berichten Menschen, die »freiwillig« aus dem Leben scheiden wollten, aber gerettet wurden. Ob das auch für jene zutrifft, die durch Selbstmord einen schweren Krankheitszustand abkürzen wollten, vielleicht in Absprache mit der Familie und dadurch moralisch flankiert?

Psychologisch und christlich gesehen sind Selbstmordkandidaten nicht frei. Sie hätten psychotherapeutischer Hilfe bedurft. Einige wollten signalisieren: »Unter diesen Umständen kann ich nicht mehr leben.«

Allerdings gäbe es zu bedenken, unter welchen Bedingungen es bei Schwerstkranken nicht mehr verantwortungsvoll ist, den Tod auf Biegen und Brechen hinauszuschieben. Jeder von uns sollte sich darüber eine Meinung bilden, um für sich selbst entscheiden zu können. Haben Sie Mut, und besprechen Sie dieses schwierige Problem mit Ihrem Partner, mit Ihren Verwandten oder Freunden, mit Ihrem Arzt oder Seelsorger. Wenn Sie allein leben, sprechen Sie mit Freunden und Verwandten über Ihren Selbstbestimmungswillen.

Informieren Sie sich über die Möglichkeit der Patientenverfügung. Sie regelt – wenn im Krankheitsfall selbstständiges Entscheiden nicht mehr möglich ist –, ob künstliche Ernährung oder andere lebensverlängernde Maßnahmen und ärztliche Aktivitäten in der Endphase gewünscht werden (siehe auch das Muster im Anhang). Vielleicht tragen Sie eine Kopie Ihrer Patientenverfügung in Ihrer Brieftasche mit sich. Bestattungsinstitute können beraten und natürlich später notwendige Formalitäten erledigen. In einigen Orten gibt es Gesellschaften für humanes Sterben, die Rat erteilen.

Reflexionen

»Allah hat's gegeben, Allah hat's genommen. Der Mensch gehört Allah, er entschädigt für jeden Verlust.« *(Koran)*

»Denn für mich ist Christus das Leben und Sterben Gewinn.« *(Philipper 1,21)*

»Niemand weiß, was der Tod ist, ob er nicht für den Menschen das größte unter allen Gütern ist. Sie fürchten ihn aber, als wüßten sie genau, daß er das größte Übel ist.« *(Platon)*

»Wer weiß denn, ob das Leben nicht ein Sterben ist und Sterben Leben?« *(Euripides)*

»Nicht den Tod fürchten wir, sondern unsere Vorstellung vom Tode.« *(Seneca)*

Liebe statt Trauer

Wenn ein Kind geboren wird, dann feiern die nächsten Angehörigen. Sie tun es, obwohl sie wissen, dass neben der Freude viel Leid und Arbeit auf sie zukommen werden. Wenn ein alter Mensch stirbt, glauben seine Angehörigen trauern zu müssen, obwohl sie wissen sollten, dass der Hinübergegangene von der Schwerkraft der Erde befreit in die Beschwerdefreiheit eines besseren Lebens emporgehoben wurde. Das wäre doch auch tiefempfundener Freude wert.

Der geistreiche Montesquieu meinte, dass man die Menschen bei ihrer Geburt beweinen müsse, nicht bei ihrem Tod. Eigentlich ist es unverständlich, dass wir einerseits die Erde oft als Jammertal sehen, andererseits Furcht und Trauer zeigen, wenn der Tod kommt und es soweit ist, die Erde zu verlassen.

Der Tod erscheint uns als Feind, da wir ihn immer noch nicht völlig in unser Leben integriert haben, weil wir nicht ganzheitlich denken und handeln können und weil wir das Ziel hinter dem Ziel aus den Augen verloren haben. Wir verkriechen uns vor dem Thema Tod wie vor einem Ungeheuer und sehen ihn als etwas Endgültiges an. Wir vergessen aber hinzuzufügen, dass dies nur für die Erdentage gilt.

Viele nichtchristliche Völker überall auf der Welt denken oft »christlicher« und aufgeklärter als wir in unserer schwarz gekleideten Trauer. Für sie ist das Leben ein beschwerlicher Weg zu einem hellen Tor, das Tod heißt. Nach Durchschreiten dieses Tores öffnet sich die Welt zu einem besseren, himmlischen Abenteuer.

Aus dem irdisch begrenzten Wirklichkeits*traum* zieht es uns in den himmlisch grenzenlosen Wirklichkeitsraum. In der »realen Welt« (Planck) erwachen wir endlich aus unserer blockierten Weltillusion. Das darf gefeiert werden! Der Verstorbene hat gekämpft und es geschafft, freuen wir uns mit ihm.

Doch selbst wenn wir jetzt schon beim Tod von ganz alten Menschen Anlass zu Dankbarkeit und Freude sehen, ist Abschied immer mit Trauer verbunden. Trauer hat ebenfalls ihren Platz im Leben. Solange Tote noch nicht begraben sind, schickt sich außerdem »billiger« Trostzuspruch nicht, der die schmerzlichen Gefühle der Angehörigen missachtet.

Erinnern wir uns an die junge Mutter, deren Baby am vierten Tag nach der Geburt starb. Sie konnte Freude spüren und war von ihr erfüllt, denn ihr wurde schon zu Lebzeiten ein

Blick nach »drüben« gewährt. Sie ist durch ihr außergewöhnliches Erlebnis eine Gewährsfrau. Sie hat vollkommene Liebe (Agape) wirklich gespürt – das steht im Gegensatz zu manchen Trauerseminaren, in denen das Wort Agape gar nicht fällt. Wir alle brauchen jedoch Unterricht in Liebe, damit wir ein dankbareres Leben führen und unsterbliche Freude empfinden lernen.

Wer an Gott und seiner Liebe zweifelt, wer nicht an ein Fortleben nach dem Tod glaubt, der wird leicht in unstillbarer Trauer und Selbstmitleid versinken. Trauer ist Stress, der den »Hoffnungsmeridian« (Dreifacher Erwärmer, Schilddrüse) schwächt, deshalb muss den »pathologisch Trauernden« (H. R. Lückert) geholfen werden. Wer sich nicht aus seiner Trauer befreien kann, sollte Seelsorger oder Psychotherapeuten aufsuchen; Freunde sollten ihn mitfühlend begleiten.

»Des Todes Schmerz liegt in der Vorstellung«, besagt eine Weisheit aus dem alten Griechenland.

Den Tod in das Leben integrieren

Wer den Tod fürchtet, versteht nicht, zu leben. Wir müssen akzeptieren, dass der Tod zum Leben gehört. Die Würde des Alters gipfelt im gelassenen Sterben. Schwere Krankheiten können uns reif werden lassen für den Tod. Es ist meist so, als ob unser Leben sich dann immer mehr einengt auf das Unabänderliche, sodass wir schließlich hinübergleiten können. Das Leben erlischt friedlich und vollendet sich. Das »Ableben« wird zur erlösenden Befreiung. Wenn wir den Tod jedoch vollständig aus unserem Leben auszuklammern versuchen, wird er uns umso unvorbereiteter und dramatischer treffen.

Was können wir tun, worüber sollten wir nachdenken?

- Gedanken des Sterbens und des Todes nicht aus dem Alltag verbannen, sondern zulassen. Wenn sich eine Gelegenheit bietet, ruhig auch über den Tod sprechen. Selbst in Gegenwart von Kindern ist das Thema Tod kein Tabu.
- Das Leben als ein fortgesetztes Stirb-und-werde begreifen, das können auch Kinder nachvollziehen. Zum Beispiel: Kinder werden groß, indem das Hänschen stirbt und der Hans geboren wird. Oder: Mit jedem Tag stirbt etwas von uns, mit jeder Krankheit, mit jeder Niederlage, mit jedem Sterben von Freunden und Verwandten. »Ich sterbe täglich«, klagte Paulus und meinte, jeden Tag müssen wir Altes, Überholtes, Ungesundes, Egoistisches loslassen, auf dass wir neu geboren werden – verwandelt durch neue Lebenskraft.
- Sich mit Todesfurcht auseinander setzen. Persönliche Kriterien für ein sinnvolles Leben definieren und sein Handeln danach ausrichten. Sich ehrlich fragen, ob man zur Überwindung von Lebensüberdruss Hilfe braucht. Die Unterstützung von Freunden oder Psychotherapeuten erbitten, um aus dieser Ich-Verstrickung herauszukommen.
- Als Schwerkranker frühzeitig Frieden mit sich und der Welt schließen, um ruhig nach vorn schauen und loslassen zu können. Tiefe Dankgebete für das bisherige Leben können ebenfalls befreiend wirken. Sich gegebenenfalls mit anderen Menschen aussöhnen.
- Zweifellos gibt es ganz selten auch »ein Recht auf Sterben«. Das jedoch sollte ein Betroffener rechtzeitig mit seiner Familie besprechen und mit seinem Glauben ausmachen, um es dann noch mehrfach in aller Stille vor seinen Gott zu bringen. Die Frage des Sich-sterben-Lassens, des Sterbenwollens ohne Gewaltanwendung, ist für einen Christen die einsamste und heiligste Entscheidung seines

Lebens. Vor allzu leichtfertigen Empfehlungen und übereilten Entschlüssen sei ausdrücklich gewarnt, denn hier geht es um eine tiefe Gewissensnot: Ist diese Art der Humanität noch christlich?

Reflexionen

Im November 1999 starb im Alter von acht Jahren die kleine Danira an Krebs. Im Nachruf ihrer Familie heißt es:

»Auf der anderen Seite des Wegs: Der Tod ist nichts, ich bin nur in das Zimmer nebenan gegangen. Ich bin ich, ihr seid ihr. Das, was ich für euch war, bin ich immer noch. Gebt mir den Namen, den ihr mir immer gegeben habt. Sprecht mit mir, wie ihr es immer getan habt. Gebraucht nicht eine andere Redensweise, seid nicht feierlich oder traurig. Lacht weiterhin über das, worüber wir gemeinsam gelacht haben. Betet, lacht, denkt an mich, betet für mich. Damit mein Name im Haus ausgesprochen wird, so wie es immer war, ohne eine besondere Betonung, ohne eine Spur des Schattens. Das Leben bedeutet das, was es immer war. Der Faden ist nicht durchgeschnitten. Warum soll ich nicht mehr in euren Gedanken sein, nur weil ich nicht mehr in eurem Blickfeld bin? Ich bin nicht weit weg, nur auf der anderen Seite des Wegs.«

Daniras Angehörigen schrieben außerdem: »Sie kämpfte tapfer bis zuletzt und verlor nie ihre Freude am Leben. Wir haben in den letzten Monaten viel von ihr lernen dürfen.«

Mozart schrieb mit 27 Jahren an seinen Vater:

»Da der Tod der wahre Endzweck unseres Lebens ist, so habe ich mich seit ein paar Jahren mit diesem wahren, besten Freund des Menschen bekannt gemacht, daß sein Bild nicht allein nichts Schreckendes mehr für mich hat, sondern recht viel Beruhigendes und Tröstendes. Und ich danke meinem

Gott, daß er mir das Glück gegönnt hat, ... ihn als den Schlüssel zu unserer wahren Glückseligkeit kennenzulernen. – Und für diese Glückseligkeit danke ich alle Tage meinem Schöpfer und wünsche sie von Herzen jedem meiner Mitmenschen.«

Übungen zur achten Lektion

Kontemplation über das eigene Leben

Wirkung: Ruhe, Gelassenheit, denn Altwerden heißt Leid und Leben akzeptieren, das Vergangene loslassen und voller Vertrauen in das letzte Lebensviertel einkehren.

Übung: In der Vorstellung begeben Sie sich auf Ihren persönlichen Lieblings- oder Meditationsplatz und entspannen sich.

- Im ersten Teil dieser Betrachtung versuchen Sie, die schönen Phasen des Lebens zu erkennen.
- In der zweiten Phase rechnen Sie das Schöne mit dem weniger Schönen auf.

Sie können sich dazu Fragen stellen wie: Was könnte mich daran hindern, mein Leben und meine Zukunft als »schön« anzusehen? Hätte ich anders handeln können? Kann ich erahnen, dass mein Leben entsprechend meiner jeweiligen Reife verlaufen ist?

Wer viel »Pech« hatte, frage sich: Was kann, was muss ich hinfort noch tun oder ändern oder verbessern? Fehlt mir eine feste Bindung?

Dauer: 6 bis 10 Minuten.

Lichtmeditation an meinem Ort des Friedens

Wirkung: Frieden finden, Klarheit bekommen, Glauben vertiefen.

Übung: An einem ruhigen Ort liegen oder sitzen Sie in entspannter Position.
Sie stellen sich vor, wie ein sehr warmes, helles Licht auf Sie zukommt. Es nimmt unter Umständen die Gestalt einer Person an. Sie sprechen das Licht an (oder die Person oder eine andere Form und Gestalt, die das Licht in Ihrer Vorstellung annimmt). Sie danken für Ihr Leben, für das Gute, das Sie erfahren durften. Sie können auch um Gesundung oder Heilung bitten oder andere Bitten vorbringen.
Zum Schluss können Sie um Vergebung oder Versöhnung mit Gott oder bestimmten Menschen bitten.
Bei dieser Meditation können Sie tiefe Eindrücke empfangen, die Ihrem Leben möglicherweise eine neue Richtung geben oder auch den bisherigen Weg bestätigen.
Dauer: etwa 6 bis 8 Minuten.

Ein liebevolles Gespräch mit Verstorbenen

Ziel: Milderung von Trauer, Hoffnung auf ein Wiedersehen, Gesundheitsimpulse, Ermutigung, Abbau von Schuldgefühlen.
Wenn Sie voller Hass sind, bauen Sie vor dem Üben Ihren Hass vollständig ab. Falls Sie psychische Schwierigkeiten haben, arbeiten Sie so lange an sich (mit einem Seelsorger/Psychotherapeuten), bis Sie sich in Ihrer Haut wohl fühlen und in Ihrer Mitte ruhen.
Übung: Sie entspannen sich im Sitzen oder Liegen.
Sie stellen sich vor, dass Sie an dem Lieblingsplatz des oder der Verstorbenen oder auf Ihrem eigenen Lieblingsplatz sind.
Sie entspannen sich und vergessen, wer und was Sie sind. Sie konzentrieren sich für etwa zwei Minuten ganz auf das

Gefühl *»Ich bin voller Liebe«*. (Wenn nötig, sagen Sie sich zusätzlich auch: *»Ich liebe dich. Ich bin voller Vergebung.«*)
Sie stellen sich nun auf die verstorbene Person ein. Erinnern Sie sich daran: Sobald sich tiefe Liebe in Ihnen realisiert hat, stehen Sie geistig in Verbindung mit dem Gotthaften und können irdische Beschränkungen für kurze Zeit hinter sich lassen.
Sie versuchen, innerlich ein Gespräch mit der verstorbenen Person zu beginnen. Falls es zustande kommt, werden Sie fühlen und spüren, seltener hören, dass der oder die Verstorbene voll Liebe für Sie ist.

Dauer: etwa 5 bis 8 Minuten. Wenn eine solche Begegnung Sie jedoch zu sehr bewegt und aufregt, können Sie die Übung einfach abbrechen.

Gesundheitsgebete für alte Menschen

Sie können diese Gebete übernehmen oder sich von ihnen für sehr persönlich formulierte Gebete anregen lassen:

- *»Herr, hilf meinem Gedächtnis nach, zu viel vergesse ich. Mit deiner Hilfe behalte ich alles für mich Wichtige. Herr, ich danke für all deine Unterstützung im Laufe meines Lebens.«*
- *»Herr, ich klage und klatsche zu viel. Hilf mir, dass ich mich auf das Wesentliche im Leben konzentriere, dass ich schweigen und zuhören lerne. Herr, erbarme dich. Dank dir für alles.«*
- *»Lehre mich die Weisheit zu erkennen, dass ich mich genau wie andere irren kann. Lehre mich die Weisheit, über mich selbst zu lachen, und gib mir den Mut und die Einsicht, dem Leben lächelnd zu begegnen. Dank sei dir.«*
- *»Herr, das Leben ist schön. Ich danke dir, dass ich es genießen kann. Hilf, dass meine Lebensfreude sich immer wieder erneuert. Ermahne mich, wenn mir das Lächeln aus dem Gesicht fällt. Hilf, dass mein Lächeln meine Umgebung aufhellt. Gottvolle Freude*

übertrage sich von dir auf uns alle. Dank dir für das Schöne, dank dir für das Leben.«

- *»Die Stunde nähert sich, dass ich dir begegne. Ich freue mich darauf. Ich habe unendlich viel falsch gemacht. Immer wieder bin ich über mich selbst gefallen, wie du weißt. Ich danke dir, dass du dennoch mein Leben behütet hast. Wie musst du die Menschen lieben. Ich freue mich, dass ich deine absolute Liebe bald erleben darf. Ich danke dir für mein Leben.«*
- *»Liebe ist die Quelle des Lebens. Neue Liebe ergibt neues Leben. Das Festival der Liebe findet im Himmel statt. Dort gibt es keine Schmerzen und Behinderungen mehr. Jeder versteht jeden. Freude und ewige Liebe machen das neue Leben aus. Erde, das Leben auf dir war schön, aber jetzt wird es herrlich. Dank für alles. Voller Freude erwarte ich das neue Leben.«*
- *»Herr, lass mich mein Ende erkennen und die Zahl meiner Tage, bis ich alles geregelt habe.«*

Bis ins hohe Alter streben wir nach Gesundheit oder Erleichterung der Beschwerden, deshalb bleiben wir auch ausdauernd bei dem wichtigsten Satz des Buches: *»Herr, ich danke dir, dass ich im Kern durch dich gesund bin – bis meine Zeit abgelaufen ist. Ich danke dir, dass alles gut ist. Ich bin dankbar, dass du mich getragen hast und es auch weiterhin tust. Ich bin voller Dankbarkeit für alles.«*

Anhang

Muster einer Patientenverfügung

Ich versichere hiermit, dass ich im Fall eines unheilbaren Leidens eine Lebensverlängerung um jeden Preis ablehne. Ich beanspruche mein Recht, menschenwürdig sterben zu können, sofern nach aller Erfahrung und aller Voraussicht keine Chance auf meine Gesundung von einer körperlichen oder geistigen Krankheit oder von einer Schädigung besteht, von der angenommen werden muss, dass sie mir schweres Leiden verursacht und mir ein bewusstes und lebenswertes Leben unmöglich macht.

Ich verweigere ausdrücklich meine Zustimmung dazu, dass ich mit allen nur möglichen Maßnahmen – Mitteln oder Methoden, zumal solchen der Intensivmedizin – künstlich am Leben erhalten werde.

Andererseits wünsche ich, die Menge an Medikamenten jeder Art zu erhalten, die mich von Schmerzen oder großen sonstigen Belastungen befreit, selbst wenn durch ihre Gaben der Eintritt des Todes früher erfolgen kann.

Einem Arzt, der entsprechend meinen vorstehenden Wünschen handelt, erteile ich ausdrücklich meine Zustimmung zu einem Verhalten mit der Folge, dass sein Verhalten (Tun oder Unterlassen) insofern nicht rechtswidrig ist.

Ich gebe diese Erklärung zu einem Zeitpunkt ab, in dem ich im Vollbesitz meiner geistigen Kräfte bin.

______________ ________________________________

Datum *Unterschrift*

Literatur

Achterberg, Jeanne: *Die heilende Kraft der Imagination.* München, 1987.
Anwander, Anton: *Wörterbuch der Religion.* Würzburg, 1962.
Baake, Franz: *Jesus total oder der rehabilitierte Christus.* Berlin, 1992.
Balthasar, H. U. v.: *Glaubhaft ist nur Liebe.* Einsiedeln, 1963.
Barth, Karl: *Kirchliche Dogmatik, Band 1.* Zürich, 1975.
Beck, Dieter: *Krankheit als Selbstheilung.* Frankfurt, 1981.
Bennet, D. und R.: *Die Trinität des Menschen.* Kreuzlingen, 1980.
Benson, H.: *Heilung durch Glauben.* München, 1997.
Birkmayer, Walther: *Der Mensch zwischen Harmonie und Chaos.* Köln, 1986.
Bitter, Wilhelm (Hrsg.): *Alter und Tod – annehmen oder verdrängen?* Stuttgart, 1974.
Bitter, Wilhelm: *Der Verlust der Seele.* Freiburg, 1970.
Bokun, Branko: *Wer lacht, lebt.* München 1999.
Bommer, Josef: *Einübung ins Christliche.* Freiburg, 1970.
Boorstein, Sylvia (Hrsg.): *Transpersonale Psychotherapie.* München, 1988.
Boulad, Henri: *Die Vernunft des Herzens.* Wien, München, 1985.
Bours, Johannes: *Der Mensch wird des Weges geführt, den er wählt.* Freiburg, 1988.
Byock, Ira: *Sterben. Wachsen im Umgang mit dem Tod.* München, 1997.
Carothers, M.: *Ich suchte stets das Abenteuer.* Baden, 1976.
Carrel, Alexis: *Betrachtungen zur Lebensführung.* München, 1968.
Carrel, Alexis: *Das Wunder von Lourdes.* Stuttgart, 1951.
Carrel, Alexis: *Der Mensch das unbekannte Wesen.* Stuttgart, 1955.
Cermak, Ida: *Ich klage nicht.* Zürich, 2001.
Charon, Jean E.: *Tod, wo ist dein Stachel?* Berlin, 1983.
Cline, Sally: *Frauen sterben anders.* Bergisch Gladbach, 1997.
Cousins, Norman: *Der Arzt in uns selbst.* Reinbek, 1981.
Dalai Lama: *Der Friede beginnt in dir.* München, 1997.
Diamond, John: *Die heilende Kraft der Emotionen.* Freiburg, 1987.
Die Regel von Taizé. Gütersloh, 1967.
Drehsen, Volker (Hrsg.): *Wörterbuch des Christentums.* München, 2001.
Drewermann, Ernst: *Tiefenpsychologie und Exegese, Band 2.* Olten, 1985.
Dukas, Helen/Hoffman, Banesh (Hrsg.): *Albert Einstein – The Human Side.* Princeton, N.J., 1979.
Dürckheim, Karlfried Graf: *Vom doppelten Ursprung des Menschen.* Freiburg, 2001.
Dürr, Hans Peter: *Geist und Natur.* München, 1991.
Eisermann, Gottfried: *Schicksal und Zufall – aus Goethes Leben.* Bonn, 1998.
Ernst, Heiko: *Die Weisheit des Körpers.* München, 1995.
Frankl, Viktor E.: *Der Mensch vor der Frage nach Sinn.* München, 1985.
Frankl, Viktor E.: *Logotherapie und Existenzanalyse.* Weinheim, 1998.
Frankl, Viktor E.: *Psychotherapie für den Alltag.* Freiburg, 2000.
Freud, Sigmund: *Gesammelte Werke.* Frankfurt, 1972.
Frewert, H. (Hrsg.): *Wir leben von der Hoffnung.* Baden-Baden, 1985.

Fromm, Erich: *Die Kunst des Liebens.* München, 2000.
Goldberg, Jane: *Schattenseiten der Liebe.* München, 1994.
Green, E. und A.: *Biofeedback.* Freiburg, 1978.
Hampe, J. C.: *Sterben ist doch ganz anders.* Stuttgart, 1976.
Jäger, Willigis: *Kontemplation. Gottesbegegnung heute.* Salzburg, 1982.
Jäger, Willigis: *Kontemplatives Beten.* München, 1985.
Jäger, Willigis: *Suche nach der Wahrheit.* Petersberg, 1998.
Jampolsky, Gerald G.: *Lieben heißt die Angst verlieren.* München, 1999.
Janus, Ludwig: *Wie die Seele entsteht.* Hamburg, 1993.
Jaspers, Karl: *Die maßgebenden Menschen.* München, 1986.
Jores, Arthur: *Praktische Psychosomatik.* Göttingen, 1996.
Jung, C. G.: *Gesammelte Werke.* Olten, 1968.
Kaune, Fritz Jürgen: *Selbstverwirklichung.* München, 1967.
Kempen, Thomas von: *Nachfolge Christi.* Düsseldorf, 1995.
Klempnauer, Günther: *Was allen Einsatz lohnt.* Freiburg, 1984.
Klinghardt, Dietrich: *Lehrbuch der Psycho-Kinesiologie.* Freiburg, 1999.
Kretschmann, R.: *Christustherapie. Das Glück des Geliebtseins erfahren.* Freiburg, 1993.
Krüll, Marianne: *Die Geburt ist nicht der Anfang.* Stuttgart, 1992.
Kübler-Ross, Elisabeth: *Erfülltes Leben, würdiges Sterben.* Gütersloh 1998.
Kübler-Ross, Elisabeth: *Reif werden zum Tode.* Stuttgart, 1977.
Kübler-Ross, Elisabeth: *Was können wir noch tun?* Stuttgart, 1975.
Leonard, George: *Der Rhythmus des Kosmos.* Reinbek, 1986.
Liedloff, Jean: *Auf der Suche nach dem verlorenen Glück.* München, 1981.
Lindemann, Erich: *Jenseits von Trauer.* Göttingen, 1985.
Lindemann, Hannes: *Allein über den Ozean.* 22. Auflage. Berlin, 1997.
Lindemann, Hannes: *Autogenes Training.* 72. Auflage. München, 1996.
Lindemann, Hannes: *Einfach entspannen. Das Psychohygiene-Training.* 9. Auflage. München, 1995.
Lindenberg, Wladimir: *Die Menschheit betet.* München, 1956.
Löw, Reinhard: *Die neuen Gottesbeweise.* Augsburg, 1994.
Loyola, Ignatius von: *Geistliche Übungen.* Würzburg, 1998.
Lusseyran, Jacques: *Das Leben beginnt heute.* Stuttgart, 2000.
MacNutt, Francis: *Die Kraft zu heilen. Heilen durch Gebet.* Graz, 1996.
Magnin, Silvia/Steiger, E.: *Das Vaterunser. Eine Meditation in Bildern.* Vaduz, 1988.
Marcuse, Ludwig: *Philosophie des Glücks.* Zürich, 1972.
Maslow, Abraham H.: *Die Psychologie der Wissenschaft.* München, 1977.
Massa, W.: *Der Weg des Schweigens.* Kevelaer, 1974.
Maurina, Zenta: *Um der Freude willen.* Freiburg, 1971.
McMillen, S. I.: *Vermeidbare Krankheiten.* Wuppertal, 1967.
Menninger, Karl: *Das Leben als Balance.* München, 1968.
Meves, Christa: *Seelische Gesundheit und biblisches Heil.* Freiburg, 1979.
Miller, Alice: *Am Anfang war Erziehung.* Frankfurt, 1981.
Millman, Dan: *Der Pfad des friedvollen Kriegers.* München, 2000.

Mitscherlich, Alexander: *Krankheit als Konflikt.* Frankfurt, 1966.
Moody, Raymond A.: *Leben nach dem Tod.* Ulm, 1996.
Mulford, Prentice: *Der Unfug des Lebens und des Sterbens.* Frankfurt, 1977.
Müller, Jörg: *Gott heilt auch dich.* Stuttgart, 1988.
Nigg, Walter: *Botschafter des Glaubens.* Olten, 1968.
O'Donohue, John: *Anam Cara. Das Buch der keltischen Weisheit.* München, 1999.
Passmore, John: *Der vollkommene Mensch.* Stuttgart, 1975.
Peale, Norman Vincent: *Die Kraft positiven Denkens.* Zürich, 2000.
Pfister, Oskar: *Das Christentum und die Angst.* Zürich, 1941.
Planck, Max: *Religion und Naturwissenschaft.* Leipzig, 1938.
Popper, Karl R./Eccles, John C.: *Das Ich und sein Gehirn.* München, 1982.
Preuss, Hans Günter: *Illusion und Wirklichkeit.* Stuttgart, 1971.
Prinzinger, Roland: *Das Geheimnis des Alterns.* Frankfurt, 1996.
Reiners, Ludwig: *Sorgenfibel.* München, 1952.
Richter, Horst-Eberhard: *Der Gotteskomplex.* Berlin, 2000.
Riedl, Rupert: *Biologie der Erkenntnis.* München, 1988.
Ring, Kenneth: *Den Tod erfahren – das Leben gewinnen.* München, 1985.
Rösler, Hans-Dieter, u. a.: *Medizinische Psychologie.* Heidelberg, 1996.
Sabetti, Stephano: *Lebensenergie.* München, 1992.
Sabom, Michael B.: *Erinnerung an den Tod.* München, 1982.
Sanford, Agnes: *Heilendes Licht.* Lüdenscheid, 1984.
Schaefer, Hans: *Leib, Geist, Gesellschaft.* München, 1971.
Schaeffer, Edith: *Überlebenshilfe. Die Zehn Gebote.* Stuttgart, 1984.
Schindler, John Albert: *Die Heilkraft des seelischen Gleichgewichts.* München, 1978.
Schipperges, Heinrich, u. a.: *Die Regelkreise der Lebensführung.* Köln, 1988.
Schlemmer, Johannes (Hrsg.): *Was ist das – der Mensch?* München, 1968.
Schneider, Manfred: *Werte und Persönlichkeit.* Frankfurt, 1983.
Seneca: *Vom glücklichen Leben.* Frankfurt, 1992.
Sherman, H.: *Wundervolle Kräfte in dir.* Freiburg, 1970.
Siegel, Bernie S.: *Prognose Hoffnung. Liebe, Meditation und Wunder.* Berlin, 1998.
Sievers, Eberhard: *Natur als Weg.* Würzburg, 1985.
Simonton, O. C.: *Prinzip Mut.* München, 1989.
Smyth, J. P.: *Das Leben Jesu.* Hamburg, 1946.
Staehlin, Balthasar: *Der psychosomatische Christus.* Schaffhausen, 1981.
Stumpfe, K. D.: *Der psychogene Tod.* Stuttgart, 1973.
Teegen, Frauke: *Ganzheitliche Gesundheit.* Reinbek, 1983.
Teilhard de Chardin, Pierre: *Der göttliche Bereich.* Olten, 1962.
Teilhard de Chardin, Pierre: *Die menschliche Energie.* Olten, 1966.
Teilhard de Chardin, Pierre: *Die menschliche Idee.* Olten, 1966.
Tillich, Paul: *Wesen und Wandel des Glaubens.* Berlin, 1961.
Tipler, Frank J.: *Die Physik der Unsterblichkeit.* München, 1996.
Titze, Michael: *Heilkraft des Humors.* Freiburg, 1985.
Tournier, Paul: *Bibel und Medizin.* Zürich, 1953.
Tournier, Paul: *Die Chance des Alters.* Freiburg, 1981.

Tournier, Paul: *Geborgenheit Sehnsucht des Menschen.* Zürich, 1969.
Tournier, Paul: *Vom Abenteuer im Menschenleben.* Zürich, 1965.
Tyrrell, Bernard J.: *Christotherapie.* Köln, 1978.
Walach, Dieter: *... so wird Gott in dir geboren.* Freiburg, 1990.
Waldenfels, Hans: *Kontextuelle Fundamentaltheologie.* München, 1988.
Wehr, Gerhard: *Carl Gustav Jung.* München, 1985.
Weil, Andrew: *Heilung aus eigener Kraft.* München, 1997.
Wertheimer, H. S.: *Lexikon der heiteren Weisheiten.* Thun, 1997.
Wertheimer, H. S.: *Spruch und Widerspruch.* Thun, 1994.
Whittaker, James C.: *Es war, als sängen die Engel.* Gütersloh. 1957.
Wickler, Wolfgang: *Die Biologie der Zehn Gebote.* München, 1975.
Wilson, Edward O.: *Biologie als Schicksal.* Berlin, 1980.

Register